AF154709

Konrad Pellikan, Theodor Dulpinus

Die Hauschronik Konrad Pellikans von Rufach

ein Lebensbild aus der Reformationszeit

Konrad Pellikan, Theodor Dulpinus

Die Hauschronik Konrad Pellikans von Rufach
ein Lebensbild aus der Reformationszeit

ISBN/EAN: 9783743616059

Hergestellt in Europa, USA, Kanada, Australien, Japan

Cover: Foto ©ninafisch / pixelio.de

Manufactured and distributed by brebook publishing software (www.brebook.com)

Konrad Pellikan, Theodor Dulpinus

Die Hauschronik Konrad Pellikans von Rufach

Die Hauschronik

Konrad Pellikans

von Rufach.

~~~~~~

Ein Lebensbild

aus der Reformationszeit.

—·—

Deutsch

von

Theodor Vulpinus.

Straßburg,
J. H. Ed. Heitz (Heitz und Mündel)
1892.

Vorwort.

Das Chronikon Pellikans von Rufach bildet ein würdiges Seiten-
stück zu den berühmt gewordenen eigenen Lebensbeschreibungen der
beiden Platter von Basel. Aber leider ist es lateinisch geschrieben trotz
des Eifers, mit dem der Verfasser in dem Buche selbst (Abschnitt 24)
für die deutsche Sprache eine Lanze bricht.

Den Grundtext hat Professor Dr. Riggenbach herausgegeben „zur
vierten Säcularfeier der Universität Tübingen" (Basel, Bahnmaiers
Verlag 1877) und dem verdienstlichen Werke eine gediegene Einleitung vorausgeschickt.

Einzelne Teile des Chronikons sind in deutscher Sprache erschienen in den „Bekenntnissen merkwürdiger Männer von sich selbst"
(Band 6, Winterthur 1810), im Züricher Taschenbuche von 1858 und
im Neujahrsblatte der Züricher Stadtbibliothek von 1871. Aber diese
Veröffentlichungen sind außerhalb der Schweiz kaum bekannt geworden,
und eine Uebersetzung des ganzen Buches fehlte bisher.

Ich zweifle nicht, daß der Leser meiner Arbeit ihre Berechtigung
zugeben wird. — Wie war die große Umwälzung der Reformation,
die religiöse Spaltung unseres Volkes möglich? Welchen denkenden
Deutschen hätte diese Frage nicht schon beschäftigt? — Auch billig
urteilende Katholiken, die in Luther nicht eine plötzliche Menschwerdung
des Teufels sehen wollen, werden deshalb unser Buch mit Teilnahme
lesen. Denn es gewährt die merkwürdigsten Einblicke auch in das
innere Leben jener Zeit, und sein Verfasser ist eine so leidenschaftslose,
stille Gelehrtennatur, ein so gerechter Mensch, daß für fremde Ueberzeugung Verletzendes eigentlich niemals aus seiner Feder fließt. Nur

an einer Stelle (Abschnitt 28) zeigt er sich gereizt wie viele Andre, und auch hier eigentlich erst in Folge der Beschäftigung mit einem Buche, das ihn aufgeregt hat.

Beatus Rhenanus gab dem Friesen Gerhard zum Camph, der nach Zürich reiste, die Worte mit auf den Weg: „Du wirst an Pellikan einen Engel Gottes sehen," und ein Zeitgenosse (vgl. Riggenbach, Einleitung) sagt von ihm: „Kuonrad Pellicanus, ain barfußer monach zu Basel, ist siner geberden nach ein gar kindtlicher, huldseliger, sanftmuthiger mensch und gar nit erengizig. Jetzund ist er wonhaft zu Zürich und dazu verordnet, daß er die hebraischen Lektionen versehen soll, und so geneigt zu leren, daß er mit dem kleinesten kind zu studieren begert tag und nacht und unverdrossen mag mü und arbeit erdulden".

Wie wahr diese Schilderung seines Wesens ist, zeigt unser ganzes Buch.

Daß es nebenbei als ein wichtiges „Alsatikum" gelten muß, bedarf keiner Erörterung.

Höchst merkwürdig ist das Verhältnis Pellikans zu dem Straßburger Bischof, Erasmus von Limburg (Abschnitt 27), und sein Briefwechsel mit diesem Kirchenfürsten. Feierlich tranken die protestautischen Gelehrten Zürichs aus dem Kelche, den der Bischof ihrem Mitbruder, dem abgefallenen Mönche, verehrt hatte. So versöhnlich war man damals, mitten im Streite.

Heute ist dergleichen nicht denkbar; aber lernen könnte man daraus auf beiden Seiten.

Ein Holbein zugeschriebenes Bildnis Pellikans hängt in der Züricher Stadtbibliothek; einen darnach angefertigter Steindruck findet man in dem erwähnten Neujahrsblatte von 1871.

Verzeichnis

der in den Anmerkungen öfter vorkommenden Bücher
mit den dabei gebrauchten Abkürzungen.

Amoenitates Literariae Friburgenses. (Ulm 1775) . . . „Amoen."

Beiträge zur vaterl. Geschichte. (Basel 1870) . . . . . . „Beiträge"

Basler Chroniken (Leipzig 1872) herausgeg. von der histor.
    Gesellschaft in Basel, I. II. III. . . . . „Basl. Chr."

Berler[1] Maternus (von Rufach) Chronik (im Code hist. et
    diplom. de la ville de Strasbourg. I). Straßburg 1848 „Berler"

Bresch, Esquisse biogr. sur C. Pellican. Straßburg bei
    Silbermann 1870 . . . . „Bresch"

Brusch, Chronologia monasteriorum. Sulzbach 1682 . . . „Brusch"

Bullinger, Reform. Geschichte. (Hottinger u. Vögeli, Frauen-
    feld 1838) . . . . „Bullinger"

Ebrard, Handbuch der Dogmen- u. Kirchengesch. Erlangen 1866 „Ebrard"

Erichson, Le protestantisme à Kaysersberg. Straßburg,
    J. H. Ed. Heitz, 1871 . . . . „Erichson"

Eubel (Pater Konrad), Gesch. der oberdeutschen (Straßburger)
    Minoritenprovinz.[2] Würzburg 1886 . . . . „Eubel"

Geiger, Das Studium der hebr. Sprache in Deutschland.
    Breslau 1870 . . . . „Geiger"

Indices librorum prohibitorum des 16. Jahrh. (176 Publ.
    des lit. Ver. in Stuttg.) . . . . ‹Indices›

Jansen, Gesch. des deutschen Volkes. Freiburg 1876—86. . „Jansen"

Kraus, Kunst und Alterth. in Elsaß-Lothr. Straßburg, Bull
    1884 . . . . „Kraus"

---

[1] Berler war Priester, † um 1545 als Pfarrer in Geberschweier.

[2] Eubel behandelt nur die Geschichte der „Konventualen", vgl. S. 6
Anm. 7 u. S. 17 Anm. 2.

Hase, Polemik. Leipzig 1865 . . . . "Hase"

Häusser, Zeitalter der Reform. Berlin 1868 . . . . "Häusser"

Herzog, Real-Encyklopädie. 1. Ausgabe . . . . "Herzog"

Peschel, Gesch. der Erdkunde. München 1877 . . . . . . "Peschel"

Platter, Thomas und Felix, von Boos. Leipzig 1878 . . . "Platter"

Quellen zur Gesch. des Bauernkrieges in Oberschwaben (129.
    Publ. des lit. Ver. in Stuttgart) . . . . "Quellen"

Riggenbach, Das Chronikon des Konr. Pellikan (herausgeg.
    von Bernh. Riggenbach). Basel 1877 . . . . "Riggenb."

Röhrich, Gesch. der Ref. im Elsaß (Straßburg, Heitz 1832) "Röhrich"

Scherer (und Lorenz), Geschichte des Elsasses. Berlin 1872 . "Scherer"

Schreiber, Gesch. der Albert-Ludwig-Universität zu Freiburg.
    Freiburg 1857 . . . . "Schreiber"

Schmidt, Histoire littéraire de l'Alsace à la fin du XV et
    au comm. du XVI siècle. Paris 1879 . . . . . . "Schmidt"

Toepke, Die Matrikel der Univ. Heidelberg (1884) . . . . "Toepke"

Thommen, Geschichte der Univ. Basel. (Basel 1889) . . . "Thommen"

Teuffel, Gesch. der röm. Litteratur. (Leipzig 1875) . . . . "Teuffel"

Tribbechovii de doct. scholasticis ed. Heumann. (Jena 1719) "Tribbech."

Wurstisen, Kurzer Begriff der Gesch. von Basel, mit An-
    merkungen von Beck. Basel 1757 . . . . "Wurstisen"

von Wedel, Joachim, "Hausbuch". (161. Publ. des lit. Vereins
    in Stuttgart) . . . . "Wedel"

Inhaltsverzeichnis.

I. Einleitung.[1]

Konrad Pellikan wünscht seinem Sohne Samuel in väterlicher Zuneigung vor Allem die Furcht Gottes; denn sie ist der Anfang heilsamer Weisheit, die durch frommes Forschen in Gottes Wort gemehrt wird von dem heiligen Geist; sodann das gute Gerücht eines Mannes von Tugend und Verdienst, mäßiges Vermögen und eine Nachkommenschaft, die Gott und den Menschen lieb und wert ist. Und dies Alles zum Preise des Höchsten und Allgütigen, zum Heile der Nachkommen und des gemeinsamen Vaterlandes!

Das ist mein Begehr: Was mir versagt blieb, sollst du kennen lernen, die Geschichte deiner Altvordern, ihr Geschlecht, ihre Beschäftigungen, Wohnorte, Schicksale, dir selbst und, wenn uns der Himmel Nachkommen schenkt, wie ich sie wünsche: fromme Leute, die des Nächsten Wohlfahrt fördern und Gottes Ehre, auch ihnen zur Belehrung, zur Warnung, zum Vorbild im Guten!

Und gleicherweise sollst auch du bei deinen Lebzeiten fleißig aufmerken und anmerken, daß sich die Nachkommen ein Beispiel nehmen und begreifen lernen, warum gelehrte Voreltern solche Aufzeichnungen gemacht haben und die Spätern sie fortsetzen müssen, daß sie das nicht thaten und thun zu ihrer eigenen Verherrlichung, sondern zu Nutz und Frommen der Kindeskinder.

Bisher konnten die Gelehrten das nicht, da sie ehelos lebten; zahlreiche Beispiele väterlicher Tugend wären sonst schon früher auf die Söhne gekommen; nicht bloß Geld und Vermögen hätten sich fortgeerbt, sondern mehr noch fromme Zucht und Weisung zum Guten.

Ich zähle 66 Jahre, mein Lieber. Ein Greis hat sich entschlossen, mit dir zu reden. Was ich aufgeschrieben zu deinem Nutzen, ist viel; aber veröffentlicht soll es nicht werden; nur dir sei es mitgeteilt und unsern Verwandten zur Förderung in den heiligen Wissenschaften, denen ich mich ausschließlich gewidmet habe seit nun fast 50 Jahren, ohne deshalb die weltlichen

---

[1] Die Ueberschrift lautet: Chronikon C. P. R. ad filium et nepotes 1544. In diesem Jahr wurde auch die Einleitung geschrieben. Die Handschrift ist auf der Züricher Stadtbibliothek.

1

irgendwie zu verachten. Aber an diesen kostete ich doch nur,[1] und allezeit stellte ich sie unter die göttlichen, denn ihnen fühlte ich mich durch den Herrn geweiht von Jugend auf. Reichlich durfte ich auch ihren Nutzen und ihren Segen erfahren; durch Gottes Gnade haben sie mir gefrommt bis ins Alter, bis in die Greisenzeit! Nie hat mich Gott verlassen, sondern den eifrigen Bewunderer seines Wortes erhalten und beschützt vor vielen Fährlichkeiten dieser Welt und in Gnaden ihm auch zu irdischem Behagen verholfen, zu bescheidenem Lebensglück, wie er's verheißen hat allen, die seinen Namen lieben und sein Gesetz betrachten Tag und Nacht. Zwar habe ich ganz so wie viele, mit denen ich lebte, einen übergroßen Teil meiner Zeit vergeudet im Trachten nach eitlen Dingen, aber doch auch, im Vergleich mit Andern, nicht wenig Schweiß verwendet an das Heilige und mich leiblich gefördert darin nach meiner Berufung, der ich genügend folgte; aber auch nicht mehr als genügend, da die Ungunst der Zeiten gar sehr mich behindert hat!

Dir leuchtet eine bessere Zeit für Arbeit und Wissenschaft: möge dir auch ein schuldloses Leben und stiller Friede beschert sein, wie Gottes Gnade mir sie beschert hat, wofür ich dem Herrn Dank schulde und zolle, so sehr ich vermag!

Ich folge in dieser Hauschronik dem Beispiel unseres Doktors Jodokus Gallus[2] von Rufach, der anfangs an der Spitze der Hochschule zu Heidelberg stand und dann Pfarrer und Prediger war an der Domkirche zu Speier. Er hat sich die Mühe gegeben, kurz, aber sorgfältig den Stammbaum seines Geschlechtes und auch seine eigenen Schicksale aufzuzeichnen. Diese Dinge schrieb er auf Büchereinbände, das Meiste auf einen Terentius. Nach seinem Tod erbten die Söhne meiner Schwester die Bücher; aber zu meinem größten Leidwesen fand sich gerade dieser Terenz nicht mehr vor; des Oheims Freunde hatten ihn bei Seite geschafft, eben wegen der mancherlei Eintragungen, die sich auf Zeitereignisse bezogen. Aber gewiß sind noch viele eigenhändige Eintragungen von ihm in den Büchern zu finden, die bis auf den heutigen Tag in der Bücherei der Franziskaner zu Rufach liegen. Dort sollte ich sie einstweilen aufbewahren; so hatte er's angeordnet. Maternus Hatto,[3] Stiftsherr an St. Thomas in Straßburg, kann es bezeugen, wenn er noch lebt. Ihn (oder seine — Bücher) müßte man fragen nach den damals abhanden gekommenen Büchern; denn er war unseres Doktors vertrautester, treuester Freund und überdies ein großer Liebhaber von Büchern.

Im letzten Abschnitte seines Lebens hatte Jodokus Gallus aber auch begonnen, Tag für Tag (17 Jahre lang) aufzuschreiben, was nach der Ordnung seiner Kirche und nach der Weise der damaligen Zeit in den Horen[4] zu beten war, ja selbst die Gastfreunde, die er oder die ihn empfingen. Denn er war ein überaus wohlwollender Mann, ächt freigebig ohne Verschwendung und ein unermüdlicher Pfleger der Freundschaft. Deshalb zeich-

---

[1] Pellikan trieb gerne auch astronomische und geographische Studien.

[2] Pellikans Oheim. Er wird noch oft erwähnt. Im Abschnitt XVIII steht seine Lebensbeschreibung (vgl. Schmidt I, 40 ff.).

[3] Vgl. Röhrich, I, 450, Anm. 5. Er starb am 14. März 1546 (Liber praebendarum des St. Thomasstiftes).

[4] Das waren wohl die Vorarbeiten zu seinem Brevier für das Speierer Bistum (vgl. Abschn. XVIII).

nete er auch alles Gute auf, was er von Freunden empfangen hatte, ihre widrigen und ihre günstigen Schicksale. Auch den Hingang von Fürsten merkte er an, und was sie im Leben gethan, sowie die Reichstage, und wenn er einmal außerordentlicherweise anderswo, in auswärtigen Kirchen, hatte predigen müssen. Diese Aufzeichnungen hat mir Maternus geschickt als Testamentsvollstrecker, und aus ihnen konnte ich ab und zu bei Niederschreibung der eigenen Erlebnisse meinem Gedächtnis zur Hilfe kommen. — Auch bin ich selbst bald dem Beispiele des Oheims gefolgt und kann deshalb ohne Mühe heute aus eignem Tagebuche schöpfen. Für jeden Monat habe ich weiße Blätter eingefügt, auf die ich seit 1541, sorgfältiger als vorher, nachzutragen begann, was mir bemerkenswert schien; denn die ersten Aufzeichnungen (seit 1521) waren noch dürftig und lückenhaft.[1]

So will ich denn jetzt mein Leben beschreiben von Anfang an. Freilich des Stoffes ist viel und manches wohl, was ich aufzuzeichnen für gut fand, ganz überflüssig; aber mich freut es doch in der Erinnerung.

II. Abstammung und Familiennachrichten.[2]

Ich beginne mit der Zeit meiner Geburt. Dem Herrn sei Dank von Herzensgrund immerdar, daß er mich von ehrbaren, christlichen Eltern und Großeltern abstammen ließ. Mein Vater Konrad Kürsner war aus Weil am Schwarzwald,[3] einem freien Reichsstädtchen in Schwaben, gebürtig, meine Mutter Elisabeth aus Rufach,[4] einem Städtchen der Kirche und des Bistums Straßburg im oberen Mundat. Ich kam durch Gottes Gnade glücklich zur Welt im Jahre 1478 und wurde am 9. Januar durch die h. Taufe Christo geweiht. Meine Pathen waren zwei ehrsame Priester, der Hospitalitermeister des Ordens vom h. Geist[5] (sein Name ist mir entfallen) und Herr Christoph, Pfarrer der Hauptkirche. Jener wollte mich Daniel heißen lassen, aber der andre setzte es durch, daß ich nach meinem Vater den Namen Konrad erhielt. Taufpathin war die ehrsame Jungfrau Kunigunde Benz, die sich später mit dem Schuhmacher Jodokus Benz, einem Verwandten meines Großvater väterlicherseits, verheiratet hat.

Mein Geburtshaus liegt zwischen dem Eckhause der Heiligengeistkirche gegenüber und dem anderen Hause, das auf der Westseite an den Bach stößt, unterhalb des alten Spitals. Aufgewachsen aber bin ich in dem

---

[1] Auf Grund dieser Aufzeichnungen hat Pellikan in den Jahren 1543 und 1544 seine Hauschronik bis 1545 niedergeschrieben; von 1545 an enthält sie selbst nur kurz hingeworfene Aufzeichnungen (s. Abschn. XXIII).

[2] Vgl. Abschnitt XVIII.

[3] Weil, die Stadt.

[4] In Rufach, dem Hauptorte des oberen Mundats, wohnte der bischöfliche Obervogt, unter dem die Vögte von Egisheim und Sulz standen (Als. illustr. IV, 300). Die Vogtei Rufach umfaßte die Stadt Rufach und die Hälfte von Westhalten (vgl. auch das Vorwort zu Berler).

[5] Auch „Kreuzbrüder" genannt (1178 gestiftet). Die Kirche zum h. Geist, die bei der Pfarrkirche (St. Arbogast) lag, sowie die Komthurei der Hospitaliter sind, nicht mehr vorhanden; doch gibt es noch eine h. Geistgasse.

dritten Hause [1] des sogenannten Zigergäßleins, rechts wenn man die Gasse betritt, dem Bogen gegenüber nach dem Bache zu, der dir links von der Gasse entgegenfließt. Es war das zweite Haus meiner Großmutter und ihr aus dem Nachlasse einer verstorbenen Schwester zugefallen, deren Mann Weber gewesen war. Deshalb war das Haus auch besonders für einen solchen geeignet.

Mein Vater Konrad Kürsner (sein Vater hieß ebenso und war gleichfalls Weiler Bürger; der Name kommt von dem Handwerke, das die Familie trieb) war von 15 Geschwistern das jüngste. Drei seiner Brüder, Kaspar, Wendelin und ein dritter, haben in Weil, Calw und Gerlingen Nachkommen hinterlassen, und drei Schwestern von ihm, Margaretha, Barbara und Elsa, habe ich einmal selbst gesehen. Sie lebten in Magstadt (die Namen ihrer Männer waren Laterit und Fries; den dritten weiß ich nicht) und haben dort auch Kinder hinterlassen. In der Stadt Weil gibt es noch heute Wollenweber, Namens Kürsner und Speydel, die mit uns blutsverwandt sind oder in die Familie geheiratet haben. Auch in Magstadt haben wir noch Verwandte, Namens Rockenbuch. Nach dem Tode des Großvaters (acht Söhne und Töchter überlebten ihn) heiratete nämlich meine Großmutter den Schultheißen von Magstadt, Hermann Merd, einen reichen Mann, der auch acht lebendige Kinder hatte. Sie zeugten noch ein siebenzehntes, ein Knäblein, das aber schon nach zwei Jahren gestorben ist. Die übrigen sechszehn verehelichten sich alle und wuchsen zu einer großen Zahl; aber die Pest trat in den Weg, und oft, wenn sie wütete, rief ihnen der Herr die Kinder im Alter der Unschuld frühzeitig zu sich. Die am Leben Gebliebenen habe ich 1497 zuerst kennen gelernt und einige davon 1522 wiedergesehen.

Aber das Wappen [2] seines Geschlechtes überkam und behielt mein Vater, als der Jüngstgeborene, und brauchte es auch als Hausmarke. — Es war ein weißer Schild in schwarzem Felde, in der Mitte quer geteilt, oben und unten mit roten Sternen. Man sieht es noch hie und da in der Stadt Weil, namentlich im Augustinerkloster [3] und in der Chorwölbung des Klosters Gozamum, wo augenscheinlich Einer dieses Geschlechtes vor Alters einmal Abt gewesen ist.

Mehr habe ich über meinen Großvater väterlicherseits durch Hören und Sehen an Ort und Stelle nicht erfahren können.

Von meinem Großvater mütterlicherseits, den ich persönlich kannte und liebte, weißt du schon, daß er Johannes Galz, d. i. Gallus hieß, weil

---

[1] Das Geburtshaus ist verschwunden; ein neueres Haus steht an der beschriebenen Stelle. Aber das Häuschen im "Zigergäßlein" steht wohl noch. Herr Schöhle, Direktor der Ackerbauschule in Rufach, hat es auf meine Bitte gesucht und gefunden. "Der Bogen gegenüber", ein alter Durchgang nach dem Bache zu, ist noch zu sehen, so daß kaum ein Zweifel an der Richtigkeit der Bestimmung möglich ist. Der Thorbogen des Hauses ist jedenfalls viel jünger als dieses selbst.

[2] Vgl. Beiträge IX, S. 42.

[3] Das ehemalige Augustinerkloster (1294—1803) ist jetzt Pfarr- und Schulhaus. Von dem Kloster Gozamum weiß weder die Ortschronik, noch die "Oberamtsbeschreibung" etwas. (Gütige Mitteilung des Herrn Stadtpfarrers Frid in Weilderstadt.)

er aus **Pruntrut** gebürtig war. Er lebte als ehrsamer Bürger in bescheidenen Verhältnissen und war Schneider seines Zeichens. Ein älterer, reicherer Bruder von ihm, der Bauersmann war, hieß auch Hans Galtz; um sie zu unterscheiden, wurde mein Großvater von allen Mitbürgern immer Kleinhans genannt. Daher erhielten meine Mutter und die Großmutter den Namen Kleinhänsler. Hans Galtz hinterließ einen Sohn, Namens Walther Galtz[1] oder Gallus, Pfarrer der Hauptkirche, gestorben 1518. Von ihm stammt das Stipendium von 12 Gulden jährlich, das nach dem Willen des Stifters in der neuen Burse zu Heidelberg von einem Studenten der Familie verzehrt werden soll. Als erster bezog es Konrad Wolfhart,[2] und zwar bis er Magister wurde. Eine Schwester Walthers, Namens Margaretha, hinterließ eine Tochter, die mit dem Ackersmann Friedr. Hüglin verheiratet war, dessen Gedächtnis noch nicht erloschen ist. — Das sind übrigens die einzigen Verwandten, die ich dir namhaft machen kann; wenigstens weiß ich keinen mehr, von dem Nachkommen leben; denn die Pest hat jederzeit entsetzlich in unserer Familie aufgeräumt! Ja, entsetzlich! Hüte dich vor ihr und rufe den Herrn an!

Meines **Großvaters** Gallus Gattin hieß Barbara Christan; die Hochzeit der beiden wurde 1446 gefeiert. Die Großmutter hatte eine Schwester, deren Mann, Namens Paulus, lange Zeit den Dienst als Sakristan in der Kirche zu Rufach versehen hat. Ihre Kinder, der Sakristan Nikolaus und seine Schwester, die sich aufs Land verdingt hatte, starben ohne Nachkommen.

Doktor **Jodokus Gallus** hat sorgfältig die große Schar der Kinder meiner Großeltern aufgeschrieben. Er zählte nicht weniger als 16 Brüder und Schwestern; ich kann sie nicht alle mit Namen aufführen. Meine Mutter, Elisabeth Kleinhänsler ausgenommen (geb. 1456, † den 21. Okt. 1528, am Ursulatag), sind sie sämtlich vor meiner Geburt aus dem Leben geschieden. Meiner Mutter Bruder, **Jodokus Gallus**, wurde 1459 geboren und ist am 21. März 1517 heimgegangen. Nach dem Tode von 12 Kindern erhielten der hochbetagte Großvater und die fünfzigjährige Großmutter i. J. 1474 noch ein Töchterlein, Anna. Sie heiratete später den reichen Schuhmacher Joh. Knornhauer (er wohnte in der Judenschule), und starb, nachdem sie ein Söhnlein geboren und durch den Tod verloren hatte, 1502 am 17. Jänner an der Pest, die schon Monate lang in **Rufach** wütete.

Nach der Geburt dieser Anna machten **meine Eltern** Hochzeit, am 21. Jänner 1477, gleich nach dem Kriege des Herzogs **Karl** von Burgund

---

[1] Steht in der Heidelberger Matrikel 1482 (Töpke, S. 371).

[2] Pellikans Neffe; sein Name kommt noch oft vor; das Chronikon ist ihm mitgewidmet. Sein Gelehrtenname ist **Lycosthenes**. Er studierte in Heidelberg (vgl. Ristelhuber, «Heidelberg et Strasbourg» S. 137) Theologie, Philosophie und Geschichte, wurde 1539 Magister, kam im selben Jahr nach Basel, wurde 1543 Professor in der philosophischen Fakultät und Lehrer am Pädagogium, 1544 Helfer an St. Leonhard, † 1561. Seine Geschichte der Stadt Rufach (Manuskript) hat Seb. Münster in der Kosmographie benutzt (vgl. S. 39 Anm. 4 und Thommen, S. 351). Zwei Jahre vor seinem Tod gab er noch bei Froschauer in Zürich ein „Christenlich Gesangbuch" heraus (Beiträge IX, S. 353). Vgl. auch das Vorwort zu Berler S. 4 und Indices 104 u. a.

und seiner Niederlage bei Nanzig.[1] Nach Ablauf dieses Jahres bin ich geboren: am 8. Jänner 1478 oder um diesen Tag. Ein Jahr und zehn
Monate später wurde mein Bruder Leonhard geboren, darauf wieder
nach einem Jahre und einigen Monaten mein Bruder Jodokus, der aber
schon als kleines Kind starb, wie später ein Schwesterchen, Namens Anna.
Dann, im J. 1486, wurde meine Schwester Elisabeth geboren; sie ist,
Gott sei Dank, noch am Leben mit ihren zwei Söhnen Konrad[2] und
Theobald.[3] Nach ihr wurde die Schwester Margareth geboren (i. J. 1488)
und darnach noch ein Schwesterlein, Agnes. Außer mir und Elisabeth starben
sie alle im Dezember 1501 mit dem Vater und dem Bruder Leonhard, der
damals schon 22 Jahre zählte; der Vater war ungefähr zweiundfünfzig. Die
Mutter aber lebte mit ihrer einzigen Tochter noch 27 Jahre als Witwe, ihren
Mitmenschen mit Dienstleistungen beispringend, unverdrossen, ohne Lohn, heute
bei Frauen in der schweren Stunde, morgen bei Sterbenden. Sie ernährte
sich mit der Tochter von ihrer Hände Arbeit als Frauenschneiderin, so lange
die Augen aushielten, zufrieden mit den zwei ererbten bescheidenen Häusern,
dem Garten und ihren Reben. Im Jahre 1510 am 30. Juli verheiratete
sie dann ihre Tochter; ich verweilte damals wieder in Rufach als Lektor
der Theologie.[4]

III. Der Oheim Jodokus Gallus.[5]

Während, wie schon erwähnt, die Söhne und Töchter des Großvaters (meine Mutter und ihr Bruder Jodokus ausgenommen) von der Pest hingerafft wurden (1470), blieb dieser Jodokus, ein hoffnungsvoller, lernbegieriger
Knabe von etwa 13 Jahren, durch Gottes gnädige Vorsehung in der Hut
des Minoritenklosters[6] von der Seuche verschont. Dann wurde er,
dank der Liebe der Brüder, zur Fortsetzung seiner Studien nach Basel geschickt und in den folgenden Jahren, wieder mit Hilfe der guten Franziskaner, nach Heidelberg. Dort fand er im Hause eines ehrsamen reichen
Mannes, Namens Regenspurger, Aufnahme. Dieser war Beichtvater und
Prokurator der Minoriten in Heidelberg[7] und hatte zwei Söhne im gleichen

---

[1] Am 5. Januar. Karl der Kühne wurde bekanntlich auf der Flucht
erschlagen (vgl. Scherer S. 115) und Herzog Renatus wieder in sein Herzog-
tum Lothringen eingesetzt. Renatus hat während seiner Vertreibung einige
Zeit in Rufach gelebt.

[2] S. 5, Anm. 2.

[3] Später in Ensisheim (s. Abschn. XXIII).

[4] Siehe Abschn. XII.

[5] Siehe Abschn. XVIII.

[6] Ueber die Klosterkirche der Franziskaner in Rufach s. Kraus, II,
S. 578, wo auch eine schöne Abbildung der Außenkanzel gegeben ist. Das
Kloster wurde 1250 durch Almosen und eine Beisteuer der Stadt gegründet.

[7] Siehe Eubel, I. S. 61 ff. u. II, 356. Das Minoriten-Kloster in Heidelberg war 1426 „reformiert", d. h. den Observanten, den strengeren Jüngern
des h. Franziskus, übergeben worden. Die Observanten durften kein Kloster-
gut „besitzen"; das Vermögen galt als päpstliches Eigentum und wurde von
einem „Prokurator" verwaltet (s. Herzog, IV, S. 476 ff.). Auffallend ist, daß

Alter, aber nicht so begabt wie Jobokus, der ihm und der Gunst der Minoriten warm empfohlen worden war. So nahm er denn um Gotteswillen
den jungen Menschen zu seinen Söhnen in Kost und Pflege. Die Franziskaner hofften nämlich, Jobokus werde künftig in ihren Orden treten, wozu
er auch ganz geneigt war. Einstweilen aber widmete er sich eifrig dem
Studium der freien Wissenschaften, bis er es so weit gebracht hatte, daß er
mit den Söhnen seines Gönners zur Magisterwürde gelangte. Aber an
Gelehrsamkeit und Sittenreinheit übertraf er sie, vielleicht just, weil er ärmer
war. Bald wurde er denn auch in den Lehrkörper der Hochschule aufgenommen
und mit der Leitung der neuen Burse[1] betraut. Dieses Lehramt verwaltete
er so löblich, daß er mit der Zeit auch das einträgliche Vikariat an der
Heiliggeistkirche erhielt. Unter der Leitung Jak. Wimphelings,[2] den
er immer als seinen Lehrer verehrt hat, und Rud. Agricolas,[3] der
damals in Heidelberg verweilte (wo er auch starb und bei den Minoriten
begraben liegt), widmete sich der arbeitsame, fleißige, beredte Mann dem
Studium der lateinischen Sprache. Er war nämlich, was ich vorhin zu erwähnen vergaß, schon bevor er nach Basel kam, in Schlettstadt[4] ein
fleißiger Schüler Wimphelings und des Magisters Ludwig Fries gewesen.
Mit der Zeit wurde er dann zum Baccalaureus und Licentiaten befördert
und sogar, wie in der Heidelberger Universitätsmatrikel zu lesen ist, einige
Male zum Rektor der Hochschule gewählt. Als ich bei ihm dort verweilte,
habe ich oft in jugendlicher Neugier seinen Namen in der Matrikel betrachtet.[5]

IV. Erste Schulzeit in Rufach.
1484—1491.

Während so Jod. Gallus im Laufe der Jahre (bis 1490) zu Heidelberg in den Wissenschaften fortschritt, fing ich selbst an, die Schule zu besuchen
(i. J. 1484). Mein erster Lehrer war Magister Stephan Kleger aus Zürich,

---

hier der Prokurator Regensburger, der Vater zweier Söhne, zugleich als
Beichtvater (spiritualis pater) der Mönche bezeichnet wird. — Ueber die
„Reformation" des Franziskanerklosters zu Rufach (1444), s. Berler, S. 64.
— Wie Pellikan selbst über den Unterschied im Orden dachte, erhellt aus
Abschn. XII (Provinzialkapitel in Rufach). — Jodokus steht unter dem 22. Ok-
tober 1476 in der Heidelberger Matrikel (Töpke, S. 351).

[1] Burse = Studentenhaus, „Convikt" (vgl. Schreiber, I, S. 36 ff.).

[2] Der berühmte Humanist und Schulmann, geb. 1450 zu Schlettstadt, Freund Geilers von Kaysersberg, † in Schlettstadt
1528. Die Reformation fand ihn als alten Mann; sein Schüler Jakob
Sturm aus Straßburg sagte zu ihm: „Bin ich ein Ketzer, so hast du
mich dazu gemacht!" (Vgl. Schmidt, I, und Scherer, S. 160 ff.)

[3] Geb. 1443 in Baflo bei Groningen (Holland), † 1485, berühmter
Humanist (vgl. Jansen, I, S. 50; Schmidt, I, S. 85 und II, S. 23;
Geiger, S. 21 ff.). — Agricola ließ sich in der Franziskanerkutte begraben;
das Mönchskleid galt als Schutz gegen die bösen Geister (Erasmus, Rat.
ver. Theol. bei Tribbev. S. 182).

[4] Siehe Schreiber, I, S. 119 ff.

[5] Siehe Töpke, S. 404.

ein tugendhafter, anspruchsloser, treuer, liebenswürdiger Mann, der mir stets freundlich entgegenkam und dauernde Liebe zu den Wissenschaften einflößte. Aber leider wurde er schon wenige Jahre später nach Basel berufen, und sein Nachfolger, Mich. Klett, ein Schwabe aus Gutingen und Tübinger Baccalaureus (der Ersten einer aus dem neuerrichteten Gymnasium dort) war ein schwer zu behandelnder Mann, jähzornig, mißgünstig, geizig, aber sehr gewissenhaft im Unterrichte der Knaben. Unter ihm studierte ich den Donat, den Alexander Gallus, den Petrus Hispanus [1] und machte darin im Vergleich zu meinen Altersgenossen gute Fortschritte, aber mit saurer Arbeit, unter Aengsten und Rutenhieben, da er mir auch den geringsten Fehler nicht ungestraft hingehen ließ. Ueberdies hatte ich noch k e i n g e d r u c k t e s B u c h , sondern mußte mir mühsam Alles aufschreiben, was ich hörte. Es gab eben damals in B a s e l noch keinen gedruckten Donat oder Alexander; [2] man hatte dort gerade um diese Zeit erst angefangen, diese Bücher zu drucken. Die Wohlhabenden besaßen Donate, die in Ulm gedruckt waren mit denselben Buchstaben, wie Johannes Regers „Geographia“ des Ptolemäus von 1485. Im nämlichen Jahre lag ich einige Wochen über den Jänner hinaus an der P e s t [3] krank, die mir am linken Ohr ausbrach. Um diese Zeit, im März, trat eines Tages um vier Uhr Nachmittag eine Sonnenfinsternis ein, zur großen Verwunderung des Volkes, das dergleichen noch nie gesehen hatte Ein alter, gelehrter Priester hatte jedoch aus dem Kalender Joh. R e g i o - m o n t a n s [4] Tag und Stunde vorher gewußt und einige Bürger auf die kommende Finsternis [5] vorbereitet. Aber die übrigen erschraken gewaltig, besonders mein Großvater, der gerade in den Reben arbeitete. Er glaubte, das Ende der Welt sei da, warf sich auf den Boden und flehte zu Gott um Vergebung und Barmherzigkeit. Der erwähnte Kalender war damals neu gedruckt worden.

Zu den wichtigsten Tagesereignissen jener Zeit zählte die Gefangennahme M a x i m i l i a n s zu Brügge in Flandern. [6] Da sah ich auch zuerst Soldaten ausziehen, erlesene Mannschaften in schwarzen Wämmsern unter

---

[1] Vgl. Schreiber, I, S. 46. — Mag. Alexander, ein Franziskaner in der Bretagne, daher A. Gallus genannt (um 1240), Verfasser eines weitverbreiteten Doctrinale puerorum in lateinischen Versen. — Petr. Hispanus, Magister der Dialektik, Tribbev. S. 49.

[2] In Basel hatte man um 1475 das erste Buch gedruckt. — Vgl. auch Platter, S. 23.

[3] Anschaulich schildert eine Pesterkrankung Andreas Ryff von Basel in seiner Lebensbeschreibung. (Beiträge IX, S. 57.)

[4] Joh. Müller, geb. 1436 zu Königsberg in Franken, Bischof von Regensburg, † 1476 auf seiner zweiten italienischen Reise in Rom an der Pest. Sein Kalender war 1475 deutsch und lateinisch in Nürnberg erschienen (der erste deutsche Kalender). Vgl. S. 24, Anm. 7; Jansen I, S. 109 ff.; Peschel, S. 388 ff. u. a.; Rettberg, „Nürnbergs Kunstleben“, S. 55 und Scherer, Geschichte der deutschen Literatur, S. 270.

[5] Nach Berler (S. 99) war die Finsternis am 16. März.

[6] Am 2. Februar 1488. Ehe der alte Kaiser Friedrich III. zu seiner Befreiung herbeikam, hatten die aufständischen Bürger Maximilian schon wieder freigelassen (am 16. Mai). (Vgl. Hagen, deutsche Geschichte IV, S. 29 ff. und Beiträge IX, 192 ff.)

dem Feldzeichen der Kurpfalz; denn **Ruprecht**,[1] ein Herzog in Baiern, war damals Bischof von Straßburg; ein Bruder von ihm, Otto, regierte zwischen Nürnberg und Regensburg.

Bis dahin hatte noch Niemand buntfarbige, zerhauene **Kleider** gesehen; aber jetzt mußten sich die Schneider daran machen, solche Flickerkünste zu lernen. Denn die heimkehrenden Soldaten führten unter der Hand allerlei Neuerungen in der Heimat ein, wie bunte **Stiefel** und runde **Schuhe**, während früher Männer und Weiber spitze getragen hatten. Um die gleiche Zeit kam eine neue Art abgerundeter Sandalen auf, die man Pantoffel nannte; auch meine Eltern habe ich die neue Mode tragen sehen, wogegen die sogenannten Holzschuhe mehr und mehr verschwanden. Dergleichen kostspielige Neuerungen und viele andere Kleideränderungen, die in meiner Knabenzeit Eingang und Verbreitung fanden, sind ja mittlerweile ins Unermeßliche angewachsen![2]

Damals (i. J. 1489 in den Fasten) ist hier in unserem **Zürich** der berühmte Bürgermeister Johann Waldmann[3] enthauptet worden, der hervorragendste Schweizer seiner Zeit.

Und kurz zuvor war im **Elsaß** ein Freiherr von Hungerstein auf Anstiften seines schönen, ehebrecherischen Weibes von seinen Knechten ermordet und der Leichnam bei **Gundolsheim** in die Lauch versenkt worden. Das ganze Land redete von der Geschichte; dann schritt das Gericht ein und verurteilte die Frau zum Tod durch Ertränkung. Aber sie wurde vom Henker gerettet und hernach auf einer der Burgen bei **Rappoltsweiler** gefangen gehalten,[4] wo sie zuletzt im Kerker gestorben ist. Auch die mörderischen Knechte wurden ergriffen und erlitten gerechte Bestrafung.

---

[1] Ruprecht, Sohn des Pfalzgrafen Stephan, Enkel Kaiser Ruprechts, 1440—1478 Bischof von Straßburg. Geiler von Kaysersberg, den er an das Münster gerufen, hielt ihm die Leichenrede (vgl. Schmidt, I, S. 342 ff.). — Berler erzählt in seiner Chronik wenig Rühmliches von diesem Bischof (S. 52).

[2] Vgl. in der Alemannia (XVII, 1889) die dort von Dr. Br. Stehle mitgeteilte Polizeiordnung des Bischofs Erasmus von Straßburg (1549), die auch von „unordentlicher und cöstlicher Kleidung handelt und u. a. Bauers-, Reb- und Handwerksleuten das Tragen von „zerhauenen“ und „zerschnittenen“ Kleidern verbietet. Vgl. auch Platter, S. 131; Bullinger, II, 105; Beiträge IX, S. 115, Anm. 3 und Quellen, S. 256.

[3] H. Waldmann fiel als Opfer eines Aufruhres, namentlich des Landvolkes. Der Rat wurde abgesetzt, Waldmann gefoltert und enthauptet. (Joh. von Müller, V, S. 404; Herzog, XIV, S. 102, und Freitag, Bilder aus der deutschen Vergangenheit, 4, 473.)

[4] Auf der Ulrichsburg an 20 Jahre. — Wilh. von Hungerstein hatte sich in alten Tagen in zweiter Ehe mit Kunigunde Giel von Gielsperg verheiratet. Sie war eine Verschwenderin, aber von „ausbündiger Schöne und von Natur dahin geneigt, daß sie schier jedermann als eine andere Venus zu ihrer Liebe reizte“. Vgl. den ausführlichen Bericht bei Rathgeber. (Die Herrschaft Rappoltstein, S. 62 ff.) Auch Stöbers Sagen des Elsasses, S. 47 ff. — Hungerstein, altes Schloß bei Gebweiler. — Gundolsheim gehörte zum oberen Mundat.

V. In Heidelberg.

1491—1492.

Im Jahre 1491 nach der Pest, die in Heidelberg gewütet und die Studenten der neuen Burse nach dem Städtchen Heidelsheim verscheucht hatte,[1] rief mich mein Oheim, damals Licentiat und Rektor der neuen Burse, zu sich. Ich war eben 13 Jahre alt und kam nach Ostern in Begleitung meines Vaters in Heidelberg an.[2] Der Pfalzgraf Philipp[3] war damals abwesend auf dem Reichstage zu Nürnberg. Dann folgte die Fehde gegen Herzog Albrecht in München;[4] man schlug ein Lager auf dem Lechfeld, und 400 Reiter zogen von Heidelberg aus. — Den Mittagstisch hatte ich in der Burse, die Wohnung im Hause des Oheims. Ich hörte die Vorlesungen für das Baccalaureat vollständig und an außerordentlichen die Rethorica ad Herennium von Cicero[5] bei Doktor Joh. Vigilius,[6] genannt Wacker, Juvenals Satyren bei Adam Werner[7] aus Themar, dem Dichter, die Episteln des Horaz, die Achilleis von Statius[8] und die Elegie Nux[9] von Ovid bei Magister Joh. Stocker. Joh. de Magistris über des Aristoteles Logik und Versor[10] über Petrus Hispanus hörte ich in der Burse mit den andern fast 16 Monate lang. Als ich damit fertig war, wurde der Oheim meiner überdrüssig, sei es wegen meiner Nachlässigkeit, über die er vielleicht nicht ohne Grund klagte, sei es wegen der Kosten, die freilich nicht sehr groß waren und sich höchstens auf 14 Gulden belaufen mochten. Kurz, er schickte mich in die Vaterstadt zurück, 1492 im September.

---

[1] Von 1426—1597 fanden nicht weniger als 20 solcher Auswanderungen der Pest wegen statt, meist auf mehrere Monate (vgl. Töpke, Vorw. XLI).

[2] Pellikans Name steht in der Matrikel unterm 20. Dec. 1491 (Töpke, S. 398).

[3] Philipp I., der Aufrichtige, 1476—1508, Gönner Wimphelings (s. Janssen, I, S. 78 u. a.; Schmidt, I, S. 11 u. a.).

[4] Vgl. Hagen, deutsche Geschichte, IV, S. 35 u. Quellen, S. 29.

[5] Das Buch ist nicht von Cicero, sondern stammt aus der Sullanischen Zeit, wurde aber von Cicero in seiner Jugendarbeit „Rhetorica" benutzt. Es stand im Mittelalter in hohem Ansehen (s. Teuffel, Nr. 162 und 182).

[6] Vigilius (s. auch S. 44) war Jurist (Janssen I, S. 82) und ein Freund Wimphelings (Schmidt, I, S. 17; Amoen. 197).

[7] Lat. Dichter und Erzieher der Söhne des Kurfürsten (vgl. Schmidt, I, S. 17, 20, 24, 220, und Scherer, Geschichte der deutschen Literatur, S. 783).

[8] Statius aus Neapel (45—96 nach Chr.). Das Epos Achilleis, eine Bearbeitung der trojanischen Sage, ist unvollendet (vgl. Teuffel, S. 321).

[9] Die Elegie Nux (Klage des Nußbaums über Mißhandlung) ist ovidisch, aber nicht von Ovid (Teuffel 251, 4).

[10] Joh. de Magistris und Joh. Versor (Paris), s. Gräße, Lit. Gesch., III, S. 654 ff.

VI. In Rufach: Schulgehilfe, Eintritt ins Kloster, Empfang der Weihen (in Basel).

1492—1495.

Auf der Heimreise nach Rufach kam ich durch Speier und wurde dort von J. Wimpheling[1] zurückgehalten. Bei der Ankunft in Straßburg vermißte ich mein Geld; der Fuhrmann hatte es mir unterwegs im Wagen gestohlen! Doch genoß ich die Gastfreundschaft des Doktors Jakob Han,[2] der von der Universität Heidelberg zu seinem Vater, dem Domherrn bei Jung St.-Peter, heimgekehrt war, später Official[3] des Bischofs von Straßburg wurde und mir immer in Liebe zugethan blieb, bis er zuletzt den Aussatz bekam und sich bis an sein Ende zu Hause einschloß. Er gab mir Geld, mietete einen Wagen und brachte mich bis Schlettstadt. Von dort ging ich zu Fuß nach Hause und lebte alles Trostes bar bei meinen armen Eltern. Von den Minoriten entlehnte ich Bücher und versuchte mich auch sogleich in der Schule als Gehilfe des Schulmeisters ohne Hoffnung auf weiteres Fortkommen. Während ich so unentgeltlich in der Schule mit dem Lehrer arbeitete, ging ich auch oft in das Kloster, um mir den Mißmut zu verscheuchen. Ich war jetzt 15 Jahre alt, und die Brüder drangen in mich, in den Orden einzutreten.[4] Endlich, als ich eben das sechzehnte Jahr begann, willigte ich ein und ließ mich aufnehmen. Meine Eltern wußten nichts davon oder stellten sich doch so, oder wagten nicht, meinen Entschluß zu mißbilligen wegen des Aberglaubens, der damals noch sehr groß war. Auch hatten sie ja nicht die Mittel, mich zu ernähren, und auf den Bettel schicken wollten sie den angehenden Baccalaureus auch nicht.

Meinen Bruder Leonhard ließen wir in diesen Jahren nach Weil in Schwaben geben zu einem Verwandten des Vaters, dem Bürger J. Speydel.[5] Dort lebte er über ein Jahr, besuchte die Schule, hatte freien Unterhalt und gewann Aller Herzen; es waren auch feine, liebenswerte Söhne und Töchter in diesem Hause. Da brach die Pest aus und der Bruder wurde in die Heimat zurückgesandt. Er fand mich bereits in der Kutte. Dann ging er nach Schlettstadt und verbrachte dort unter dem

---

[1] Wimpheling war 14 Jahre in Speier Domprediger (1484—1498). Dort gab er seinen Isidoneus germanicus (Wegweiser für die studierende deutsche Jugend) heraus (s. Schmidt, I, S. 22; Amoen. S. 421 ff.).

[2] Jakob Han, Sohn des Domherrn Heinrich Han von Jung St.-Peter, Dr. jur. Er hat im Auftrage des Bischofs Wilhelm von Honstein das Brevier des Straßburger Bistums neu bearbeitet (vgl. über ihn Schmidt, II, S. 47 ff. und Ristelhuber «Heidelberg et Strasbourg», S. 33).

[3] Offizial heißt eigentlich der bischöfliche Vikar für die weltliche Rechtsprechung, besonders in Ehesachen. Han war aber vicarius in spiritualibus = Generalvikar.

[4] Man stoßt manch Kind jetzt in ein Orden,
Eh' es ist zu eim Menschen worden
Und es verstand, ob das ihm si
Gut oder schad, stäckt es im Bri. (Narrenschiff 73.)

[5] Siehe S. 4.

ausgezeichneten Lehrer Kraft[1] ein nuhreiches Jahr. Von Schlettstadt
rief man ihn nach Heidelberg, wo er einige Jahre bei dem
Oheim studierte, so lange dieser in Heidelberg war. Als darauf wieder
die Pest ausbrach, kehrte er heim. Er konnte schon vorzüglich lateinische Verse[2] schreiben; da starb er (1501) mit dem Vater an der Pest
und wurde (mit dem Vater) auf dem Minoritenkirchhofe begraben vor dem
Kreuze.

Anfang 1493 also wurde ich in den Orden aufgenommen[3] und zwar
freiwillig, da sich mir kein andrer Lebensweg darbot wegen der Armut
meiner Eltern und die Großeltern, sowie der Bruder und drei Schwestern
noch am Leben waren. Am Tage Pauli Bekehrung ward ich eingekleidet
zur großen Freude der Brüder, die in mir einen Ersah für den Oheim,
Magister Jodokus, erblickten. Sie behandelten mich freundlich und unter-
wiesen mich gewissenhaft nach dem Brauch ihrer Religion in Allem, was die
Zeremonien und die Klosterregel anging, und ich zeigte mich folgsam und
anstellig zu allen Mönchsverrichtungen in und außer dem Hause. — Auch in
diesem Jahre war eine Pest, die aber mild auftrat. Mein Großvater
seligen Andenkens und makellosen Wandels, erlag ihr, hochbetagt, über
90 Jahre alt.

Am 7. August kam Job. Gallus von Heidelberg nach Rufach. Er
sah mich ungern als Mönch; denn er fürchtete (und so war es ja auch), die
Veranlassung dazu gegeben zu haben. Darum bat er mich auch, wenn mir
das Leben nicht übersehr behage, doch ja noch als Novize wieder auszutreten; aber ich weigerte mich, weil nun für mich gesorgt wäre und ich auch
die üble Nachrede, aus dem Kloster weggelaufen zu sein, scheuen müsse; ich
wolle Gott dienen in dem Stande, der nach meiner Meinung ihm wohl-
gefalle und worin ich auch hoffen dürfe, selig zu werden. Da antwortete der
Oheim: „Ich erlaube dir gern, an meiner Statt Mönch zu sein, aber nicht,
an meiner Statt die himmlische Seligkeit zu erwerben!" Damit ging er
fort und ließ mich in der Kutte. Bald nach seiner Rückkehr wurde er von
Heidelberg nach Neckarsteinach versetzt, einem Städtchen oberhalb Heidelbergs. Dort war er Pfarrer und sehr beliebt bei den Ratsherren, dem Pfalzgrafen Philipp und den Edelleuten der Umgegend. Bisweilen besuchte ihn
dort seine Mutter, meine verwitwete Großmutter; aber nach einem Aufent-
halte von einigen Monaten kehrte sie immer wieder heim, da sie lieber bei
meinen Eltern zu Hause im Vaterlande, als bei dem Sohne in der Fremde
leben wollte.

Gegen das Ende meines Probejahres, am Sonntag in der Oktave[4] des
Epiphaniasfestes, erkrankte ich sehr ernst an der Pest auf der linken Seite.

---

[1] Kraft Hofmann von Udenheim, gen. Crato, war der Nachfolger des
ersten Rektors der Schlettstadter Schule Ludwig Dringenberg, der Lehrer
von Beat. Rhenanus, Leo Judä, Buher u. a. † 1501 (vgl. Schmidt, I, XV
und 139; Amoen. S. 198, 238 ff. und 537).

[2] Siehe S. 43.

[3] Vgl. de receptione novitiorum und Anderes, das Caeremoniale ad
usum fratr. min., Straßburg 1755.

[4] Oktave heißt die achttägige Feier hervorragender kirchlicher Feste. Die
Oster-, Pfingst- und Epiphanias-Oktaven sind die wichtigsten.

Der Guardian [1] erkannte (nach der Frühmeſſe) ſofort die Gefahr und ließ mir eine Ader ſchlagen; aber die Krankheit nahm zu, und ich ſchien bereits ein Sterbender zu ſein. Da rief er die Brüder zu den Gebeten, verſah mich mit beiden Sakramenten und legte mir ein Pflaſter auf. Das Geſchwür zog ſich zuſammen, öffnete ſich, und ich genas allmählich, mußte aber acht Wochen lang die Krankenzelle hüten. Die guten Brüder verpflegten mich alle treulich in jeder Hinſicht. So wurde ich geſund und leiſtete am St. Matthiastage 1494 nach dem Brauche des Ordens mein Gelübde in die Hand des ehrwürdigen Paters Kaspar Brün.

Bald hernach trat mir der neue Novizenmeiſter [2] Joh. Altzinger aus Landshut nahe. Er las mit mir und den Genoſſen das dritte Buch der Sentenzen des Meiſters Lombardus [3] und das Centiloquium Bonaventuras. [4] — Im nämlichen Jahre wurde ich zu Baſel nach dem Tage der Kreuzerhöhung im September von dem älteren Suffraganbiſchofe von Tripolis [5] zum Akoluthen und nach den Frohnfaſten im Dezember zum Subdiakonen [6] geweiht mit dem trefflichen Jüngling Nik. Kulm von Ruſach, der hernach ein überaus gelehrter und frommer Bruder geworden iſt und mir ſtets die innigſte Freundſchaft bewahrt hat. Er war viele Jahre Guardian in Ruſach und Tübingen und Beichtiger zu Alspach [7] (bei Kahſersberg), wo er auch den „Chriſtlichen Kriegsmann“ [8] des Erasmus las und i. J. 1516 geſtorben iſt.

---

[1] Die demütigen Franziskaner (daher fratres *minores*) haben keinen Abt oder Prior, ſondern nennen die Vorſteher ihrer Klöſter nur custodes (Wächter) oder Guardiane (von guardia, warda = Wächter).

[2] Siehe Eubel, II, S. 389.

[3] Petrus Lombardus aus Novara, † um 1160 als Erzbiſchof von Paris, hat in ſeinen sentiarum libr. IV den Grund für das ſcholaſtiſche Lehrſyſtem gelegt (vgl. Ebrard, II, S. 222 ff.; Herzog VIII, S. 467 ff. und XIII, S. 670 ff.). Man nannte ihn nur «magister sententiarum». — Der ſcholaſtiſchen Gelehrſamkeit iſt die Sammlung von „Sentenzen“, d. h. Ausſprüchen alter angeſehener Kirchenlehrer eigentümlich (vgl. auch Schreiber, I, S. 102 ff.).

[4] Bonaventura iſt der kirchliche Name des Franziskaners und Scholaſtikers Joh. Fidenza (1221-74); 1257 Ordensgeneral; 1482 von Sixtus IV. heilig geſprochen; als Doktor Seraphikus unter die Zahl der großen Kirchenlehrer aufgenommen. Das «Centiloquium» enthält eine gemeinverſtändliche Darſtellung ſeines ſcholaſtiſchen Syſtems (vgl. Ebrard, II, S. 297 ff. und Herzog, II, S. 290 ff.).

[5] Nikolaus Frieß von Mülhauſen († 1498), aus dem Basler Auguſtinerkloſter, das viele Suffragan-Biſchöfe geliefert hat. (Wurſtiſen, S. 323.) — Suffragan-Biſchof (Weihbiſchof) heißt ein Biſchof in partibus infidelium als Gehilfe (vicarius in spiritualibus) eines wirklichen Diözeſanbiſchofes.

[6] Es gibt 7 Stufen des geiſtlichen Standes: Presbyter, Diakone, Subdiakone, Akoluthen, Exorciſten, Lektoren und Oſtiarier. Dieſe Stufen ſind durch die niederen und höheren Weihen zu erſteigen; das Akoluthat iſt die höchſte der niederen.

[7] Seit 1282 Klariſſenkloſter (Franziskanerinnen), vgl. Kraus, II, S. 206 und Eubel, II, Nr. 119.

[8] Das «Enchiridion» (Handbuch) militis christiani (Indices 100). Es war das Lieblingsbuch des ſpäteren Biſchofs von Baſel, Chriſt. von Utenheim, ſ. S. 37.

VII. Tübingen. — Reise ins Elsaß u. s. w. mit Scriptoris. — Erste hebräische Studien.

1496—1501.

Im Jahre 1495 wurde ein Kapitel [1] in Ulm abgehalten unter Leitung des Provinzialvikars Kasp. Waler. Er ist lange Zeit ein gefeierter Kanzelredner in Heidelberg gewesen (6 Jahre hat er über das Buch Hiob gepredigt, beredt und voll frommen Eifers) und war mit meinem Oheime Job. Gallus besonders befreundet. Dieser bat ihn denn auch, mich, seinen Verwandten, nach Tübingen zu versetzen, wo damals die Wissenschaften in schönster Blüte standen. Der Provinzial nahm es auf sich, dies bei nächster Gelegenheit auszuführen, und that es auch. Schon im März 1496 schickte er mich Studierens halber dorthin zu dem hochgelehrten Guardian und Lektor [2] Paul Scriptoris. [3] Dieser Ehrenmann war, wie Waler selbst, aus Weil in Schwaben gebürtig, hatte auf eigene Faust sämtliche freie Wissenschaften gelernt und hielt, angestaunt ob seines Geistes, auch den Gelehrten der Universität Vorlesungen darüber. Er war der scharfsinnigste Scotist, [4] ein ehemaliger Schüler des Pariser Doktors Steph. Brulifer, [5] und hatte auch viele weltliche Magister als tägliche Zuhörer. Der geistreichste von ihnen war Thomas Helvetius von Wyttenbach [6] aus Biel, damals „der Schweizer" genannt. (Später wurde er

---

[1] Provinzialkapitel = Versammlung der Brüder einer Ordensprovinz; Generalkapitel = Versammlung des ganzen Ordens. An der Spitze der Provinzen standen Provinziale, über diesen der Ordensgeneral (vgl. Eubel, I, S. 13 ff.).

[2] „In jeder Provinz befand sich ein Noviziat, und der Novizenmeister hatte die Novizen während der einjährigen Probezeit zum Ordensleben anzuleiten, worauf sie in die verschiedenen Studienseminare (Professate) kamen, um dort die Humaniora, Philosophie und Theologie zu lernen. Hiezu waren die Lektoren bestellt." (Eubel, I, S. 15.)

[3] Die Universität Tübingen wurde 1477 gestiftet von Graf Eberhard im Bart. — Scriptoris war Mathematiker (s. u.). „1497 zählte er in seinen Vorlesungen über Ptolemäus und Euklid fast alle Lehrer der Universität zu seinen Zuhörern. Sein Schüler war der gelehrte Pfarrer Hans Stöffler von Justingen." (Jansen, I, S. 106.) — Ueber Stöffler, vgl. S. 24.

[4] Duns Scotus, geb. 1274, † 1308 in Köln, Franziskaner, lehrte in Oxford, kam 1301 nach Paris, ist die dogmatische Autorität der Franziskaner, wie Thomas von Aquino die der Dominikaner (s. Herzog, III, S. 550 ff.; Ebrard, II, S. 236).

[5] Sein Werk über Bonaventura wurde in Basel gedruckt (Wurstisen, S. 209). Er war Franziskaner, ein gründlicher Bibelkenner und hat aus Paris weichen müssen. (Schmidt, I, S. 128; vgl. auch Amoenit, S. 411 und 418.)

[6] Th. Wyttenbach, Reformator der Stadt Biel seit 1520, auf Betreiben des Bischofs von Basel (s. Bullinger, I, S. 7 und 155 ff.) seines Amtes als Prediger an der Stadtkirche 1525 entsetzt, † 1526. Biel wurde 2 Jahre später doch protestantisch.

Doktor und evangelischer Prediger.) Auch der Mönch Paulus Bolz[1] aus Schuttern,[2] nachher und bis auf den heutigen Tag evangelischer Prediger zu Straßburg, ist hier namhaft zu machen, sowie der Augustiner Joh. Mantel,[3] der nachmals Doktor wurde, viel durch den Herzog von Württemberg zu leiden hatte und zuletzt als evangelischer Prediger zu Elgg im Kanton Zürich 1530 gestorben ist. Aber auch die gelehrten Brüder des Augustinerklosters in Tübingen kamen täglich in des Paulus Vorlesung über Scotus, unter ihnen vor allem der Prior Johann von Staupitz,[4] später Doktor der Theologie und als Provinzial der Gönner Luthers. Desgleichen hatte Paulus in seiner Vorlesung über die Cosmographia des Ptolemäus fast alle Doktoren und die übrigen Magister, sowie viele gelehrte Ordensleute als Zuhörer, unter denen auch ich, mehr als mancher andere, erfreulich vorwärts kam. Ferner lehrte er die Mönche von Bebenhausen die Zusammensetzung des Astrolabiums[5] und nahm dabei mich als Gehilfen an, was mir natürlich gleichfalls vor Andern förderlich war. Obgleich er später für die Magister und alle Brüder über den Gebrauch des Astrolabiums las (1497), hielt er uns noch ein Privatissimum über 4 oder 5 Bücher Euklids.[6] Damals schrieb er auch eine Erklärung zu Scotus, namentlich den Sentenzen, und gab das fertige Werk in den Druck, wodurch er veranlaßte, daß die erste Druckerei (von Reutlingen herüberkommend) in Tübingen entstand. Ich habe unter seinem Diktate, da er selbst eine schwere Hand hatte, das Manuskript eigenhändig niedergeschrieben. Der Druck ward am 24. März 1498 vollendet, gereichte ihm aber wegen der Spitzbüberei des Druckers zu großem Schaden.

Scriptoris[7] war ein aufrichtiger, freigesinnter Mann, ein mutiger Bekenner der Wahrheit, ein hervorragender Kanzelredner. Weil er Guardian war, predigte er freilich nicht regelmäßig, wurde aber oft von gelehrten Priestern nach auswärts gerufen. Namentlich in Reutlingen hatte er zahlreiche Zuhörer. Ebenso in Horb, wo er für die damalige Zeit sehr freimütig predigte und gewisse Sätze, die später als lutherisch galten, z. B.

---

[1] P. Volz war Abt der Benediktinerabtei Hugshofen (Honcourt) im Weilerthal (Kraus, I, S. 113) und mit Beat. Rhenanus, Butzer, Sapidus u. A. Mitglied der von Wimpheling um 1516 in Schlettstadt gestifteten societas litteraria (s. Schmidt, I, XX, S. 96, 116 und Röhrich, II, S. 112 ff.).

[2] Ueber das Kloster Schuttern s. S. 26, Anm. 2.

[3] „Mantel, 1523 aus Württemberg, später auch aus Basel verjagt, war nach dem conspectus ministerii Turicensis bloß noch ein Jahr lang Pfarrer in Elgg" (Riggenbach). 1528 fand er mit seiner Familie in Straßburg Zuflucht. (Röhrich, I, S. 271.) „Joh. Mantelius" (Indices, S. 191 u. a.).

[4] Aus Meißen, 1503 Generalvikar der Augustiner für die Provinz Deutschland, später Benediktiner, † als Abt von St. Peter in Salzburg 1524, begraben in der St. Veitskirche dortselbst. („Joh. Staupitius", Indices S. 191.)

[5] Astronomisches Instrument zur Messung der Höhenwinkel der Gestirne (s. Peschel, Geschichte der Erdkunde, S. 386 ff.).

[6] Um 300 n. Chr. in Alexandrien, „der Vater der Geometrie". Er schrieb 13 Bücher: die Elemente.

[7] Vgl. Geiger, S. 19.

über die Sakramente, Ablässe, Gelübde, besonders hervorhob und tapfer durch die h. Schrift begründete. Das Gerücht hievon kam denn auch bald zu den Tübinger Theologen und machte ihn der Universität so verhaßt, daß man beschloß, inquisitorisch wegen Ketzerei gegen ihn einzuschreiten. Er wurde deshalb beim Provinzial verklagt und, weil er auch bei seinen Mönchen mißliebig geworden war, zuletzt des Amtes als Lektor und Guardian enthoben.

Die Sache zog sich etwa 6 Jahre lang hin. Mittlerweile (1499) erhielt Paulus S c r i p t o r i s eine Ladung vor den Generalvikar des Ordens nach dem E l s a ß. Er wählte, wie fast immer, mich zum Begleiter; denn ich war gut zu Fuß, ertrug gern alle Beschwerden, machte geringe Ansprüche für den Lebensunterhalt und kürzte ihm den Weg durch meine Fragen. So wanderten wir denn im August über den S c h w a r z w a l d durch Dorn-stett und Kniebis, Oberkirch und S t r a ß b u r g nach Z a b e r n. Dort trafen wir aber den General nicht und wandten uns deshalb nach B a s e l über K a y s e r s b e r g und R u f a c h, überall in den Klöstern einkehrend. Als wir ankamen, erfuhren wir, daß der General nach F r e i b u r g gereist sei zu Kaiser M a x, der dort nach vielen Kriegen in erste Friedensverhand-lungen mit den Schweizern getreten war. Aber erst am St. Magdalenentag (der Sieg war den Eidgenossen treu geblieben) kam der Friede zum Ab-schluß.[1] Unser Ordensgeneral, Franziskus Sagarra, ein Spanier, wußte damals schon um die Schwangerschaft der königlichen Gemahlin[2] Erzherzog Philipps, des Sohnes des Kaisers, mit dem jetzt regierenden Karl V. Er, der General, hatte eine Zusammenkunft etlicher Väter nach O p p e n h e i m anberaumt. Auch mein Paulus S c r i p t o r i s war unter den Geladenen. Wir machten uns also in Begleitung des Basler Guardians landab nach W e i ß e n b u r g auf den Weg und kamen von dort in das Städtchen D ü r k h e i m, von wo aus wir das herrliche Kloster Limburg besuchten. Es liegt in der Nähe auf einem Berg, wurde von Kaiser Konrad II.[3] gegründet und, wenn ich nicht irre, von Heinrich III. exmirt. Dort sah ich die Säulen der Heiligkreuzkirche, sämtlich sehr hoch und jede aus einem Stein gehauen. Die Herbeischaffung und Aufrichtung der Riesensäulen in der Kirche konnte in der That für ein Wunder gelten. Ich erwähne das, weil der Provinzial S a z g e r und ich das prächtige Kloster jämmerlich ver-brannt fanden (durch den Erzschelm Grafen von Leiningen),[4] als wir nach

---

[1] Zu Basel 1499.

[2] Die Infantin Johanna, Erbin der spanischen Länder, seit 1496 mit Philipp vermählt, dem von seiner Mutter, Maria von Burgund, die Nieder-lande zufielen (vgl. Häuser, S. 38 ff.).

[3] Des Kaisers ältester Sohn hatte nach der Ueberlieferung auf der Jagd bei dem Schlosse Limburg durch einen Sturz von einem Felsen das Leben verloren, und der Kaiser verwandelte nun auf Bitten seiner Gemahlin Gisela die Burg in ein Kloster. (Schöppner, Sagenbuch der bair. Lande, I, S. 334.)

[4] Emich VIII., der „Brandmeister", zerstörte Limburg im August 1504 in der „bairischen Fehde". Der Kurfürst hatte den Leiningen die Schirm-vogtei über die Abtei Leiningen entzogen. Vgl. Lehmann, Geschichte des Hauses Leiningen, S. 184 und 196 ff. (Bd. III, der url. Geschichte der Burgen der Pfalz.)

einigen Jahren von Kreuznach über das Klosterstift Hane [1] wieder dort durchkamen.

Die Reisegefährten wechselten unterwegs; es waren unser ja viele; und so traf es sich, daß ich mit einem Pater Paul Pfedersheimer zusammenkam. Dieser Mann, ein vorzüglicher Prediger und vor Jahren in Mainz aus dem Judentum übergetreten, war Magister der freien Künste und hernach Minorit geworden. [2] Er hatte auch eine Einladung nach Oppenheim. Im Wandern geriet ich mit ihm ins Gespräch und erwähnte, daß ich von Kindesbeinen an, schon auf der Schulbank, das größte Verlangen gespürt hätte, die hebräische Sprache zu verstehen. Als Knabe, in meinem elften Jahr oder noch früher, hatte ich nämlich von meinen Kameraden erzählen hören, ein Doktor der Theologie habe mit einem Juden über den christlichen Glauben disputiert und sei durch die Antworten nicht nur des Juden, sondern sogar einer Jüdin in die Enge getrieben worden. Die Geschichte entsetzte und betrübte mein Knabenherz; ja es war mir eine Gewissensqual, daß unser Christenglauben auf so schwachen Füßen ruhe! Gelehrten Theologen gegenüber sollten ihn Juden erschüttern können! Seit meinen Kinderjahren war mir das tief im Sinne gelegen, und als ich hernach Minorit geworden und täglich im Chor und bei Tisch die h. Schrift mit der Auslegung von Lyra [3] hörte und las, da lernte ich allmählich, daß die Geheimnisse der Bibel keineswegs ohne Weiteres klar und für alle feststehend seien. Genug Leute konnten vielmehr allerlei Verschiedenes über sie vorbringen. Sah ich doch, daß Lyra an mancher Stelle vom h. Hieronymus abwich, daß er anderswo der Auslegung Rabbi Salomons [4] gegen Augustinus zustimmte, und daß Paulus von Burgos, [5] der aus dem Judentum Uebergetretene, die Ansicht Lyras verwarf! Das sah ich, und die Weissagungen der Propheten

---

[1] Urkundlich „Heyne, Hane (Pellikan schreibt Henowe), ecclesia Hagenensis" bei Bolanden am Südfuße des Donnersbergs, nördlich von Kirchheim. 1583 aufgehoben (Remling, „Altertümer und Klöster der Pfalz", II, S. 151—73; gütige Mitteilung des Hrn. Prof. Dr. Mehlis in Dürkheim). Vgl. S. 51.

[2] 1509 trat der bisherige Observant (f. S. 6, Anm. 7), Paul Pfedersheimer, zu den Conventualen (so hießen die Nichtobservanten) über. Die beiden Richtungen waren arg verfeindet. Dieser Paul Pfedersheimer ist nicht zu verwechseln mit dem Conventualen Joh. Pauli, dem Verfasser des bekannten Schwankbuches: Schimpf und Ernst († 1530 im Kloster zu Thann), der niemals Observant gewesen ist. (Eubel, I, S. 64 ff.)

[3] Nik. von Lyra (aus Lyre in der Normandie), gelehrter Franziskaner (Hebraist), Doktor und Professor der Theologie in Paris, 1325 Ordensprovinzial von Burgund, † 1340 in Paris. Sein Hauptwerk: Postillae perpetuae in V. et N. Testamentum. — ‹Si Lyra non lyrasset, Lutherus non cantasset.› Die Baseler Ausgabe der Bibel mit der Glosse des Nik. von Lyra (6 Foliobände) hat Seb. Brant besorgt. — Vgl. auch Geiger, S. 20 und 35.

[4] R. Salomo ben Isaak (Raschi) aus Troyes in der Champagne, † 1105, berühmt durch seinen Kommentar zum Alten Testament, der zahllose Auflagen erlebte.

[5] „Erzbischof Paul de Santa Maria von Burgos, † 1435, Verfasser der ‹additiones ad Lyram›, selbst Proselyt, aber heftiger Verfolger der Juden." (Riggenbach.)

verstand ich noch nicht. Dazu hörte ich, daß man oft den hebräischen
Grundtert gegen die gebräuchliche Uebersetzung anführe, und daß vielerorts
auch die chaldäische Uebertragung des Onkelos und Jonathans [1] bald mit
der unsrigen stimme, bald von ihr abweiche. Gleichzeitig las ich die Unter-
suchung Pauls von Burgos aus jüdischen Schriften g e g e n die Juden (in
der verbesserten lateinischen Uebersetzung eines Italieners, und den Petrus
Nigri, der in seinem „Stern des Messias" [2] sehr viel aus jüdischen Schriftstellern bringt. Dies Alles, was ich so sah, hörte und las, trieb den damals
halbwüchsigen Jüngling zur Erlernung des Hebräischen, wo es mir irgend
begegnete, selbst auf den Pergamenteinbänden unsrer Bücher! [3] Aber eine
r i c h t i g e Gelegenheit, hebräisch zu lernen (sagte ich zu P. Pfeddersheimer),
sei mir eben bis heute noch nicht geboten worden, und doch könne man nur
aus dem Hebräischen das Verständnis zweifelhafter Stellen im Alten Testamente gewinnen, wie aus dem Griechischen im Neuen. [4] — Das etwa war
der Inhalt unsers Gespräches auf dem Wege zwischen D ü r k h e i m und
W o r m s. Der ehemalige Jude ging lebhaft und bereitwillig auf meine
Wünsche ein. „Wir wandern jetzt nach M a i n z," sagte er; „dort habe ich
von lange her hebräische Handschriften liegen, die ich meinem Vater weg-
nahm, als ich Christ wurde.. Ich werde sie dir überlassen, wenn du deinem
frommen Wunsche genugthun und dich diesem Studium widmen willst." Ich
antwortete ihm: „Hast du mir erst solche heilige Bücher gegeben, so finde
ich schon eine Weise, durch die ich mich getraue, sie aus eigener Kraft zu
lesen und zu übersetzen." Dabei dachte ich an die gedruckte Ausgabe von
Nigris „Stern des Messias", meinen alten Bekannten aus der Rufacher
Bibliothek. Der gute Mann sagte mir einen Codex zu, sobald wir in
Mainz ankämen.

Unter diesem Gespräche gelangten wir nach W o r m s und dann nach
O p p e n h e i m, wo die vornehmsten Väter der rheinischen und der schwäbischen Provinz versammelt waren. Nach der Beratung reisten die Prä-
laten, darunter mein Lehrer, der Guardian S c r i p t o r i s, und Paul
Pfeddersheimer, nach M a i n z hinab; ich aber und die übrigen Brüder blieben
noch etliche Tage in Oppenheim und wanderten dann langsam je zwei und
zwei heimwärts, um dem Kloster nicht zur Last zu fallen. So kam ich mit einem
Gefährten durch H e i d e l b e r g nach P f o r z h e i m und wartete auf die
Ankunft meines Lehrers, der nach Beendigung der Geschäfte in Mainz den
Guardian nach Hause begleiten wollte. Ich hatte den lieben Vater, als er
nach Mainz ging, eindringlich gebeten, Pfeddersheimer an das versprochene
hebräische Buch zu erinnern. Nach einigen Tagen traf er denn auch ein
mit einem großen Codex — auf den Schultern! Von Mainz bis Pforzheim

---

[1] Onkelos, Mitschüler des Apostels P a u l u s bei Gamaliel, und Jonathan, ein Schüler Hillels († 12 n. Chr.), übertrugen den hebräischen Bibel-
text in die damalige (aus dem babylonischen Exil stammende) chaldäische
Volkssprache der Juden.

[2] Vgl. Geiger, „Reuchlin" S. 229 u. 4. Mos. 24, 17.

[3] Alte Pergamenthandschriften wurden häufig zum Büchereinbinden
verwendet.

[4] Griechisch zu verstehen galt bei den Scholastikern als verdächtig,
Hebräisch vollends als fast ketzerisch. (Tribbev. S. 215.)

hatte der treffliche Mann, der anerkannte Gelehrte, das Buch auf diese Weise getragen, nur um meinem Wissensdrange, den er freilich durchaus billigte, gefällig zu sein. Hatte er doch selbst früher Griechisch gelernt und war darin von Reuchlin so weit gefördert worden, daß er ihm einmal einen griechischen Brief schrieb, den ich mit eigenen Augen gesehen und gelesen habe.

In meinem ganzen Leben war mir noch keine so große Freude zuteil geworden, wie beim Anblick dieses hebräischen Riesenbuches, das ich nun mein eigen hieß. Es war auf Pergament geschrieben in höchst zierlichen Buchstaben — eine wahre Pracht! — und mit der Masora[1] von einem Umfange, daß zum Binden wohl ein ganzes Kalbfell nötig gewesen ist! Auf jeder Seite zeigte es drei Spalten (nicht bloß zwei, wie sonst bei geschriebenen Büchern) und enthielt den Text des Jesaias, sowie Ezechiels und der zwölf kleinen Propheten. Ursprünglich war, wie bei allen morgenländischen Bibelhand=schriften, auch Jeremias dabei, aber räuberische Hände hatten ihn heraus=gerissen, weil er in dem Codex nach deutscher Art (denn sein Stil ist leichter) vom Buchbinder v o r den Propheten Jesaias gestellt worden war.

Paulus Scriptoris, der fromme, heilige Mann, lud sich den schweren Band auch weiter auf die Schulter und trug ihn bis Tübingen. Der starke Bruder wollte den schwächeren schonen; und ich konnte jetzt um so leichter auf dem Weg mit ihm Schritt halten. Welch liebevolles Herz, welch große Bescheidenheit bei einem so hochgelehrten Manne!

Anfang September kamen wir in Tübingen an. Der treue Lehrer wun=derte sich, wie ich denn eigentlich gedächte, ohne Lehrer Hebräisch lesen und verstehen zu lernen. Ich hatte ihm aber als ganz gewiß zugesagt, daß ich das thun w o l l e und auch leicht thun k ö n n t e. Darum ging ich sogleich zum Rektor der Tübinger Akademie, Konrad Summerhart[2], und bat diesen trefflichen Mann und hervorragenden Lehrer,[3] mir den „Stern des Messias" von P. Nigri leihweise anzuvertrauen. In seiner freundlichen Art willfahrte er mir ohne jede Schwierigkeit. Nun machte ich mich alsbald an die zwei ersten Kapitel des Jesaias, die Nigri an die Spitze seiner Abhand=lung gesetzt hat, und las die hebräischen, in lateinischen Buchstaben ge=druckten Worte: «Hazon jeschaejahu ben Amoz, ascher hasa» u. s. w. Unter jedem Worte stand die lateinische Uebersetzung: visio Esajae filii Amos und weiter so durch zwei Kapitel. Ich nahm nun meinen hebräischen Codex zur Hand und fand bei der Vergleichung, daß in dem Worte hazon der erste Buchstabe ein h sei, der Punkt darunter ein a, der folgende Buchstabe ein z oder s, der dritte ein o, der letzte ein n u. s. w. Meinen Uebungen

---

[1] Masora (= Ueberlieferung) heißt ein grammat. kritischer Kommentar, der den Text in den rabbinischen Bibeln begleitet (vgl. Geiger 64 ff.).

[2] Seit 1483 Prof. der Theol. in Tübingen. Er hat einen Kommentar zur Summa Physicae des Albertus Magnus geschrieben; das Buch ist mit einer Vorrede des elsässischen Humanisten Thomas Wolf 1507 in Hagenau gedruckt worden (s. Schmidt II, S. 81 u. 335; Amoenit. 297 u. 360; Geiger 19). Er pflegte oft zu sagen: Ich armer Mensch; wer wird mich erlösen aus dem Gezänke der Theologie! (Bresch S. 29 Anm. 2 u. S. 6 Anm. 3.)

[3] Wolf nennt ihn in seiner Vorrede: theologus et philosophus, sua aetate haud dubie clarissimus.

und Wünichen kam auch eine Anleitung zum Lesen des Hebräischen (mit den Buchstaben und Punkten und ihrer Bedeutung) zu statten, die dem Buche Nigris als Anhang beigefügt war. Auf diese Weise machte ich ziemliche Fortschritte im Lesen und ging dann auch gleich zum Erforschen des Sinnes über und zwar auf folgende Art: Die Bedeutung der hebräischen Wörter schrieb ich auf ein Blatt und fand so, hazon heiße das Gesicht, ben der Sohn, hasa er sah. Juda, Israel und die anderen Eigennamen brachte ich durchs Lesen heraus. Ebenso verfuhr ich bei den folgenden Versen, schrieb oder malte die Buchstabenformen der Eigennamen und Wörter, und setzte auf Latein die Bedeutung dazu, bis ich das ganze erste und dann auch das zweite Kapitel durchgearbeitet hatte. Da ich sah, daß mein Eifer auf diese Weise es doch zu etwas brachte, begann ich allmählich, einige weitere Kapitel des Jesaias mit der Uebersetzung des Hieronymus[1] zu vergleichen, und wagte sogar, hier und dort in meinen großen Codex lateinische Worte unter die hebräischen zu schreiben und ihn also gewissermaßen zu glossieren. So arbeitete ich mich durch die Propheten. Dann verschaffte mir ein glücklicher Zufall ein Bruchstück des Psalters, aus jüdischem Besitze stammend. Es war das erste Drittel, vom 1. bis 51. Psalm. Und nun begann eine neue Arbeit: ich legte mir ein Heft an, bezeichnete die Seiten in alphabetischer Reihenfolge mit hebräischen Buchstaben und verglich die lateinische Uebersetzung des h. Hieronymus mit dem Grundtexte, sowie mit Sophronius,[2] den ich in einer kostbaren Bibelhandschrift der Tübinger Minoritenbibliothek entdeckt hatte. Unter א schrieb ich: אַשְׁרֵי und daneben «beatus»[3] u. s. w. So machte ich es mit dem ganzen ersten Psalm. Bei den Hauptwörtern und Nebenwörtern war die Mühe gering; dagegen verursachte es mir viel Verdruß, daß ich bei den Zeitwörtern nur selten die erste Person des Indikativs Präsentis finden konnte, wie im Lateinischen abgewandelt wird: amo, lego, audio. Trotzdem machte ich mit der Zeit Fortschritte, am meisten bei nächtlicher Arbeit; denn am Tage mußte ich mit den andern Studierenden Scotus und Offam[4] und Tartaretus[5] hören. Neben diesen Vorlesungen hatte man Disputationsübungen,[6] und dabei wurde außer dem Vorleser keinem Bruder

---

[1] Die sog. Bulgata. Das Alte Testament vollendete der gelehrte Kirchenvater um 404. Er hatte als Mann von einem bekehrten Juden Hebräisch gelernt und übersetzte nach dem Grundtext.

[2] Ein Zeitgenosse des Hieronymus. Er hat Teile des Alten Testamentes aus dem Lateinischen ins Griechische übersetzt.

[3] Wohl dem, der nicht wandelt u. s. w. Pj. 1, 1.

[4] Wilhelm v. Occam (geb. zu Occam in England um 1370), Franziskaner, Scholastiker, Gegner der Päpste Bonifacius VIII. und Johannes XXII., deshalb gebannt, „ein protestantischer Mönch, der den großen Widerstreit der geistigen Mächte seiner Zeit' in seinem eigenen Leben und in seinem System, wie in seiner Wirkung, der Vollendung und der Selbstauflösung der Scholastik, darstellte." (J. P. Lange bei Herzog.) Eine seiner Schriften trägt den Titel: Compendium errorum (der Irrthümer) Johannis papae. (Eubel, I, S. 53.) Vgl. auch Ebrard, II, S. 436; Schreiber I, 61 ff.; Tribbev. 65 u. a.; Indices 158, 187 u. a.

[5] Tartaretus Bricotus, schol. Interpret. (Tribbev. 49 u. Gräße, Lit. Gesch. III., 668.)

[6] Vgl. Tribbev. S. 328.

etwa vom Chordienste, der täglich sieben Stunden (manchmal, doch selten, nur sechs) in Anspruch nahm, das Geringste nachgelassen. Auch sonst hatten wir vielerlei zu schaffen mit Lesen bei Tisch, Bedienen bei Tisch und Waschen des Geschirres, wobei man sich paarweise ablöste, so daß ich nur in gleichsam gestohlenen Stunden meinen persönlichen Studien obliegen konnte. Daher gelangte ich mühsamer, als mir lieb war, aber durch Gottes Gnade doch glücklich vorwärts, und als der Winter 1499 und ein Teil des Sommers von 1500 hinter mir lagen, war ich fertig mit der schweren Arbeit.

Mitte Juli kam Doktor Capnio (Reuchlin)[1] nach Tübingen. Er war bisher Richter an der kaiserlichen Kammer zu Worms gewesen und hatte soeben einen Ruf des Herzogs von Württemberg erhalten. Bei Doktor Summerhart stieg er ab. Dieser wußte von meinen Studien und ließ mir sagen, wenn ich Reuchlin sprechen wolle, er sei bereit; ich möge nur schnell kommen. Es hätte mir auf der Welt keine erwünschtere Botschaft gebracht werden können; denn ich stockte gerade an den Zeitwörtern und wußte noch nicht, in welcher Form[2] ich sie aufzeichnen müßte! Sofort bat ich denn auch verlegen hierüber um Auskunft. Da lächelte der edle Doktor Reuchlin uns und sagte, bei den Hebräern sei nicht die erste Person Praes. ind., sondern die dritte Person Sing. Praeteriti „das Thema der Zeitwörter". — Mein Herz jubelte über diesen Aufschluß; denn ich wußte, daß es in der Bibel von Zeitwörtern wimmelt! Waren mir solche doch schon im ersten Verse des ersten Psalms aufgestoßen: abiit, stetit, sedit und so fort an anderen zahllosen Stellen! Das war die einzige mündliche Belehrung, die mir beim Lernen zu Teil wurde; alles Uebrige habe ich mir ohne Lehrer lediglich durch Vergleichung mit den Uebersetzern und unverdrossenen Fleiß angeeignet. Doch glückte es mir, noch im August dieses Jahres (1500) mit meinem Lehrer Paulus nach Ulm zu kommen, wo, wie ich gehört, ein guter Mann lebte, der Priester Cantor Johannes Behaim.[3] Er hatte von den Juden, vor ihrer Vertreibung, Hebräisch gelernt und um schweres Geld[4] einem armen Israeliten viele, von diesem selbst trefflich abgeschriebene Sachen abgekauft. Unter Anderm besaß er das Bruchstück einer Grammatik über die Conjugation der Zeitwörter und die Umwandlungen der Laute, ich weiß nicht, von welchem Verfasser, und ein zweites ähnlicher Art. Beide Bruch= stücke hatte der fromme Mann mit vielen Kosten von einem Juden, der freilich nicht das Mindeste von der hebräischen Grammatik verstand, ins Deutsche übersetzen lassen. Ueberhaupt habe ich weder im Elsaß, noch zu Worms, Frankfurt, Regensburg oder sonstwo auch nur einen Juden getroffen, der mir über irgend eine grammatische Frage hätte Bescheid geben können.

---

[1] Geb. 1455 in Pforzheim, † 1522 in Stuttgart, der berühmte Führer der deutschen Humanisten. Bekannt ist sein Streit mit dem jüdischen Konver-titen Pfefferkorn in Köln, der ihn angriff, weil er 1510 seine Zustimmung zur Verbrennung des Talmud verweigerte (vgl. Herzog, XII, S. 122 u. 758 ff.; Geiger S. 23 ff.; Janßen I, S. 79 ff. u. II, S. 37 ff. und Riggenbach „Unter-gegangene deutsche Univ." S. 4 ff.).

[2] Vgl. Geiger S. 19 ff.

[3] Siehe S. 47. Vgl. Geiger S. 19 Anm. 1.

[4] Reuchlin zahlte für ein Manuscript der Propheten 11 Goldgulden. (Brusch 9, Anm. 2.) Vgl. auch Geiger S. 29.

Und doch pflegte ich mich im Laufe der Zeit, wo ich nur Einen besuchen konnte, allerwärts eifrig darum zu bemühen. Der gute Priester Behaim überließ mir auf meine bescheidene Bitte gerne die beiden Grammatiken zum Abschreiben, und der Herr hat ihm das gewiß im Himmel droben reichlich und ewig vergolten. Denn Behaims Güte war mir von höchstem Nutzen; er hat dadurch eine Zeit lang für mich den Ruhm eines Lehrers verdient, zumal er mir in der Folge angesichts meines Eifers und unverdrossenen glücklichen Strebens auch noch andere Bücher zum Abschreiben aushändigte.

In demselben Jahre 1500 geschah es durch eine glückliche Fügung, daß der Tübinger Buchhändler Friedrich[1] eine vollständige hebräische Bibel in kleinem Format, in Pesaro gedruckt, aus Italien mitbrachte. Sie war zu kaufen, aber Niemand kümmerte sich darum. Kaum hörte ich das, so eilte ich hin zu dem Manne, wie der Hirsch zum frischen Wasser, schier atemlos vor brennendem Verlangen, und bat ihn, mir das heilige Buch auf einige Tage zur Ansicht zu geben. Könne ers verkaufen, so brächte ich es ihm auf den ersten Wink zurück; Schaden in seinem Geschäfte solle er durch mich nicht haben. Er willigte ein und bemerkte, unter 1½ Gulden sei es ihm für Niemand feil. Bei diesen Worten freute ich mich höchlich, daß es so billig zu haben wäre; denn ich hatte gefürchtet, eine solche Neuheit auf dem Büchermarkt werde mindestens 6—8 Gulden kosten. Nun ging ich zu meinem Guardian und bat ihn flehentlich, beim Buchhändler für die sichere Zahlung der 1½ Gulden gut zu stehen, damit mir das Buch nicht entrissen werden könnte. Ohne Weiteres sagte er ja, und so bekam ich die Bibel, bezeichnete die Kapitel und war herzensfroh, den Reichtum eines Krösus erworben zu haben. Dann schrieb ich sofort an den Oheim nach Speier und bat ihn aufs Rührendste, mir in altem Wohlwollen zwei Gulden zu leihen oder zu schenken, deren ich armer Mönch zum Ankauf unentbehrlicher Bücher dringend bedürftig sei. Umgehend erhielt ich das Geld mit dem Bemerken, ich sollte mir nicht Kauflust angewöhnen aus anderer Leute Beutel. Aber ich war ja jetzt reich genug und habe auch künftig nie mehr etwas von ihm begehrt, weder Geld, noch Bücher. Alsbald las ich nun die ganze Bibel von Anfang an und machte mir dabei ein hebräisches Wörterbuch.

Als nun Reuchlin meinen Besuch erwiderte und hörte, daß ich unter solchen Umständen ein Wörterbuch zusammenstellte, fragte er mich in Gegenwart Konrad Summerharts, wie viele Wörter oder Redensarten ich wohl täglich eintrüge. Eine bestimmte Zahl konnte ich nicht angeben und sagte ihm daher, beim 1. Psalm seien es über 30, beim 2. weniger gewesen; schon Eingetragenes werde später nicht wiederholt, sondern nur die Zahl des Psalms oder des Kapitels dazugesetzt, sobald sich aus dem Einklang der Uebersetzungen sicher die Klarheit der Bedeutung des betreffenden Wortes ergäbe. Reuchlin ließ einfließen, er habe sich auch an solch ein Werk[2] gemacht und bereits die Behandlung der Wörter mit dem Anfangsbuchstaben א vollendet. Ich möge nur tüchtig fortarbeiten; er wolle sich gleichfalls nach Kräften anstrengen, um zu sehen, wer dem Andern im Fertigwerden

---

[1] „Wahrscheinlich Fr. Peipus". Geiger. (Fr. P. *Norinbergensis* impr. — Indices 207.)

[2] Am Rande: Rudimenta Reuchlini. Vgl. S. 24 Anm. 2, S. 26 Anm. 4 u. Geiger S. 16 Anm. 2.

den Vorsprung abgewinne. Es war das ungefähr um Mitte Juli. Mit verdoppeltem Fleiße ging ich nun ans Werk und ließ nicht ab, bis ich gegen Ende Oktober auf diese Weise die ganze Bibel durchgelesen hatte, die Wortstämme sammelnd und Stellen eintragend, meist solche, wo seltene und nicht ganz gebräuchliche Wörter vorkamen. Anfang November reiste ich dann mit der Frucht meiner Mühe nach Stuttgart. Als der große Mann diesen Beweis meines Fleißes erblickte, wunderte er sich über die Kürze der Zeit, in der eine so große Arbeit zustande gekommen sei; er sei mit den Wörtern unter Beth noch nicht fertig. Ich hatte meinen Wörtern auch die Zahl des betreffenden Kapitels und gleicher Weise die Seitenzahlen mit a, b, c, d u. s. w. beigefügt. Das sah er und bat mich, ihm meine Arbeit ein wenig zu leihen; er habe es dann bei der eigenen leichter und müsse nicht immer ein ganzes Buch durcharbeiten, sondern dank meiner fleißigen Zusätze nur das jedesmalige Kapitel. Gerne erklärte ich mich zu diesem Dienste bereit; es wäre uns das beiden nützlich; nur möge er mir gestatten, die gesammelten Worte, soweit sie noch ungeordnet seien, vorher noch einmal alphabetisch für mich aufzuschreiben, damit ich inzwischen die Frucht meiner Mühe nicht entbehrte; ich dürfte hoffen, in kurzer Zeit fertig zu werden. Reuchlin erklärte sich einverstanden und überließ mir auf mein Ansuchen bereitwilligst eine Handschrift Moses Kimchis,[1] die er besaß, d. h. eine deutsche Uebersetzung dieses Grammatikers von dem schon genannten Juden, der dem Ulmer Priester auch andere Bruchstücke verdeutscht hatte. Zuletzt bat er mich noch, die mit א beginnenden Worte, die er gesammelt, aber noch wirr durcheinander stehen hatte, ins Reine zu schreiben, wenn es mir nicht zu viel Mühe mache. Denn man müsse doch daran denken, das Werk einmal in den Druck zu geben, und dazu sei Ordnung und klare Uebersicht unerläßlich. Ich pflichtete dem bei, nahm seine und meine Arbeit an mich und kehrte seelenvergnügt nach Tübingen heim. Dort schrieb ich einen vollen Monat, die gesammelten Wortstämme vollends nach dem Alphabeth ordnend, und gleichzeitig nahm ich Abschrift von der Grammatik Rabbi Kimchis. Am Thomastage (am 21. Dez.) brachte ich Reuchlin die Sachen zurück und machte mich hierauf zunächst an das Ordnen und Reinschreiben seiner Vorarbeiten für den Buchstaben Aleph und des Wenigen, was er inzwischen noch gesammelt hatte. Im folgenden Jahre gelangte er bis zum Buchstaben Heth und ich schrieb für ihn weiter in ähnlicher Weise. Es gab eben damals Niemand, der wie er außer Lateinisch und Hebräisch noch Griechisch schreiben konnte.

1501 vollendete ich auch eine hebräische Grammatik, soweit der Stoff in den drei Bruchstücken Kimchis, die ich ganz abgeschrieben hatte, enthalten war. Ich besaß nur die deutsche Uebersetzung, und es kostete mich viel Mühe und Nachdenken, das rechte Verständnis zu gewinnen. Trotzdem setzte ich damals in mein inzwischen auch fertig gewordenes Wörterbuch zu den hebräischen Wörtern neben die lateinische Bedeutung noch die griechische.

Um diese Zeit schickte der gelehrte Karthäuser Gregor Reisch[2] im

---

[1] Jos. Kimchi und seine Söhne David und Moses (um 1200), berühmte spanische Talmudisten (vgl. Herzog XII, 296 u. Geiger 29 Anm. 1, S. 64 u. a.).

[2] „Gregor Reisch von Balingen † 1525, Theologe (Hebraist) und Mathematiker. Seine marg. philos. (Perle der Philosophie), eine vielbändige phil. Encyklopädie, das erste derartige Werk in Deutschland, erschien 1489 und

Kloster zu Freiburg, der Verfasser der margarita philosophica, den gelehrten Baccalaureus Martin Obermüller zu mir. Dieser geistreiche Mann, ein hervorragender Maler, sollte bei mir Hebräisch lernen oder doch meine Sammlungen abschreiben. Das gab denn auch den Anlaß, daß ich meine Grammatik[1] vollendete, aber nur für mich; Andere erfuhren nichts davon. Ich fühlte mich eben doch in vielen Punkten unsicher, und Rats erholen konnte ich mir nirgends. So wartete ich denn auf die Grammatik, die Reuchlin seinem Wörterbuche beizufügen versprochen hatte; aber sie erschien erst viel später, nämlich 1506.[2] — Während der Jahre meines Tübinger Aufenthalts (ich glaube, es war 1498) hatte ich auch das Glück, als Begleiter meines Lehrers Scriptoris nach dem Städtchen Justingen zu kommen. Dort lebte damals als Pfarrherr der hochgelehrte Astronom Joh. Stöffler[3] Er hatte gerade für den Bischof Joh. v. Dalberg[4] in Worms ein ausgezeichnetes Werk in Arbeit, einen Himmelsglobus[5] mit vergoldeten Sternen und sinnreich gearbeiteten Kreisen, eine Kunstleistung ersten Ranges, wie er denn überhaupt ein Mann von großer Begabung war, emsigem Fleiß und außerordentlicher Handfertigkeit. Ein ähnliches Werk hatte er schon früher einmal dem Konstanzer Weihbischof Daniel von Zürich geliefert, demselben, der mich 1497 zum Diakonen geweiht hat. Die Konstanzer bewahren es noch heutiges Tages als einen kostbaren Schatz ihrer Bibliothek.[6] In dem nämlichen Jahre sind in Ulm auch die ersten Ephemeriden[7] Stöfflers gedruckt worden; ich habe sie dort damals zuerst gesehen.

---

förderte (A. Humboldt im Kosmos 2, 286) ein halbes Jahrhundert lang die Verbreitung des Wissens auf eine merkwürdige Weise." (Schreiber, I, S. 63 ff. und 211; Janssen, I, S. 94; vgl. auch Schmidt, II, S. 89 u. 98; Peschel, S. 392, 2 und 425, 4 und besonders Basl. Chron. S. 397 ff.)

[1] Vgl. Riggenbach im Vorwort S. XV ff. u. Bruch S. 38 ff.

[2] «Rudimenta linguae hebraicae» (Geiger, S. 34).

[3] Geb. 1472, † 1530, „führte nach Anleitungen des Hipparch das stereographische Gradnetz ein" (Peschel, S. 411). — Seb. Münster war 1515 sein Schüler; Stöffler ließ ihn alle seine math. Arbeiten abschreiben und, als ihm Instrumente und Schriften durch Feuer zu Grunde gingen, konnte er den Verlust verwinden, da eben diese Abschriften vorhanden waren (Wurstisen, S. 161). — Vgl auch S. 14, Anm. 3. — Auf das Jahr 1524 hatte er eine allgemeine Sündflut vorhergesagt, was Kaiser Karl V. sehr beunruhigt haben soll (Röhrich, I, S. 443 Anm.) Er starb in Blaubeuern an der Pest (Bruch, S. 74).

[4] Geb. 1445 in Oppenheim; unter Rektor Dringenberg in Schlettstadt; 1482 Kanzler der Univ. Heidelberg, Gründer der Univ.-Bibliothek („Palatina"); Bewunderer Seb. Brants, Gönner Wimphelings und Reuchlins (vgl. Janssen I, S. 78 u. Schmidt, I, S. 11 u. a.).

[5] Vgl. Peschel S. 41 ff. (Im Lat. heißt es: «opus egregium Sphaerae signorum etc.»)

[6] „Stöfflers Globus (von 1493) ist noch wohlerhalten und im Besitze der Constanzer Gymnasiumsbibliothek. Die Kugel ist hohl, aus Metall, hat etwa 50 cm Durchmesser, befindet sich in rundem Rahmen auf vierfüßigem Gestell und ist drehbar (mit schiefer Lage der Axe). Die Sternbilder sind kunstvoll auf der Kugeloberfläche angebracht, die Sternchen von Gold. Auf dem runden Rahmen befinden sich gleichfalls Bilder und Erläuterungen. Das Werk besitzt nicht blos wegen seines ehrwürdigen Alters, sondern auch wegen der Kunst der Ausführung einen hohen Wert". (Gütige Mitt. des Hrn. Prof. Dr. Martens in Konstanz.)

[7] Vorausberechnete Kalender. „Regiomontans (vgl. S. 8 Anm. 4).

VIII. Priesterweihe. — Tod des Paulus Scriptoris. — Aufenthalt in Rufach. — Die Pest dort.

1501.

Im Jahre 1501 wurde ein Provinzialkapitel der Minoriten in Pforzheim gehalten, und der General Oliverius Maillard[1] befahl, daß ich die Priesterweihe empfinge. Der Provinzial versetzte mich deshalb zur Tröstung meiner damals noch lebenden Eltern in das Rufacher Kloster; dort sollte ich meine erste Messe lesen. Gleichzeitig wurde P. Scriptoris vom Tübinger Guardinat entbunden und ans Kloster nach Basel versetzt, wo er nur schreiben, aber weder Vorlesungen halten, noch predigen sollte. Es scheint das bloß ein Vorwand gewesen zu sein, um ihn von seinen Freunden in Schwaben zu trennen. — So wurde ich denn durch den Basel'er Weihbischof Telamonius,[2] Bischof von Tripolis, zum Priester geweiht und las am Tage des h. Franziskus meine erste Messe. Der Stadtrat, mein Vater und mein Bruder Leonhard, die beide damals noch frisch und gesund waren, wohnten der Feier bei. Auch mein unvergleichlicher Lehrer und Freund P. Scriptoris erwies mir die Ehre, zugegen zu sein. Nach der Messe predigte er in der Kirche und hielt auch bei Tisch in Gegenwart des Stadtrates eine Ansprache, wobei er (ich weiß nicht mehr, in welcher Allegorie) die fünf goldnen Mäuse der Philister[3] mit meinem Studieneifer in Beziehung brachte. Auch sonst pflegte er ja zu sagen, er habe keinen zweiten Schüler, auf dessen Fortschritte er so große Hoffnungen setze. Und mir selbst versicherte er oft, es stehe eine Zeit großer Aenderung für die Theologie bevor; man müsse das scholastische Disputieren aufgeben, die alten heiligen Lehrer wieder zur Hand nehmen und die Pariser Weisheit[4] fahren lassen. Ebenso sei die Veränderung der meisten Gesetze eine Frage schon der allernächsten Zeit. — Bereits im folgenden Jahre (1502) wurde der fromme Gelehrte gewarnt und mußte fürchten, einiger Glaubenssätze halber, die man heutzutag als lutherisch bezeichnet, eingekerkert zu werden. Man lud ihn nach Zabern; aber auf der Reise, in Straßburg, kam ihm wieder eine Warnung zu, weshalb er sich in die ungarische Provinz begab, nach Wien, wo er sicherer war. Dann zog er nach Rom und drei Jahre später lehrte er nach Heilbronn zurück, ohne daß man irgendwie strafend gegen ihn vorgegangen wäre. Vielmehr berief ihn der General-

---

Ephemeriden, die von 1474 bis 1506 vorausberechnet waren, begleiteten Christ. Columbus in die neue Welt. Ein Exemplar dieses Kalenders wurde fast mit Gold aufgewogen; es kostete 12 Dukaten" (Peschel, S. 401).

[1] Olivier Maillard † 1502, ein franz. Sittenprediger nach Art Geilers von Kaysersberg (Ebrard, II, S. 413; Scherer, deutsch. Lit.-Gesch.⁴ S. 280).

[2] Dilman Limpurger aus Mainz, Nachfolger des Nik. Frieß (vgl. S. 13, Anm. 5), früher Provinzial der Augustiner, später eifriger Anhänger der Reformation. „Uf suntag der alten fasnacht der 14. tag hornung 1529 prediget der alt wichbischoff im munster, wart das erstmol dutsch Psalmen dorin gesungen". (Basl. Chron., I, S. 89 u. a. a. O.; Schreiber, I, S. 146 ff.)

[3] Vgl. 1. Sam. 6, 4 ff.

[4] Der Scholastik. (Vgl. Herzog XIII, S. 666.)

vikar Gallus, der ihn kannte und liebte, als Lektor der Theologie nach
Toulouse. Scriptoris rüstete sich, dem Rufe zu folgen und kam nach
Basel. Dort ließ ihn der Bischof Christoph[1] zu sich kommen und bat ihn,
vor der Abreise nach Frankreich als sein Legat nach Schuttern[2] zu gehen
mit dem Auftrage, bei dem dortigen Abte zur Reformierung des Klosters
St. Alban[3] die Ueberlassung einiger ehrbarer Mönche zu erwirken. Auf
dieser Reise wurde Scriptoris krank und kehrte im Kloster zu Kaysersberg ein, sowie bei den Schwestern im nahen Alspach, denen er
einige geschäftliche Angelegenheiten mit dem Bischof besorgt hatte. In
Kaysersberg ist er dann auch aus dieser Zeitlichkeit geschieden (ich weiß
nicht, an welcher Krankheit) und im Kreuzgange des Klosters begraben
worden. — In Schwaben ging von seinen Freunden das heute noch lebendige Gerücht aus, die Mönche hätten ihn bei Seite geschafft; aber ich bin
ganz sicher, daß das nicht wahr ist. — So viel von diesem trefflichen
Manne, meinem getreuen und hochgelehrten Meister.

Durch meinen Wegzug aus Schwaben ist auch Reuchlin um meine
Mitarbeiterschaft gekommen, weshalb sich, wie schon erwähnt, die Herausgabe seiner hebräischen Grammatik bis 1506[4] verzögerte.

In dem nämlichen Jahre (1501) gleich nach der Weinlese begann, wie
anderwärts, auch in Rufach die Pest zu wüten. In Heidelberg waren
die Studenten von ihr verscheucht worden, darunter auch mein Bruder Leonhard,[5] der deshalb meiner ersten Messe hatte beiwohnen können. Im Dezember trat die Krankheit zuerst über die Schwelle des Elternhauses; zwei
meiner Schwestern, Margaretha und Agnes, erlagen ihr; gleichzeitig wurde
die dritte ergriffen, Elisabeth; sie kam aber durch Gottes Barmherzigkeit mit
dem Leben davon. Da faßte es den Vater, und nach zweiwöchigem Krankenlager entschlief er, am Tage St. Lucia. Drei Tage später folgte der Bruder;
ich blieb am Leben durch Gottes Gnade mit der Mutter und der letzten
Schwester. Auch einige Brüder im Kloster starben in diesen Tagen an der
Pest. Um die Gedanken der Todesfurcht zu verscheuchen, legte ich mir damals
ein Büchlein in Pergament an, in das ich die sieben sogenannten Bußpsalmen
in drei Reihen, Vers an Vers, hebräisch, griechisch und lateinisch eintrug.
Auch andre Psalmen, Lobpsalmen, schrieb ich in zierlicher Schrift hebräisch
ein, worüber sich selbst Juden, die sie später sahen, höchlich verwunderten.
Ebenso fügte ich noch einige der täglichen Gebete bei, an Gott und meine

---

[1] Christ. von Utenheim (s. S. 37, Anm. 2).

[2] Schuttern, Benediktinerabtei in der Ortenau (bei Lahr) gestiftet 603,
aufgehoben 1803. Abt war 1500 Johannes IV., Widel von Gernspach (vgl.
Kolb, Lexikon von Baden, III, S. 196).

[3] Cluniacenser-(Benediktiner-)Kloster, am Rhein gelegen, „in der äußersten
Ecke der Stadt" (Wurstisen), gestiftet 1083, mit 250 Häusern der Umgebung
abgebrannt 1417. Die Mönche dieses Klosters nennt der Münsterpfarrer
Knebel in seinem Tagebuche (Basler Chron., I, S. 326) 1475 perversissimi,
excommunicati et suspensi autoritate apostolica.

[4] Gedruckt auf Kosten des Verfassers in Pforzheim und von Amerbach
zu Basel in Verlag genommen. „Vor mir ist nie keiner kummen, der sich
unterstanden hat, die ganze hebräische Sprach in ein Buch zu regulieren."

[5] Siehe S. 11.

h. Schutzpatrone Paulus, Agnes, Franziskus und Hieronymus, ferner in zierlicher lateinischer Schrift[1] des h. Bonaventura „Weg der Seele zu Gott",[2] und am Schluß eine Berechnung der Bewegung von Sonne und Mond, ein vollständiges Astrolabium für die Polhöhe von 48 Grad mit Tabellen für die Mondbewegung. Das Büchlein ist mir später verloren gegangen; vielleicht befindet es sich heute in den Händen Marcus Heilanders zu Calw, der gegenwärtig Prediger in diesem Städtchen ist.[3]

IX. Lektor in Basel.
1502—1504.

Im folgenden Jahre (1502) wurde ich zum Lektor der Theologie für die studierenden Brüder im Kloster zu Basel ernannt und kam dort Ende August an. Ich las über eine neugedruckte Schrift, die Sentenzen Wilhelm Vorillongs,[4] und hatte dabei viel Mühe mit dem unbeholfenen und gespreizten Stil dieses mehr merkwürdigen, als gelehrten scholastischen Scotisten. In der Philosophie las ich über Nikolaus Dorbellus.[5] Als ich mit beiden fertig war, las ich schier zwei Jahre lang über das Breviloquium[6] des Bonaventura, sowie die Margarita philosophica[7] und im dritten Jahre über die dritte und vierte Sentenz[8] des Scotus samt dem Bau und Gebrauch des Astrolabiums. Ein solches hatte ich mir selbst verschafft; es war die geschickte Arbeit eines Mönches, Namens Friedr. Krafft aus Nürnberg, dessen nicht minder hochbegabter Bruder[9] das unvergleichliche Sakramentshäuschen in der dortigen St. Lorenzkirche errichtet hat. Dieser erstaunlich beanlagte Mönch verfertigte außer einem ausgezeichneten Astrolabium das für alle Polhöhen selbst von 0 und 90 Grad brauchbar war, noch ein

---

[1] Pellikan war mit dem von ihm als Gelehrter und Dichter hochgerühmten Franz Wyler (s. S. 28, Anm. 6) einer der ersten, die statt der gothischen die sog. römische Schrift als Kursivschrift verwendeten. (Riggenbach.)

[2] Itinerarium mentis in deum (s. Herzog, II, S. 292).

[3] Am Rande der Handschrift des Chronikons steht der Nachtrag: „Sein Sohn hat es." Heilander scheint Minorit in Basel gewesen zu sein (vgl. Abschn. XXI). — Im lateinischen Text heißt es: «calculum adjeci pro motu solis et lunae, totum astrolabium pro 48 elevatione, cum rotulis pro motu lunae.» — (Vgl. Geiger, S. 113.)

[4] Siehe S. 13, Anm 3.

[5] Nic. de Orbellis, s. Gräße, Lit. Gesch. III, 354.

[6] 1472 in Nürnberg gedruckt, enthält sein System (Ebrard, II, S. 298).

[7] Siehe S. 23, Anm. 2.

[8] Wohl das sog. opus Oxoniense (s. Herzog, III, S. 554; vgl. Ebrard, II, S. 236 ff. 249).

[9] Der berühmte Meister Adam Krafft (1440—1507). Die Familie stammte wahrscheinlich von Ulm (vgl. Rettberg „Nürnbergs Kunstleben", S. 80). — „Von einem Mönche Fr. Krafft, der ein Astrolabium verfertigt habe, berichten die besten Handbücher der Nürnberger Gelehrtengeschichte, die ich zu dem Ende sämtlich verglichen habe, nichts." (Gütige Mitteilung des Herrn Professors Dr. Sig. Günther.)

Modell der Bewegung der drei Planeten,[1] und ebenso (was wunderbar erscheinen mag, aber Thatsache ist) ein Modell der Bewegung der Venus und
des Merkurs. An diesem Modelle konnte man die gesamte Theorie Peuer-
bachs[2] und der margarita philosophica über die Bewegung dieser Gestirne
in Epicyclen mit (beweglichen) Axen mit den Augen sehen und den Händen
greifen. Was eben der Geist dieses Mannes einmal erfaßt hatte, das vermochte auch seine Hand meisterhaft darzustellen. Das von mir gebrauchte
Werkchen war von Holz und nur eine Nachahmung jenes großen Meister-
werkes. Wäre dieses selbst da gewesen, wer hätte den armen Studierenden
die Kosten zahlen mögen? Gregor Reisch[3] hat seiner Zeit beide Werke
gesehen und höchlich bewundert.

In demselben Jahre (1502) hatte Joh. Amerbach,[4] der ältere, die
sämtlichen Werke des h. Augustinus zu drucken begonnen und sich dabei
der unermüdlichen Arbeitskraft eines gelehrten Augustiners bedient, des
Chorherrn Dodo[5] von St. Leonhard, der es unternommen hatte, Inhaltsverzeichnisse für die einzelnen Bücher zu schreiben, aber vor der Beendigung
dieser Arbeit der Pest zum Opfer fiel. Darum mußte das dringliche Werk
Andern überlassen werden. Amerbach gewann einen Verwandten, den Baseler
Minoriten Franz Wyler,[6] der als Prediger berühmt und ein Gelehrter
ersten Ranges war. Er sollte nun nicht den Büchern, sondern den einzelnen
Kapiteln Augustins kurze Inhaltsangaben vorausschicken. Wyler beschäftigte
sich ein ganzes Jahr lang mit diesem Auftrage, viele der Bücher lesend und
sie (was bisher nicht geschehen war) in Kapitel einteilend. Aber im nächsten
Jahre mußte er von Basel fort, und der fromme Drucker war zum zweiten
Male in trostloser Lage. Da kam er zu mir (jung war ich ja noch, aber sehr
arbeitsam) und bat mich, als Wylers Nachfolger die noch nicht bearbeiteten
Bücher mit meines Vorgängers Fleiß in Kapitel einzuteilen und zu den
einzelnen Kapiteln Inhaltsangaben zu schreiben. Nur ungern ging ich auf
diesen Wunsch ein; doch Amerbach überschüttete mich derartig mit Bitten
und Höflichkeiten, daß ich nachgeben mußte. So fing ich denn an, las die
noch übrigen 150 Bücher Augustins und stattete sie kapitelweise mit Inhalts-

---

[1] Der „oberen Planeten": Mars, Jupiter, Saturn. — Bei der Uebersetzung dieser schwierigen Stelle hat mir Herr Oberlehrer Fleischer in Colmar
gütigst beigestanden.

[2] Georg Peuerbach, geb. 1423 in Bayerbach (Oesterreich), der Lehrer
Regiomontans (vgl. S. 8, Anm. 4), † 1461 (vgl. Peschel, S. 381 und
Jansen, 1, S. 109 ff.). Auf dem spanischen Index des Generalinquisitors
Quiroga von 1583 steht: «G. Purbachii Germani Theoricae novae pla-
netarum cum scholiis Er. Reinholdi, nisi repurgentur» (Indices, S. 407).

[3] Siehe S. 23, Anm. 2.

[4] Um 1460 aus Reutlingen nach Basel gekommen. Er (und seine ge-
lehrten Söhne, die später erwähnt werden) liegt im Karthäuser-Kloster zu
Kleinbasel, dessen Wohlthäter er war, begraben. (Basler Chron., I, S. 345,
Anm. 1 u. a.) Joh. Amerbach hatte in Paris studiert.

[5] Aus Friesland (Wurstisen, S. 244).

[6] 1492 im Kloster zu Kreuznach, dann zu Zabern, seit 1501 in Basel.
Ueber seine Beziehungen zu Wimpheling vgl. Schmidt, I, S. 158, Anm. 147,
und Amoenit., S. 340.

übersichten aus, immer gleichsam im Kampfe mit dem Drängen und Heischen des Druckers! Alle die Bücher, in denen der Leser kürzere Inhaltsangaben findet, rühren von mir her; denn ich habe mich nach Kräften der Kürze befleißigt; die ausführlicheren sind Wylers Arbeit. Magister Amerbach ließ von dem Werk in erster Auflage 2200 Stück in 11 Bänden erscheinen. Er war ein gelehrter Mann und von erstaunlichem Fleiß. Bei der Korrektur seiner Bücher scheute er weder Kosten noch Mühe. Zwei bis drei Gehilfen unterstützten ihn. Auch in dieser Riesenausgabe sollte durch eine Nachlässigkeit von seiner Seite nichts versehen werden. Oft ließ er wegen eines einzigen schlechtgedruckten Wortes mit vielen Kosten die Arbeit eines ganzen Tages noch einmal machen, wie jeder merken wird, der die Ausgabe daraufhin sorgfältig prüft. Seit jener Zeit ist mir dieser Mann ein Freund geworden und neben ihm Johann Froben.[1] Beide haben in Anerkennung meiner Mühe den Minoritenbrüdern die größten Wohlthaten erwiesen und mich, der ja sonst bettelarm war, nie Mangel an nützlichen Büchern leiden lassen. Die Armut, die mich hemmte, hat mich zuweilen aber auch wunderbar gefördert.

Auch andern Druckern habe ich sechs Jahre lang unentgeltlich meine Dienste gewidmet, namentlich Jakob von Pforzheim,[2] der zuerst in Basel die Werke des Chrysostomus, sowie den Stephan Brulefer[3] und Nikolaus Dorbellum[4] druckte; dann dem Straßburger Drucker Joh. Schott,[5] als er eine zweite Ausgabe der margarita philosophica[6] veranstaltete. All diesen Männern war ich nach Kräften behilflich und bekam deshalb für mich und meine Zuhörer die nötigen Bücher von ihnen. Das bezeugt der Brief Amerbachs zum ersten Band Augustins vom Jahre 1503.

1304 um den Mai kam ein Kardinallegat[7] des Papstes Ale-

---

[1] Aus Hammelburg in Franken, † 1527, in St. Peter begraben; Verleger des Erasmus, der ihm eine Grabschrift in drei Sprachen widmete (Wurstisen, S. 267 u. 420). Er hat auch Schriften von Luther gedruckt (vgl. Beiträge IX, S. 525 ff.). Vgl. S. 56 und Abich. XIX. Auch bei ihm sind Augustin und Chrysostomus erschienen; wenigstens nach dem spanischen Index von 1583 (vgl. Indices, S. 411).

[2] Wurstisen S. 209.

[3] Siehe S. 14, Anm. 5.

[4] Siehe S. 27, Anm. 5.

[5] Vgl. Röhrich, I. S. 121; Schreiber, I, S. 245. Die Schott waren eine angesehene Straßburger Familie (vgl. die Lebensbeschreibung des ersten elsässischen Humanisten Peter Schott bei Schmidt, I, S. 2 ff. Auch Scherer, S. 160).

[6] Siehe S. 23, Anm. 2.

[7] „Raymond von Petrandi, Bischof von Gurk, hatte eine mehrjährige Visitationsreise durch Deutschland gemacht und viele Ablässe gestiftet. Einen Gesandten Alexanders VI. nennt ihn Pellikan, weil er von diesem Papst abgeordnet war. Streng genommen war er 1504 ein Legat von Julius II." (Riggenbach.) Vgl. auch Schmidt, I, S. 217 und 359. M. Berler, S. 95: „Raymundus der Welsche, des bepstlichen stuls legat, welcher samlet geld zu kriegen den Turcken mit genod und abloß sich ausstreckende nit allein zu den lebendigen sunder hinab uff die dotten." Vgl. über Geiler von Kaysersberg und Raymundus auch «Amoenitates» S. 114 und 115. — Auch Wimpheling schrieb eine «oratio ad Raymundum nuntium indulgentiarum»

ç a n d e r nach B a s e l. Er wollte das Ansehen der Observanten-Minoriten[1] heben, die zwar gelehrte Brüder in ihrer Mitte zählten, aber ohne die Ehre akademischer Grade, und hatte bereits in den Klöstern längs des Rheines einigen von ihnen den Doktortitel verliehen. Mit meinem Oheim, dem Domprediger J o h. G a l l u s in S p e i e r, war er gut bekannt und von ihm gedrängt worden, doch auch mir einen Grad zu verleihen. Als er nun nach B a s e l kam, stieg er zuerst im Minoritenkloster ab, nach einigen Tagen jedoch fand er die Lage der Häuser der Chorherren zu St. Leonhard[2] schöner, siedelte dorthin über und blieb bis Mitte Juli. Eines Tages ließ er den Guardian und mich durch einen Boten zu sich bescheiden und erklärte in Gegenwart seiner höfischen Begleitung, er wünsche mich zum Doktor der Theologie zu machen, falls ich bei einer Prüfung genügend befunden würde. Der Guardian erwiderte, es wäre das in unserm Orden bei einem so jungen Mann etwas ganz Ungewöhnliches; ich sei zwar gelehrt, aber noch nicht reif für die Doktorwürde. Dagegen habe er, die Zustimmung Seiner Eminenz vorausgesetzt, nichts zu erinnern, wenn ich durch eine Prüfung den Titel eines Baccalaureus der Theologie erwerben wolle. Der Legat entließ uns beide mit dem Bemerken, er werde mich schon am folgenden Tag durch zwei Doktoren der Theologie aus seiner Begleitung prüfen lassen. Es waren das Joh. A m m a n, Predigerordens aus S t r a ß b u r g, und der französische Minorit Joh. C a p e t. Zur festgesetzten Zeit kamen sie in das Kapitelhaus und prüften mich einige Stunden, während der Legat sich die Uebertragung der Gebeine der drei heiligen Jungfrauen in E y c h s e l[3] und der heiligen C h r i s t i a n a[4] angelegen sein ließ. Er war nämlich in diesen Dingen (ein zweiter Ambrosius!)[5] über die Gebühr abergläubisch. In ganz Deutschland hatte er aus den Klöstern Reliquien zusammengescharrt, um

---

(Amoen., S. 194). — Uebrigens tadelte der Legat auch, daß in den Pfarrhäusern «ut verbo suo utor, tot esse patanas» (Wimpheling, vgl. Amoen. S. 365). — Nach Wedel (S. 14) hat er mit dem Erzbischof Ernst von Mainz die Stiftung der Universität Wittenberg betrieben.

[1] Vgl. S. 6, Anm. 7.

[2] Das Barfüßer(Minoriten)-Kloster ist tief gelegen (Wurstisen, S. 225), das Kloster St. Leonhard über ihm (ebenda, S. 232). Das Domherrnstift, 1135 gegründet, löste sich 1525 auf; jeder Chorherr erhielt von der Stadt 62 Goldgulden Jahresgehalt auf Lebenszeit (Basl. Chron., I, S. 389). — Vgl. „die Barfüßer-Kirche in Basel" von Sarasin (Mitteilungen der Gesellschaft für vaterländische Altertümer, III, 1845, mit lithographischen Abbildungen).

[3] Dorf bei Rheinfelden. — Die 3 h. Jungfrauen Kunigunde, Wibrandis und Mechtildis sind nach der Legende auf der Rückreise der „11,000 h. Jungfrauen" von Rom in Eychsel gestorben und dort begraben worden.

[4] Oder Chrischona, auch eine der „11,000 Jungfrauen"; sie ist in Basel gestorben und jenseits des Rheins auf einem Berg (Chrischona) begraben worden (s. die Legende bei Wurstisen, S. 108 ff.). Die Sage von der h. Ursula und den 11,000 Jungfrauen ist (s. Hase, S. 300) vielleicht aus dem Mißverstehen einer Grabschrift entstanden: Ursula et XI. M. VRGG. (millia statt Martyres virgines). — 1504 erschien bei Pforzheim (s. S. 29) «Legenda beat. virg. Katharinae cum uno parvo sermone de ea von Raimundus, Cardinalis Gurcensis.»

[5] Siehe Herzog, XII, S. 728.

Teilchen davon nach Frankreich zu bringen. Auch die Lehrsäle der Pariser
Akademie trachtete er mit solchen Kleinodien auszustatten, und so wurden
den Ablaßbullen, die er von Basel nach Paris schickte, auch reich mit
Gold und Silber geschmückte Reliquien beigefügt.

Mich und einige andre beauftragte er, für den Festtag der h. Jungfrauen eine Metten- Vesper- und Meßliturgie zu entwerfen. Ich that in
der Sache, was ich vermochte, schrieb eine auf und gab sie ab, als ich fertig
war. Meine Arbeit gefiel besser, als die andern; aber angenommen wurde
auch sie nicht.

Kurz vor seiner Abreise nach Rom jedoch, Anfang Juli, ließ mich der
Legat wieder zu sich kommen und sprach in Gegenwart des Weihbischofs
Thelamonius,[1] Bischofs von Tripolis, sowie des Priors der Chorherren zu
St. Leonhard, Lukas Rollenbutz,[2] und seiner vertrauten Doktoren den
Wunsch aus, mich und den Orden durch einen Ehrentitel, die Doktorwürde,
auszuzeichnen. Einer der Anwesenden, ein Verwandter des Kardinals, gelehrt und von großem Einfluß, erhob sich und sprach: „Hochwürdigster
Herr, der Guardian sieht es ungern, wenn der junge Mann zum Doktor
ernannt wird, hat aber gegen das Baccalaureat[3] nichts einzuwenden.
Nehmen wir, was dazwischen liegt; ernennen wir ihn, just in Anbetracht
seines Alters, zum Licentiaten!" Der Kardinal erwiderte: „Der Vorschlag
gefällt mir; ich bin damit einverstanden, daß er jetzt Licentiat wird; sobald
er aber das vorgeschriebene dreißigste Jahr erreicht hat, soll er sofort und
zwar ohne förmliche Promotion, die die Ordensväter jetzt nicht zulassen
würden, Doktor sein und heißen." Alle stimmten dem bei, und ich leistete
in der nämlichen Stunde knieend den üblichen Eidschwur. Seitdem sind fast
40 Jahre verflossen; aber niemals habe ich mich Licentiat oder Doktor geschrieben[4] und nur einigen Freunden den Zwischenfall mitgeteilt, den ich
hier erzähle. Eine darüber ausgefertigte Urkunde habe ich in Rufach
liegen lassen und seit 30 Jahren nicht mehr gesehen.

X. Reise nach Italien mit dem päpstlichen Legaten.

1504.

Als der Kardinal im Begriff stand, abzureisen, bat er die Väter des
Ordens, daß an Stelle des vorhin erwähnten Capets ich ihn in seinem
nächsten Gefolge nach Rom begleiten dürfte. Sie willigten ein, und ich
leistete nicht ungern Gehorsam, da mich verlangte, Rom und Italien zu
sehen. Ich war damals 26 Jahre alt. So wanderten wir denn, ich und
ein Bruder von adeliger Herkunft, Johann Schenk,[5] auf unsere Weise zu

---

[1] Siehe S. 25, Anm. 2.
[2] Er erhielt bei Auflösung des Stifts (s. S. 30, Anm. 2) 120 Goldgulden Jahresgehalt.
[3] Vgl. Tribbev., S. 197.
[4] Das war ganz im Sinne des h. Franziskus (vgl. Tribbev. S. 201).
[5] Die Schenk waren ein Basler Geschlecht. (Boos, Urkundenbuch der
Landschaft Basel.)

Fuß über Zofingen (wo wir zuerst übernachteten) nach Luzern und blieben dort etwa 14 Tage. Der Kardinal las ein feierliches Hochamt in pontificalibus[1] in der Hauptkirche im Kloster Imhoff.[2] Aus einer Inschrift im Chor (die aber neu war, und ich bezweifle ihre Richtigkeit) ersah meine Wißbegierde, daß die Gründung des Klosters gerade vor 1000 Jahren erfolgt sei. Ein Herzog von Schwaben (der Name ist mir entfallen) habe es gestiftet i. J. des Herrn 504, und das laufende Jahr war, wie gesagt, 150? — Die Obrigkeiten der Schweizer von Luzern, Zug, Schwyz, Unterwalden und Uri machten dem Kardinal ihre Aufwartung und begleiteten ihn (am 18. Juli) zu Schiffe bis Brunnen. Während der Fahrt auf dem See drehte sich das Gespräch um die Stärke der schweizerischen Kriegsmacht; einige nannten eine wahrscheinliche Zahl, andere aber steigerten sich immer höher in ihren Behauptungen. Sie redeten auch von ihren Bündnissen mit etlichen Päpsten und nannten dabei Sixtus, wenn ich nicht irre. Noch am nämlichen Tage kamen wir in den Flecken Schwyz, der auch Kilchgaß heißt. Alsbald wurde der Landschaft ein Fest angesagt auf den 30. Juli. Das ganze Thal sollte zu einer hochfeierlichen Papalmesse des apostolischen Kardinallegaten in der Hauptkirche zusammenkommen, deren einziger Schmuck aufgehängte Fahnen waren, Siegesbeuten mit dem Wappen Herzog Karls von Burgund, und einige kaiserliche. Dort las er in pontificalibus mit wunderbaren Zeremonien eine Messe, während der Bischof von Tripolis dem dichtgedrängten Volke predigte. Unter der Predigt kam dem Kardinal der Gedanke, diesen Tag (Abdo und Sennu) zu einem jährlichen Festtag zu machen und dem Volke, das an ihm zusammenkäme, für alle Zukunft einen Ablaß auf sieben Jahre zu gewähren. Es soll das nächst dem vollkommenen Ablaß der größte sein, den der Papst oder ein Legat a latere[3] bewilligen kann. Volk und Obrigkeit nahm diese außerordentliche Gnade des Legaten mit großem Beifall auf, aber mit noch viel größerem ein sich nun anschließendes prächtiges Festmahl, das den Schweizern von dem Legaten gegeben wurde. Anfangs freilich wollten sie es bezahlen um der großen geistlichen Gnade willen, die sie vom h. Stuhl empfangen hatten; weil sich aber der apostolische Gesandte dem widersetzte und als freigebiger Wirt Alles bereinigen

---

[1] Pontificale = Alles was sich auf den Pontifex (Bischof) bezieht. Eine Messe, die ein Bischof celebrirt, ist der höchste Grad einer missa solennis und heißt Pontifikal- oder Papalmesse. In pontificalibus = in vollem bischöflichen Ornat (s. Herzog, VII, S. 736 ff.).

[2] In monasterio dicto In Curia (am Rande: Im hoff, monasterium olim). — Die Hofkirche steht auf dem Platze dieses Klosters. „In Helvetia ist den Minoriten das erste Kloster gebauen worden zu Luzern 1223, allwo Frau Guta, Gräfin zu Rotenburg, die Au- und Hofstatt von dem Abt zu Murbach um 60 Mark Silber erkauft haben soll." (Hottinger, Kirchengesch. 11, 17.) — Murbach ist um 725 gegründet worden.

[3] Legati a latere: von der Seite des Papstes abgesandte Legaten, d. i. Kardinäle mit den höchsten Vollmachten. — Unter dem vollkommenen Ablaß ist wohl der Jubelablaß verstanden, der seit 1300 von den Päpsten ursprünglich alle 100, dann alle 50, dann alle 33 Jahre gewährt wurde. 1502 war ein solches Jubeljahr. Jetzt ist alle 25 Jahre ein „Jubeljahr" (s. Herzog, VII, S. 117). — Bischöfe dürfen Ablaß auf 40 Tage geben, für den Bau einer Kirche auf ein Jahr. (Hase, S. 409.) — Vgl. S. 61, Anm. 4.

wollte, ließen sie sich auch gefallen. Der Rest des Tages wurde durch Spiele auf dem Marktplatz ausgefüllt, wobei junge Leute allerlei Ringkämpfe[1] aufführten mit großer jugendlicher Freiheit, ja Ausgelassenheit, einer Folge ihrer langen Muße im Sommer, wo sie nichts zu thun haben, als Heu zu machen.

Am folgenden Tage fuhren wir zu Schiffe nach Uri. Dort zeigt man zur Linken den Felsen, auf dem Wilh. Tell, der erste Retter der Freiheit, der Tyrannei des Adels entrinnend, aus dem Schiffe sprang. In Altdorf, dem letzten Orte des Bistums Konstanz, also gleichsam am Endpunkte seiner Sendung, nahm der Kardinal einen mehrtägigen Aufenthalt und händigte mir (und einem Andern) eine Geschichte der Schweizer ein, die ihm in Schwyz überreicht worden war, sowie die Artikel des vor Jahren mit Papst Sixtus[2] geschlossenen Bündnisses. Beides sollten wir aus dem Deutschen ins Lateinische übersetzen, damit es der Kardinal verstehen könne. Ich nahm die Arbeit an mich, um möglichst rasch mit der Uebersetzung fertig zu werden und nicht über den Gottharbt zu müssen; denn es war mir bereits sowohl der Hof des Kardinals, als die Langsamkeit der Reise zuwider geworden. Schon lagen fast vier Wochen hinter uns, und ich wäre so gern rasch vom Fleck und nach Rom gekommen; es war das aber (was ich damals nicht wußte) keineswegs nach dem Geschmacke des Kardinals. Er schrieb in Altdorf viele Briefe nach Rom oder vielmehr er diktierte sie und zwar (eine wunderbare Geistesleistung!) viele zugleich in einer Stunde an viele Schreiber. Ich selbst war einmal dabei und schrieb mit Andern einen Brief, den er diktierte, und neben mir saßen einer oder zwei mit Briefen gleichen Inhalts, während drei oder vier Andre andre Briefe mit anderm Inhalt zu Papier brachten, und das Alles zur nämlichen Zeit und in demselben Zimmer. So geistesfrisch war dieser Greis, der über 60 Jahre zählte, ein Franzose, aus Autun gebürtig. — Nach drei oder vier Tagen erhielten der Bischof von Tripolis und die übrigen Basler und Schweizer die Erlaubnis zur Heimkehr. Denn jetzt war der St. Gotthardt zu ersteigen, der zu vier Bistümern gehört: Mailand, Lausanne, Konstanz und Chur. Auch ich wäre am Liebsten heimgegangen, hatte aber erst die Schweizer Geschichte fertig und war noch im Rückstand mit der Bündnisurkunde. Ich und ein zweiter Bruder, der keine Lust zur Umkehr zeigte, mußten also die Reise fortsetzen, während sich die Andern nach dem Mittagessen auf den Heimweg machten. Wir betraten mit dem Legaten zunächst ein schönes Thal zwischen schauerlichen Bergriesen und gelangten gegen Abend nach Wasen.[3] Dort übernachteten wir, recht inmitten des furchtbaren Hochgebirges. Am andern Morgen ging es noch höher hinauf; endlich kamen wir in ein breites liebliches Thal,[4] wo man von Weitem den Gipfel des Berges erblickte und auch ein paar Dörfer lagen, nämlich Ursern,[5] und in größerer Ferne, am Fuße des Gotthardts, das an-

---

[1] Die „Schwingfeste" sind bekanntlich heute noch im Schwange.

[2] Sixtus IV., 1471—84 (war General der Franziskaner), ein sehr weltlicher, kriegerischer Papst (s. Herzog, XIV., S. 457).

[3] 840 m.

[4] Das Urner- oder Ursenerthal, vgl. Platter, S. 86.

[5] = Andermatt.

sehnlichere Hospenthal. Dort machten wir Mittag und stiegen dann mit großer Mühe nach dem Gipfel, der vielbetretenen Straße folgend, wo rechts und links noch höhere Berge emporragen, bis wir endlich die Kapelle und das St. Gotthardt-Hospiz erreichten. Nachdem wir hier eine gute Weile in großer, ungewohnter Kälte uns aufgehalten, begann der Abstieg, die Fußgänger auf einem Saumpfade, die Reiter auf der Landstraße. Der Kardinal jedoch wollte sich wegen seines Alters keinem Pferd oder Maultier anvertrauen, sondern ließ sich von sechzehn handfesten Schweizern, die zu je acht sich ablösten, in einer Tragbahre hinabschaffen. Das kostete ihn viel Geld, und es ging damals die Rede, er habe aus seiner ganzen Gesandtschaft in der deutschen Kirchenprovinz nur e i n e Krone über den St. Gotthardt gebracht. So kamen wir nach der Stadt A i r o l o im Bistum Mailand und blieben dort zwei Tage, wieder mit Briefschreiben beschäftigt, diesmal um Geld, das man dem Legaten entgegenschicken sollte. Es befand sich damals ein Abt in Airolo aus dem Bernergebiet vom Kloster Erlach, [1] wenn ich mich recht erinnere. Der kam mit einem Darlehen von 300 Gulden der Armut des apostolischen Legaten zu Hilfe. Am dritten Tage zogen wir durch ein schönes, rasch abfallendes Thal abwärts bis Klösterlin, [2] wo wir übernachteten. Tags darauf, kurz bevor wir nach B e l l i n z o n a gelangten, kamen uns zwei Minoriten entgegen und baten mich und meinen Gefährten, dem Legaten zuzureden, daß er bei ihnen einkehre in dem schönen neuen Kloster vor der Stadt. Aber es wurde nichts daraus; denn der jetzt auch arme Legat stieg nicht bei den noch ärmeren Minoriten ab, sondern bei den etwas behäbigeren Augustinern, die gleichfalls vor der Stadt ihre Niederlassung hatten. Am folgenden Tag, einem Sonntage, celebrierte er in der Hauptkirche eine Pontifikalmesse; zum Mittagsmahl erschien der Stadtrat und beschenkte den Gesandten des Pontifex mit zwei — Glasflaschen, die eine voll Rot-, die andere voll Weißwein! Als die Herren fort waren, sagte er mit lauter Stimme zu seiner Umgebung: „O, du glückliches Deutschland, wo sind wir hingeraten!" Damit wollte er die Freigebigkeit deutscher Städte im Gegensatze zu dieser Kargheit italienischer Geber hervorheben. Aber es war eben die ihm für Deutschland und Ungarn übertragene päpstliche Vollmacht bereits erloschen, und deshalb hatten Ehren und Schenkungen ein Ende!

Nach zwei Tagen setzten wir die Reise fort durch flaches Land nach dem L a n g e n s e e und auf ihm gleich zu Schiff nach der Stadt Locarno, die mit einer starken Burg geschmückt ist. Unmittelbar neben dieser steht ein unreformiertes Franziskanerkloster. [3] Dort blieben wir acht Tage; ich begann mich unwohl zu fühlen; jede gekochte Speise und das feinste Weißbrot widerstanden mir; der Wein, obgleich ganz gut, schmeckte mir, ich weiß nicht wie. Dann zogen wir nach einem reformierten Bernhardinerkloster zwischen Pallanza und Intra und übernachteten in einem andern Kloster mitten im See, wo uns dermaßen die Wanzen plagten, daß wir es nicht die ganze Nacht aushalten konnten. Um Mitternacht standen wir auf, ich und mein

---

[1] Am Bieler See.
[2] Giornico.
[3] Siehe S. 6, Anm. 7.

Gefährte, gingen in das Sommerhäuschen und legten uns dort zum Schlaf auf die Bänke. Unvorsichtiger Weise schlossen wir aber die Fenster nicht vor der Nachtluft, die für uns schädlich war. Als es Morgen wurde, stiegen wir nüchtern zu Schiff und bekamen als Mittagschmaus einen gebratenen Fisch und einen Schluck Wein. Gegen Abend gelangten wir an ein sehr schönes Kloster des h. Bernhard und fanden hier insgesamt brüderliche Aufnahme. Ich aber spürte schon das Fieber in allen Gliedern und mochte weder essen, noch trinken. Der Kardinal schickte mir seinen Arzt und einen andern aus dem nahen Pallanza. Man gab mir allerlei Tränke, auch einen mit Gold, wie man sagte; doch es wurde nicht besser. So fieberte ich vierzehn Tage, war aber froh, nun doch einen Anlaß zur Rückkehr nach Deutschland zu haben, und bat den Kardinal um meinen Abschied. Er bewilligte mir ihn mit den Worten: „Ich wollte dich mit mir nach Rom nehmen und mich deines Fleißes und deiner Studien freuen; aber ich sehe, du verträgst hier die Luft nicht, und will dich doch lieber lebendig in Basel wissen, als tot in Rom sehen!“ Dann übergab er uns einem Führer aus Luzern, den er. ich weiß nicht mit wie viel Gulden ausgerüstet hatte, und befahl ihm an, uns heimzugeleiten und an nichts Notwendigem Mangel leiden zu lassen. So kehrten wir denn auf demselben Wege zurück, den wir gekommen waren. Als wir aber nach Bellinzona gelangten, wollte uns kein Gasthaus aufnehmen; denn man fürchtete, ich sei pestkrank. Auch in Airolo konnte ich es nur mit Mühe erreichen, unter Dach zu kommen, weil man mein Fieber für die Pest hielt. Fiebernd ging es am andern Morgen den Gotthardt hinauf und hinunter. In Hospenthal übernachteten wir und kamen dann nach Altdorf. Hier mieteten wir ein Schiff zur Ueberfahrt nach Brunnen und mußten zum Steuern eine Frau nehmen. Wir waren unser fünf Männer. Da schüttelte mich das Fieber, und überdies erhob sich ein widriger Wind von solcher Heftigkeit, daß unsre Schiffgesellschaft in die größte Gefahr geriet und wir auf allgemeinen Wunsch bei Sisikon anlegten, einem Flecken zwischen Altdorf und Brunnen. Hier mußten wir einen sehr hohen Berg[1] ersteigen oder vielmehr auf allen Vieren die Almen hinaufkriechen eine gute Meile lang. Halbwegs oder etwas früher merkten wir, daß der Wind sich gelegt hatte; ich aber kam mit meinem Fieber langsamer vorwärts und kletterte hinter den andern. Endlich gelangten wir in ein liebliches Hochthal und an ein hübsches Dorf, Namens Morschach, mit uralter Kirche, zwischen lachenden Wiesen und anmutig rauschenden Quellen. Mit vieler Mühe waren wir heraufgestiegen, aber mit noch mehr Beschwerde für unsere Schienbeine mußten wir jetzt den hohen Berg hinunter. Das Dorf lag höher als die Berge westlich nach Basel zu, so daß wir die Höhen des Elsasses, ja sogar die bei Rappoltstein, sehen konnten. Nach einem Abstieg von gut einer Meile kamen wir nach Brunnen, wo übernachtet wurde. Beim Abendessen machten wir hier die Bekanntschaft zweier vortrefflicher alter Herren, mit denen wir ein langes Gespräch führten über Abschaffung der Kriege und Verbesserung der Sitten in der Schweiz; es waren kluge und wohlmeinende Männer. Tags darauf fuhren wir nach Luzern und wurden im Kloster gastlich aufgenommen. Mir, dem das Fieber alle Eßlust geraubt hatte, besorgte man ein Pferd, auf dem ich

---

[1] Fronalp.

am folgenden Tage bis Baden kam. Den nächsten Tag (ich war noch recht elend) machten wir, ziemlich früh, in Königsfelden Mittag und kamen Nachts in Säckingen an, wo wir bei einem Herrn von Schönau[1] einkehrten, der uns freundlichst aufnahm. Kaum war uns ein Zimmer angewiesen, fiel ich plötzlich in Ohnmacht; aber mein Reisegefährte fing mich auf und sorgte für mich, so daß ich bald wieder zur mir kam. Am folgenden Tage traf ich in Basel ein; mein Fieber (befand ich mich heute besser, so packte es mich mit Sicherheit morgen und übermorgen wieder, wenn auch ohne Fröste) dauerte noch, nicht hart, aber hartnäckig, von Mariä Geburt bis zur Zeit der Wintersonnenwende. Von da an genas ich allmählich, so bis gegen Quinquagesimä; aber um diese Zeit drängten und überredeten mich die Brüder, mir mit ihnen zu Ader zu lassen. Sofort bekam ich mein Fieber wieder! Der Arzt, ein Franzose, dessen Rat mir vorher geholfen hatte, erschien und forschte, was geschehen sei. Als ich ihm den Hergang auseinandergesetzt, befahl er mir, nie mehr ohne ärztlichen Rat oder offenbare Ursache zu Ader zu lassen, und so habe ichs auch bis auf den heutigen Tag gehalten.[2] Es war das schon i. J. 1505.

XI. Wieder in Basel (Bischof Christoph von Utenheim. Der Jetzer Handel in Bern).

1505—1508.

In den folgenden Jahren fuhr ich fort, das Amt eines Lektors der Theologie und der freien Wissenschaften in Basel zu versehen, und schrieb zum Nutzen meiner Zuhörer und ihrer Fassungskraft angemessen, eine Hexapla[3] von sieben Psalmen in sechs Spalten, hebräisch, griechisch, lateinisch, auch chaldäisch (nach der Uebersetzung Rabbi Salomons)[4] und französisch. Diese Zugabe rührte von dem Bruder Philipp her, einem Franzosen aus Lüneville. Wohin das Buch gekommen ist, weiß ich nicht.

Um diese Zeit besuchte Ludwig Bär,[5] der eben Doktor der Theologie geworden war, seine Vaterstadt Basel. Er war der Meinung, einem Theologen zieme es, des Hebräischen kundig zu sein, und kam deshalb einige

---

[1] Ueber die Familie Schönau vgl. Basler Urk.-Buch.

[2] Die rasura der Mönche (in der Karthause zu Basel) fand anfangs am 1. jedes Monats statt «servato silentio», später zweimal monatlich; zu Ader gelassen wurde ihnen fünfmal im Jahr, den Laienbrüdern viermal (Basl. Chron., I, S. 354 Anm. 9).

[3] Die Hexapla hieß ein Hauptwerk des Kirchenvaters Origenes. Es war eine Nebeneinanderstellung des alttestamentl. Urtextes, der Septuaginta und anderer griechischer Uebersetzungen behufs Verbesserung des Textes (s. Herzog, X, S. 704). Mit einem ähnlichen Werk, zunächst für die Psalmen, trug sich Pellikan.

[4] Siehe S. 17 Anm. 4.

[5] Freund des Erasmus; später Professor in Basel, der letzte bedeutendere Scholastiker dort; er siedelte mit Erasmus nach dem Bildersturm (1529) nach Freiburg i. B. über (Basl. Chron., I, S. 89 u. Thommen, S. 161 ff.; Amoenit. S. 375; Schreiber, II, S. 155).

Wochen zu mir, um die Anfänge zu erlernen. Er machte gute Fortschritte, und ich habe auch ihm die sieben Bußpsalmen hebräisch, griechisch und lateinisch auf Pergament geschrieben. Dafür war er sehr dankbar und schickte mir, kaum in Paris wieder angelangt, sämtliche Werke Jakob Fabers[1] über Aristoteles samt vielen andern arithmetischen und astronomischen Schriften. Er hatte sich gemerkt, daß ich nach solchen Büchern Verlangen trüge, und vergalt mir nun reichlich meine Mühe und die hingebende Sorgfalt, die er erfahren hatte.

Aber eines besonderen Vertrauens würdigte mich der Bischof von Basel, Christoph von Utenheim.[2] Schier täglich sprachen wir uns, und einmal bat er mich, einen kurzen Abriß der katholischen Lehre zu schreiben, soweit ihre Kenntnis dem ihm anvertrauten Volk zum Heile notwendig sei. Ich versuchte es, dem hochwürdigen Herrn zu willfahren, und verfaßte das Schriftchen. Es handelt in drei Abschnitten von dem, was man glauben, hoffen und thun muß, und erklärt die Glaubensartikel, das Gebet des Herrn und die zehn Gebote so kurz und klar, als möglich. An manchen Stellen folgte ich dabei mehr etlichen scholastischen Doktoren der Bettelorden, als meiner eigenen Anschauung, und so kommt es, daß nicht Alles darin festbegründete Wahrheit ist, sondern nur dem entspricht, was damals für Wahrheit galt und allgemein gebilligt wurde. Ueberhaupt waren mir über die Ablässe, das Fegfeuer, die Beichte, das Abendmahl und die Gewalt des Papstes durch das Lesen der Alten, namentlich Augustins und des Origenes, bei denen ich diese Lehren nicht gefunden hatte, schon damals Bedenken aufgestiegen. Ich war nämlich dahinter gekommen, daß das Buch „Ueber die wahre und falsche Reue" nicht von Augustin sei und ebenso das Buch „Von den Sakramenten" nicht von Ambrosius, sowie daß einige Stellen im Hieronymus, die von diesen Lehren handeln, von späteren Fälschern herrührten. Erasmus von Rotterdam[3] hat das hernach

---

[1] Lefèvre d'Étaples (Stapulensis), geb. um 1450, Benediktiner-Abt zu St. Germain, seit 1523 General-Vikar des Bischofs von Meaux, Uebersetzer der Psalmen und des Neuen Testaments nach der Vulgata. Sein Kommentar über die Evangelien wurde von der Sorbonne verdammt; Faber flüchtete nach Straßburg, aber der König rief ihn zurück und schützte ihn. 1530 erschien in Antwerpen seine Uebersetzung der ganzen Bibel, welche hernach für die von der reformierten Kirche Frankreichs anerkannte Bibelübersetzung Olivetans die Grundlage bildete. Er † 1536 in Nérac bei seiner Gönnerin, der Königin Margaretha von Navarra (vgl. Platter, S. 55), und gilt als ein Vorläufer der Reformation Calvins. Lefèvre war auch Mathematiker und Geograph (vgl. Schmidt, II, S. 90). Ein quintuplex Psalterium von ihm erschien 1509. — Vgl. auch S. 54 ff. (Indices, S. 100 u. a.)

[2] Utenheim bei Erstein. Das Geschlecht ist erloschen. Der edle Christoph von Utenheim, Freund des Erasmus, war 1473 Probst des Thomasstiftes in Straßburg und wurde 1502 Bischof von Basel, † 1527 in Delsperg (vgl. über ihn Herzog, XVI, S. 786 ff. und Beiträge, I, sowie Basler Chronik, I, S. 414 ff.). Er hat Oekolampad, den späteren Reformator, als Münsterprediger nach Basel gerufen (vgl. Thommen, S. 95). Jansen (I, S. 96) nennt ihn „für Kirchenreform eifrig bemüht".

[3] Erasmus beschäftigte sich besonders mit Hieronymus und gab zuerst (unter Mitwirkung Oekolampads) die Werke desselben heraus (9 Bände in Folio, Basel 1560—20). Vgl. S. 56, Anm. 5.

bestätigt und aufs Klarste nachgewiesen. Uebrigens gefiel dem gelehrten Bischof meine fleißige Arbeit; dankbar umarmte er mich und versprach, nächstens eine Provinzialsynode[1] zu halten und bei dieser Gelegenheit das Buch nicht auf meinen Namen hin (denn ich war noch zu jung), sondern kraft seines bischöflichen Ansehens den Geistlichen des Bistums zu empfehlen, daß sie darnach gleichmäßig christkatholisch predigten. Aber keines von beiden geschah, und der Bischof teilte mir später die Gründe mit. Sowohl die Priester im österreichischen Teile[2] seines Sprengels und ihr adeliger Anhang, als auch die schweizerischen Pfarrer, die ohnehin die Disziplin nicht liebten, hätten sich jeder Reformation durchaus abgeneigt gezeigt; zudem stünden die Basler Domherren unmittelbar unter dem Papst und einem eigenen Dekane, seien also von des Bischofs Autorität unabhängig; so lange aber der hohe Klerus sich nicht reformieren lasse, könne der Bischof natürlich bei der niederen Geistlichkeit nichts versuchen, so sehr ihm Vieles mißfalle.

Als ich ihm in den Ostertagen 1507 mein Werkchen überreichte, fing er ein Gespräch mit mir an über eine wunderbare Geschichte, die sich jüngst im Predigerkloster zu Bern[3] begeben hatte. Ueber eine Stunde lang erzählte er mir davon und zwar im feinsten Latein; denn der edle Greis war auch ein gelehrter Herr und Doktor des kanonischen Rechtes, wenn nicht beider Rechte. Ich hatte vorher von dieser Geschichte (sie war auch noch eine Neuigkeit) gar nichts gehört. Durch List und Bosheit der Mönche, die nicht nur die Berner Bürger, sondern ganz Deutschland hinters Licht führen wollten, war sie eingefädelt worden; aber der Bischof ließ sie auch in ihrem weiteren Verlauf nicht mehr aus dem Auge. Das ganze Jahr hindurch dauerte der Betrug zu Vieler Verwunderung. Auch mein Oheim Job. Gallus schrieb deswegen häufig an mich, um klar in der Sache zu sehen und Andern, die an ihrer Richtigkeit zweifelten, sicheren Aufschluß geben zu können. Ich teilte ihm denn auch im Laufe dieses Jahres in vielen Briefen alles mit, was ich durch Hörensagen zu erfahren pflegte. Im folgenden Jahre (1508) in den Fasten erzählten mir einige Basler Domherren, es sei

---

[1] Ueber die Synodalstatuten des Bischofs Christoph von 1503 vgl. Amoenit., S. 230 ff.

[2] Im Oberelsaß. — Auch im Bistum Straßburg ging es so. Berler schreibt (S. 97): „Bischof Albertus fing an syn pristerschaft zu visitiren, aber solchs gut werk ward durchs teuffels list verhindert. Er hielt ein versamlung aller pryster synes bisthumpts, aber solche reformaz was umbsunst; niemand wolt gestroft syn, das haupt war schwach und hett vil bösser geliber."

[3] „Der Jetzer Handel". Die schon um 1140 aufgekommene Lehre von der unbefleckten Empfängnis Mariä wurde namentlich von den Franziskanern vertreten, während die Dominikaner dagegen waren. Beide Parteien hatten Visionen frommer Frauen für sich ins Feld geführt. Da griffen die Dominikaner zu einem Betrug. Ein Schneider, Joh. Jetzer, wurde in Bern als Laienbruder aufgenommen, von den Mönchen mit Erscheinungen getäuscht, die ihm offenbarten, Maria sei in der Erbsünde empfangen u. s. w. Aber das Werkzeug versagte; das Schneiderlein klagte bei der Obrigkeit, und diese ließ die vier Hauptschuldigen verbrennen. — Erst 1854 wurde dann bekanntlich die «pia sententia» der unbefleckten Empfängnis von Pius IX. zum Dogma erhoben (vgl. Ebrard, II, S. 412; Herzog, IX, S. 97; Hase, S. 340 ff.; Schmidt, I, S. 221 ff.; Göbecke im Vorwort zum „Narrenschiff", XXVI, ff.; Röhrich, I, S. 56 ff.).

eine schriftliche Aufzeichnung der Berner Predigerhändel in Umlauf; dem Bischof, dem Propst und einigen Doktoren von der Universität habe man das Büchlein bereits in die Hände gespielt; auch sie, die Domherren, hätten es nun bekommen und gelesen. Da ich schon längst meinem Oheime Zuverlässiges in der Sache zu schreiben wünschte, bat ich sie, mir die Schrift auf zwei Tage zu überlassen, was sie mir denn auch gewährten. Die Erzählung war von den Predigermönchen selbst geschrieben, das Meiste von der Hand Doktor Werners,[1] ihres Basler Priors, und des Doktors Stephan in Bern. Als ich das merkte, schrieb ich die Blätter eilends getreulich ab und gab das Buch schon am Tag darauf zurück. Die Abschrift schickte ich dann mit ein paar Randbemerkungen und einem beigefügten Brief durch einen sicheren Boten an den Oheim Doktor Jodokus. Meine Beurteilung der Sache war durchaus zutreffend; nur hatten es die Mönche noch abgefeimter getrieben, als ich damals glauben konnte. Das beweist auch der Ausgang und die ein Jahr später (am letzten Mai 1509) vollzogene Verbrennung von vier Mönchen in Bern. Viele haben über diese Geschichte geschrieben, auch Sebastian Franck[2] und Thomas Murner;[3] aber die beste Quelle bleibt doch jene von mir abgeschriebene, leider nur nicht vollständige handschriftliche Darstellung.

XII. Lektor in Rufach. — Tod der Großmutter. — Verheiratung der Schwester mit Theob. Wolfhart von Gebweiler.

1508—1511.

Noch im Jahre 1508 wurde ich nach sechsjähriger Thätigkeit als Lehrer in Basel, um mich an einen stillern Ort zu bringen, nach Rufach versetzt und einige jüngere studierende Brüder mit mir. Gleichzeitig schickte man mir von anderswoher jüngere Brüder zu, darunter Sebastian Münster[4] von Ingelheim. Er war damals 18 Jahre alt und ein über-

---

[1] Siehe Schmidt, I, S. 222; Anm. 107, 3 u. ff. — Das Dominikanerkloster in Basel lag außerhalb der alten Stadtmauer in der „Kreuzvorstadt" (Wurstisen, S. 281 ff.).

[2] Siehe Abschn. XXIX die Anm. zu Seb. Franks Sprichwörtern.

[3] Der bekannte Feind Luthers, geb. 1475 in Straßburg, Franziskaner (Conventual), † in Oberehnheim 1537 (vgl. über ihn Eubel, I, S. 68 ff.; Schmidt, II, S. 209 ff.; Scherer, S. 167 ff.; Schreiber, I, S. 160 ff. und den bezeichnenden Brief Wimphelings an ihn, Amoenit. S. 213 ff.).

[4] Der bekannte Verfasser der „Kosmographie", geb. 1489, † 1552 (an der Pest) in Basel, wohin er 1529 von Heidelberg als Nachfolger Pellikans für den Lehrstuhl des Hebräischen gekommen war. — Der von Rufach handelnde Abschnitt der Kosmographie (Buch V) trägt die Ueberschrift: „Beschreibung der Stadt Rufach, auf das kürzest durch die Wirdigen und Hochgelehrten Herren Conradum Pellicanum und Conradum Wolffhardum seiner Schwester sohn zu Rufach geboren in die nachfolgende Form gestellt." Seb. Münsters Grab ist in den Kreuzgängen am Münster. (Vgl. Wurstisen, S. 167 ff.; Peschel. S. 428 u. a.; Thommen, S. 269 ff.; Geiger, S. 74 ff.).

aus strebsamer, fleißiger, rechtschaffener Mensch. — Auf die Bitte des älteren
Amerbach[1] hatte ich angefangen, in den Werken des h. Hieronymus die
angeführten Bibelstellen, die von unwissenden Abschreibern bald mit griechischen
Buchstaben, bald in ganz unverständlichen Figuren und verkehrten Zügen
hingemalt worden waren, in hebräischer Schrift beizufügen. Das Gleiche
hatte Reuchlin vorher bei Herstellung der griechischen Texte gethan. In
Rufach setzte ich nun fort, was ich in Basel begonnen, und unterstützte
auch im Uebrigen die Amerbach'sche Druckerei mit meinem Wissen ganz wie
während meines Aufenthaltes in Basel.

In dieser Rufacher Zeit (von 1508 bis 11) las ich den studierenden
Brüdern von Neuem die ganze Margarita philosophica[2], sowie den
Nik. Dorbellus[3] über die Bücher der Sentenzen und des Aristoteles. Dem
jungen Münster teilte ich mit, was ich an hebräischen und astronomischen
Kenntnissen besaß, wozu er dann durch Nachdenken und Fleiß noch Eigenes
fügte, so daß er schließlich in diesen Stücken sehr gelehrt wurde. Ich drängte
ihn aber nach Kräften immer wieder auf Theologie und Philosophie hin;
denn er werde einmal darüber auch den andern Brüdern Vorlesungen zu
halten haben. Und so geschah es hernach: sowohl in Basel, als in Tübingen las er theologische Fächer, und füllte nebenbei in Tübingen unter
seinem zweiten Lehrer, dem schon erwähnten Joh. Stöffler[4] von Justingen,
auch seine Lücken in der Astronomie aus.

In der Zeit, da ich noch in Basel Lektor war, begab es sich, daß in
Rufach ein Provinzialkapitel gehalten wurde. Ich bekam den Auftrag, eine lateinische Predigt dafür auszuarbeiten und sie, wie herkömmlich,
den versammelten Vätern frei aus dem Gedächtnis vorzutragen. Nur ungern unternahm ich es, wagte aber nicht abzulehnen, da man eben, um
meine Vaterstadt zu ehren, auf mich gekommen war. So sammelte ich mir
denn Stoff für drei Teile; im ersten dachte ich zu den Brüdern über die
Liebe zu sprechen, im zweiten von den Minoriten und der Demut, im dritten
von den sogenannten Observanten und der Klosterzucht. Ich hatte viel auf
dem Herzen und im Kopf; von allen Seiten kamen mir die Gedanken. Da
merkte ich bald, daß schon der Abschnitt über die Liebe zu weitläufig geraten
sei, um mit den übrigen in einer Stunde vorgetragen zu werden, aber trotzdem schrieb ich auch die Abschnitte von der Demut und von der Disziplin
nieder, die mir für die Zuhörer nicht minder wichtig schienen, und vollendete
so meine breiteilige Predigt. Ich war darauf gefaßt, die zwei letzten Teile
vielleicht während des Essens zu lesen, doch bot sich dazu keine Gelegenheit,
und schließlich war ich froh, daß die Sache hinter mir lag und ich einmal
mein Herz ausgeschüttet, ohne doch den Schein auf mich geladen zu haben,
durchaus in ein Wespennest stechen zu wollen. Im dritten Teil hatte ich
nämlich die Beilegung des Namens Observanten (von der strengeren Ob-
servanz der Franziskanerregel) als Anmaßung getadelt, da ja das Gelübde
eines evangelischen Lebens von Anfang bis zu Ende eben in dieser Regel

---

1 Siehe S. 28, Anm. 4.
2 Siehe S. 23, Anm. 2.
3 Siehe S. 27, Anm. 5.
4 Siehe S. 24, Anm. 3.

empfohlen und als streng verbindlich gelehrt werde. Wahrhaft demütige Brüder, war mein Begehren, sollten daher mit solch einem Namen nicht Hoffart treiben. — Was ich damals aufgeschrieben hatte, aber nicht aussprach, haben in den folgenden Jahren Andere nach meinem Text, nur feuriger als ich, auf Provinzialkapiteln den Vätern vorgehalten und damit desto größeren Eindruck erzielt.

Während meines Aufenthaltes in Rufach (1508) trug es sich zu, daß meine Großmutter, eine Achtzigerin und darüber, an einem Herbsttage nach ihrer Gewohnheit auf dem Felde Kräuter und Wurzeln sammelte, was immer ihre Freude gewesen war. Da kam ein schweres Wetter mit Regen und Donnerschlag; die alte Frau erschrak, fiel zu Boden und blieb bis in die Nacht hinein draußen liegen. Meine Mutter, ihre Tochter, damals schon Witfrau, ängstigte sich, als sie nicht heimkam, und erbat vom Schultheißen Männer, um die Mutter in der zum Glück nicht ganz finstern Nacht draußen zu suchen. Meine Mutter ging selbst mit, und nach langem Herumziehen und Suchen fanden sie die Greisin endlich bewußtlos im Felde liegen. Man brachte sie nach Hause, und meine Mutter pflegte die Kranke eine ziemliche Zeit lang. Dann trat Besserung ein, aber im folgenden Jahre zahlte die Großmutter doch Gott und der Natur ihren Zoll. 1509 am 29. Juli ist sie selig entschlafen.

1510 am 30. August feierte meine Schwester Hochzeit mit dem ehrsamen Schuhmacher Theobald Wolfhart aus Gebweiler. Er war von guter Familie; einer seiner Brüder war Predigerordens. Das Paar bekam ein allerliebstes Töchterlein, das aber frühzeitig starb, kaum vier Jahre alt. (Jod. Gallus gibt als Verlobungstag meiner Schwester den 6. und als Hochzeitstag den 10. September an; ich glaube, er hat Recht. 1510 war Jodokus auf der Synode zu Köln.) [1]

In diesem Jahre bekam ich auch den Auftrag, eine lateinische Rede auszuarbeiten und den Gelehrten des Professats in Tübingen vorzutragen. Dort sollte sich nach Ostern das Provinzialkapitel versammeln. Ich wählte mir als Gegenstand „die Notwendigkeit weisen Maßhaltens nicht nur in sittlicher Hinsicht, sondern auch, und zwar vorwiegend, in den Wissenschaften", und zeigte das an dem Beispiele sämtlicher freier Künste, in denen durch übertriebene Wißbegierde Alles in Verwirrung gerate. Namentlich in der Grammatik, der Dialektik, der Rhetorik, sowie in der Theologie verhalte es sich so. Die wahre Theologie (und die für sie so notwendigen Sprachen) vernachlässigten die Studierenden, um dafür unfruchtbarer, haarspaltender Philosophie und scholastischer Theologie nachzuhängen. Auch in der Astronomie und der Poesie sei es ähnlich bestellt, obgleich ich ja fürchten müßte, vom Zahn der Poeten zerfleischt zu werden, weshalb man eigentlich besser thue, ihnen gegenüber zu schweigen, statt zu reden oder etwas zu schreiben. Schließlich erreichte ich doch, daß die wohlaufgeschriebene und auswendig gelernte Rede wegen meiner Befangenheit nicht gehalten wurde. Ein andrer hervorragender Redner, Namens Daniel Agricola, der seinen Vortrag im Chore hielt, erntete nämlich so wenig Lob und Ruhm, daß ich Angst bekam, in noch größere Verlegenheit zu geraten. Doch ist meine Rede mehrfach abgeschrieben worden, aber mir dann, wie jene erste Predigt, verloren gegangen.

---

[1] Unter Erzbischof Philipp II. (1508—15), vgl. Herzog, VII, S. 785.

XIII. Guardian in Pforzheim.

1511—1514.

Im Jahre 1511 wurde das Provinzialkapitel nach Basel berufen. Diesmal sollte Seb. Münster die lateinische Predigt halten, setzte aber durch, daß ich sie schriebe. Das that ich denn auch, und er hat sie hernach mit glücklichem Erfolge den Vätern vorgetragen. Der Text war Lucas 22: „So oft ich euch gesandt habe ohne Beutel, ohne Tasche und ohne Schuhe,[1] habt ihr auch je Mangel gehabt? Sie sprachen: Nie keinen!" — Auf diesem Kapitel zu Basel bin ich auch zum Guardian von Pforzheim ordiniert worden. Die Brüder dort hatten mich erwählt, als ich einige Monate dem Provinzial Bartholomäus Wyer als Sekretär und Begleiter beigegeben war. Nachdem ich also nicht ganz drei Jahre in Rufach gelesen hatte, kam ich nach Pforzheim. Mein Lieblingsschüler Seb. Münster, der damals noch nicht Priester war, begleitete mich.

Am 1. Sept. 1511 trafen wir in Pforzheim ein. Dort waren Mißhelligkeiten[2] ausgebrochen zwischen den Weltgeistlichen und den Bettelorden der Predigermönche und Minoriten. Der Bischof von Speier, Philipp von Rosenberg,[3] schickte meinen Oheim Job. Gallus als Friedensstifter, der auch bald die Parteien aussöhnte und am 14. Nov. in unserm Pforzheimer Kloster den Ausgleich schriftlich festsetzte. Er wohnte nicht bei mir im Kloster, sondern im nahegelegenen Gasthause und hatte große Freude an mir und meiner Stellung. Auch empfahl er mich dem Bischofe von Speier, was zur Folge hatte, daß dieser mich sehr in sein Herz schloß und meinen Brüdern besonders gewogen blieb. Mancherlei Wohlthaten hat er ihnen zugewendet und uns immer, wie er zu sagen pflegte, recht eigentlich als seine Brüder angesehen.

Zu Anfang dieses Jahres, am 7. Jänner, verschied mein Busenfreund Leontorius[4] von Maulbronn, Mönch im Kloster Engenthal bei Basel.

Am 23. Hornung wurde die Hochzeit des Pfalzgrafen Ludwig[5] und

---

1 Also ein ächter Barfüßertext.

2 Die Dominikaner hatten seit 1227, die Franziskaner seit 1320 die päpstliche Vollmacht, überall zu predigen und Beichte zu hören. Das gab oft zu großen Mißhelligkeiten mit den Weltgeistlichen Anlaß (vgl. Eubel, I, S. 22 ff.).

3 Er hat Capito (s. S. 43, Anm. 7) 1512 nach Bruchsal berufen.

4 Cistercienser, Humanist (latein. Dichter), Freund Wimphelings und Reuchlins; im Kloster Engenthal war er Beichtvater der Beghinen (vgl. Schmidt, I, S. 17 u. a., II, S. 30 u. a.; Wurstisen, S. 91. — Beitr. zur vaterl. Gesch., I und II, S. 173, 174). Unter der Abtei Maulbronn stand das Cistercienserkloster Pairis im Elsaß.

5 Ludwig V., der Friedfertige, Sohn Philipps (S. 10, Anm. 3), 1508—44, vermählt mit Sibylla von Bayern. Ueber den Zwist zwischen Bayern und der Pfalz wegen der Kurwürde vgl. „Gesch. der bayr. u. pfälz. Kur", von Muffat, aus den Abhandl. der k. bayr. Akademie der Wissenschaften, 3. Kl. XI. Bd., II. Abth., S. 49 ff.

acht oder 12 Tage später die des Herzogs Ulrich[1] von Württemberg gefeiert mit zwei Schwestern Herzog Wilhelms von Bayern in München, Töchter der Schwester Kaiser Maximilians.[2] Es geschah das mit großem Pomp; aber das Glück sollte klein werden;[3] dafür gab es damals schon Vorzeichen.

Im Juni kam Joh. Gallus nach Straßburg. Er hatte die Heimat besucht und mit Jak. Wimpheling die Klöster Murbach und Marbach durchforscht.[4] In Straßburg befiel ihn sein Podagra so heftig, daß er bis Ende Juli dort liegen bleiben mußte und dann zu Schiff nach Speier gebracht wurde. Später, am 23. September, als Guardian von Pforzheim, besuchte ich ihn; er hat das in seinem hinterlassenen Tag- und Gedenkbuche vermerkt.

Am 27. April d. J. starb der Erzbischof von Trier, Markgraf Jakob;[5] am 19. Mai wurde Greifenklau[6] an seiner Statt erwählt.

1511, am 11. Oktober, reiste ich in Sachen des Klosters nach Speier und übernachtete in Bruchsal als Gast des Predigers und Baccalaureus der Theologie Wolfgang Capito.[7] Er nahm mich bei Seite und fragte mich vertraulich, was ich vom Sakramente des Altars und dem Leibe Christi dächte. Ich sei, war meine Antwort, ganz unwillkürlich zum Nachdenken über die Meinungen der Gelehrten in dieser Sache gekommen. Die drei von Johannes Scotus[8] in der vierten Sentenz angeführten Meinungen hätten mich beunruhigt; ich möchte mich aber lieber als für die dritte für die erste erklären, die dahin laute, Brod und Wein seien von heiliger Beschaffenheit, nämlich das Sakrament oder das heilige Zeichen des gekreuzigten Leibes und des vergossenen Blutes, die sichtbare Gestalt der unsichtbaren

---

[1] Geb. 1487 in Reichenweier, † 1550; vgl. über ihn die Einleitung zu Hauffs Lichtenstein und Herzog, XVIII, S. 280 ff.

[2] Kunigunde, s. S. 49 (vgl. Hagen, Deutsche Geschichte, III, S. 529).

[3] Der Schwager Ulrichs, Wilhelm von Bayern, hat bekanntlich mit dem schwäbischen Bund den Herzog vertrieben und Württemberg erobert, 1519. Vgl. S. 58, Anm. 1.

[4] Die Handschriften der Abtei Murbach sind zum Teil in der Colmarer Stadtbibliothek erhalten (vgl. Kraus, II, S. 480; über das Augustinerstift Marbach, ebenda, II, S. 427 ff.).

[5] Jakob von Baden (1503—1511).

[6] Richard Greifenklau von Volrats (1511—1531). Er hat 1512 und 1515 den „heiligen Rock" ausgestellt (Herzog, XVI, S. 419). Vgl. über ihn und seinen Feind Sickingen, Häuser, S. 95 ff.; Janßen, II, S. 234 ff., S. 246 ff.; Hagen IV, S. 160 ff.

[7] Wolfg. Fabricius Capito (Köpfel), geb. 1478 in Hagenau, wird 1506 (unter Dr. Eck in Freiburg) Doktor der Theologie, 1512 Pfarrer in Bruchsal. 1516 ruft ihn der Bischof Christoph von Utenheim nach Basel, 1520 der Erzbischof Albrecht nach Mainz. 1523 wird er Probst in St. Thomas in Straßburg und von Karl V. geadelt. Hier schloß er sich der Reformation an und † 1541 an der Pest (vgl. auch Scherer, S. 175 ff.; Schreiber, I, S. 97 ff.).

[8] Scotus, Joh. Erigena, † 880, Gründer der spekulativen Theologie, wahrscheinlich ein Irländer (Irland hieß früher Scotia major), lehrte vom Abendmahl, es sei ein geistliches Opfer und ein geistliches Genießen: «mente, non dente».

göttlichen Gnade in Christo, eine geistliche Nahrung der Seele durch den Glauben, und der Name Sakrament besage beim Abendmahl dasselbe, wie bei den übrigen sechs Sakramenten. Das sei auch, wie ichs verstände, unwillkürlich des Scotus eigene Meinung.

Als das Capito hörte, erwiderte er, ihm scheine es auch so, oder er könne es sich doch nicht anders vorstellen.

Mein l. Sohn Samuel, mein Neffe Konrad,[1] ich schreibe das auf, damit ihr erkennt, wie lange ich über diese Sache und die päpstliche Lehre zu zweifeln genötigt war gegen mein Gewissen, das der Papst gefangen hielt. Ebenso ging es mir bei andern ähnlichen Artikeln, z. B. der Notwendigkeit der Ohrenbeichte zur Seligkeit. Denn bei den Kirchenvätern, bei Augustin und Hieronymus, auch bei Chrysostomus, die ich sämtlich gelesen hatte, war von alledem nichts zu finden. Und doch galten diese Männer mit Recht als die berühmtesten Vorkämpfer der katholischen Lehre, als Säulen des Glaubens, so sehr auch gegen sie und ihren Gesinnungsgenossen Berengar[2] römische und Pariser Theologen zu Feld zogen zum Schaden des Glaubens und zur Fesselung der Gewissen.

In jenen Tagen kam ich auch nach Worms und besuchte dort die Synagoge und meinen Lehrer Vigilius Wacker.[3] Von ihm erhielt ich ein Buch mit dem Titel „die beiden Dionyse", worin bewiesen wurde, daß Dionys, der Patron des Pariser Klosters, nicht der Areopagit,[4] des Paulus Schüler, gewesen sei, sondern irgend ein anderer Grieche, der lange nach der apostolischen Zeit geschrieben hat. — Auf dem Rückwege sprach ich bei dem Bischof von Speier in Bobenheim vor, wurde freundlichst aufgenommen und mit reichlichem Almosen für die Brüder bedacht.

Anfang März wurde Mag. Wolgang Capito von Bruchsal als Münsterprediger nach Basel versetzt.

Am 17. Juli dieses Jahres starb Doktor Pallas,[5] der zu der Zeit, als ich immatrikuliert wurde, Rektor der Heidelberger Hochschule war. Ich sollte damals meinem Vornamen Konrad einen lateinischen Zunamen, aus dem deutschen „Kürsner" gebildet, beifügen. Mein Oheim, der zugegen war, behauptete: Du bist kein pellifex, wirst auch keiner werden,

---

[1] S. 5, Anm. 2.

[2] Der Kanonikus Berengar von Tours († 1088) vertrat als letzter die alte augustinische Lehre, daß das Abendmahlbrod Zeichen und Sinnbild des Leibes Christi sei und nicht verwandelt werde (vgl. Ebrard, II, S. 102 ff. und Hase, S. 441 ff.). — Das Gespräch Capitos und Pellikans teilt Riggenbach in seiner Ausgabe des Chronikons ausführlich mit.

[3] Siehe S. 10, Anm. 6.

[4] Dionysius Areopagita in Athen wurde nach Apostelgeschichte 17, 34 von Paulus zum Christentum bekehrt und später mit dem fränkischen Schutzheiligen (gleichen Namens) verwechselt. Abälard, der zuerst diesen Irrtum nachwies, büßte das mit der Verbannung aus dem Kloster St. Denys. Auch Erasmus beschäftigte sich mit der „Dionysfrage".

[5] Pallas Spangel von Neustadt, Professor der Theologie. In seinem Hause wohnte Melanchthon, als er 13 Jahr alt die Universität Heidelberg bezog (in die Matrikel eingetragen unterm 14. Nov. 1509: «Philippus Swartzerd de Bretthenn Spir. Dyoc.» Töpke, S. 472). Spangel war auch ein Freund Wimphelings.

bist keines Kürschners Sohn, und sollst darum auf lateinisch nicht pellifex [1] heißen, sondern *Pellicanus*. So ist unser Familienname entstanden, und so findet er sich dort eingetragen beim Jahre 1491 Anfangs Mai. — Dieser Doktor Pallas hielt auch bei der Beisetzung Margarethas, der Gemahlin des Pfalzgrafen Philipp, die Leichenrede; sie ist unmittelbar hernach im Druck erschienen mit einem Gedichte zum Lobe dieser Fürstin, der Mutter vieler Prinzen. Der Verfasser war mein Bruder Leonhard Pellikan [2] seligen Andenkens. In dem wiederholt gedruckten Büchlein Wimphelings über den Unterricht der Jugend [3] wirst du auch einen Vierzeiler von ihm finden. Er hat zu den Schülern Wimphelings gehört. — In diesem Jahre las ich den jüngeren Brüdern in Pforzheim auch eine kurze Abhandlung über die Sentenzen des Nikolaus von Nysa [4] vor, gedrängter und brauchbarer als alle sonstigen hierüber.

Für mich selbst las ich einen großen Theil der Geschichte des Klosters Hirsau von Joh. Trithemius, [5] weiland Abt in Spanheim, den ich früher (1496) mit Paul Scriptoris bei einer Visitation dieses Klosters (unter dem Abt Blasius) persönlich kennen gelernt hatte. Er war ein Mann von außerordentlicher Größe, damals in den besten Jahren, freundlichen Wesens und nichts weniger als hochmütig. Auch mein Freund, Nil. Baselius, [6] ein sehr gelehrter Mann, namentlich auf dem Gebiete der Geschichte, war damals in Hirsau.

In Pforzheim lebte um diese Zeit Nikolaus Gerbel; [7] aber leider zog der edle Gelehrte nach Wien in Ungarn, wo er Doktor des Kirchenrechts wurde. Nach einigen Jahren kehrte er zurück und begab sich als juristischer Beirat in den Dienst des Bischofs von Straßburg. Außer ihm hatte ich in Pforzheim noch meinen aufrichtigen Freund Kaspar Glaser, der hernach Lehrer und Domherr in Baden und zuletzt Erzieher [8] der

---

[1] Der Name Pellifex steht wiederholt in der Heidelberger Matrikel; aber diese Uebersetzung kam dem Oheim zu plump vor.

[2] Siehe S. 11.

[3] Gemeint ist die «Adolescentia» (s. Amoenit. S. 198 ff.).

[4] Schreib- oder Druckfehler für: Nikol. von Lyra? (vgl. S. 17, Anm. 3).

[5] Der Abt Blasius von Hirsau (Benediktiner-Kloster bei Calw) hat Trithemius (vgl. auch S. 50) zur Abfassung seines chronicon Hirsaugiense angeregt. — Trithemius, geb. 1462 in Trittenheim an der Mosel, wurde von R. Agricola in Heidelberg (s. S. 7, Anm. 3) in das Studium der Geschichte u. s. w. eingeführt. 1442 wird er Benediktiner in Spanheim (bei Kreuznach) und 1483 Abt. † 1516 als Abt des Schottenklosters in Würzburg (vgl. Herzog, XVI, S. 473 ff.; Jansen, I, S. 85 ff. u. a.). Seinen Katalog berühmter deutscher Gelehrten (cat. illustr. vir.) hat er auf Anregung Wimphelings verfaßt (Schmidt, I, S. 17 ff., auch 18 u. a.).

[6] Verehrer Reuchlins (Jansen, I, S. 82; Geiger S. 38).

[7] Kam 1515 nach Straßburg als bischöflicher Advokat, wurde Mitglied der von Brant und Wimpheling gegründeten soc. literaria dortselbst und schloß sich später der Reformation an (Schmidt, I, XVII u. a.; Röhrich I, S. 126 u. a.). † 1560. «Nic. Gerbellius, jurisconsultus et historicus» (Indices 166).

[8] Und Superintendent in Zweibrücken (Röhrich, III, S. 225).

Herzöge von Bayern und Pfalzgrafen am Hunsrück[1] wurde. Beide sind heute noch am Leben und rechte Liebhaber der Wahrheit.

Anfang Juli endigte ein Reichstag in T r i e r. Dort starb der Graf von H o h e n z o l l e r n,[2] den ich früher einmal (1496) in Rotenburg a. N. (er hatte damals die Blattern) kennen gelernt hatte. Er galt viel bei Kaiser M a x, und es hieß in Trier, er sei ermordet worden. Er war aber eines natürlichen Todes gestorben; der Leichnam wurde in die Ahnengruft nach H e c h i n g e n gebracht; unterwegs fand er eine Nacht in unserm Kloster Aufnahme. — Gegen den September siedelte der Reichstag nach K ö l n über.

1513, am 3. Hornung, starb der hochverehrte Bischof von S p e i e r, Philipp von Rosenberg, mein großmütiger Freund. Zwölf Tage später wurde der Mainzer Propst Georg,[3] des Pfalzgrafen Bruder, auf den Speierer Bischofsstuhl berufen. — Am 20. Hornung starb Papst J u l i u s II. — Am St. Matthiastag[4] wohnte ich in H e i d e l b e r g dem Widerruf des Doktors Wigand vom Predigerorden bei. Er war auf Anstehen der Minoriten durch den apostolischen Stuhl dazu genötigt worden und hatte das Gleiche schon im Jahre vorher (am 22. Okt.) zu R o m gethan. Nach diesem Widerrufe ging ich zu meinem Oheim nach Speier und kehrte dann auf meinen Pforzheimer Posten zurück.

Am 11. März wurde in R o m der Kardinal von Medici als L e o X. zum Papste gewählt. Ich wohnte an diesem Tage einem Provinzialkapitel in R i e t f e l d bei Neustadt a. d. Aisch bei.

Am folgenden Tage (St. Gregor) zerstörte ein Frost die R e b e n in ganz Deutschland; aber an vielen Orten setzten sie neue Sprößlinge an und brachten noch eine reiche Ernte.

Am 15. Dezember (in den Fronfasten) war ich mit Brüdern, die orbiniert[5] werden sollten, in S p e i e r. Dort kam mir eine in Rom gedruckte Ausgabe von Potkens[6] chaldäischem oder richtiger äthiopischem Psalter in die Hand. Ich lernte diese Sprache in meines Oheims Haus noch in der Nacht lesen und soweit verstehen, daß ich vor Schlafengehen die zwei ersten Psalmen übersetzen konnte. Mein Oheim und der Dekan von Speier wunderten sich darüber nicht wenig und schenkten mir das Buch. Daheim legte

---

[1] Die Simmern'sche Linie des kurpfälzischen Hauses. Stephan von Simmern, Vater des Bischofs Ruprecht von Straßburg (s. S. 9, Anm. 1), hatte durch Heirat Veldenz und einen Teil der Grafschaft Spanheim erworben. Sein Sohn Ludwig der Schwarze († 1489) ist der Stammhalter der älteren Zweibrücker Linie.

[2] Eitel Friedrich II., Reichserbkämmerer.

[3] Bruder des Pfalzgrafen Ludwig V. Er war ein Verehrer Reuchlins und mild gegen die besiegten Bauern (Janssen, I, S. 49 u. 564), † 1529.

[4] Am 24. Februar 1513. Der Widerruf Wigand Wirths fand in der h. Geistkirche statt, vor Notar, Zeugen und versammelter Gemeinde (vgl. über den ganzen Handel, Gödeke im Vorwort zum Narrenschiff, XXVI ff. und über den alten Span zwischen Dominikanern und Franziskanern, Eubel I, S. 27 ff.).

[5] Orbination = Priesterweihe.

[6] Joh. Potken war Dekan des Kapitels St. Gereon in Köln (Schmidt, I, S. 233). Das Buch enthielt auch das Hohe Lied (vgl. Janssen, I, S. 56, und Geiger, S. 29, Anm. 2).

ich dann sofort ein Wörterbuch dieser Sprache und den Grundriß einer Grammatik an; ihre Schreibweise hat viel Aehnlichkeit mit dem Hebräischen.

Auf der Heimreise nach Pforzheim wurde ich damals in Bruchsal von dem neuen Speierer Bischof, Georg von der Pfalz,[1] zu Tisch geladen und speiste bei Tafel an seiner Seite. Er behandelte mich aufs Liebenswürdigste, wie er denn überhaupt der freundlichste Fürst seines Geschlechtes war.

1514 verhandelten zu Speier päpstliche Kommissare den Streit Reuchlins und der Predigermönche.[2] — Am 8. Februar starb der Erzbischof Uriel[3] von Mainz; an seine Stelle wurde am 9. März Markgraf Albrecht von Brandenburg gewählt oder vielmehr berufen.[4] — Im Juni erhoben sich in Württemberg die Unruhen des sog. Armen Kunz.[5]

XIV. Die zwei ersten Visitationsreisen mit dem Provinzial Satzger (in Süddeutschland).
1514—1516.

Im August fand ein Kapitel der Minoriten im Heidelberger Kloster statt. Man wählte Pater Kaspar Satzger, einen Landshuter von Geburt, der schon Guardian in München gewesen war, zum Provinzial. Dieser fromme Mann, der auch ein gelehrter Theologe, ausgezeichneter Prediger und liebenswürdiger Charakter war, bat mich (dort in Heidelberg), meine Guardianswürde in Pforzheim, für die mich die Brüder wiedergewählt hatten, niederzulegen und mich zu entschließen, als sein Reisegefährte und Sekretär in den Dienst des Provinzialrats zu treten, mit einem dritten Bruder als Diener für uns beide. Ich war froh, auf diese Weise von dem schweren Amt eines Guardians loszukommen, und erklärte mich deshalb ohne Zögern bereit, der gehorsame Diener eines so liebreichen Herrn zu werden. Nach Aufhebung des Kapitels wolle ich ihm sogleich nach Ulm[6] folgen.

Vorerst aber ging ich von Heidelberg noch nach Speier, um dem Oheim Lebewohl zu sagen, kehrte dann nach Pforzheim zurück, ordnete die Angelegenheiten des Klosters und gürtete mich zur Reise über Tübingen nach Ulm, wo ich den Provinzial traf.

Dort hatte ich viel freie Zeit und benutzte sie, um dank der gefälligen Vermittelung des trefflichen Ulmer Cantors, Herrn Joh. Behaim,[7] einige

---

[1] Siehe S. 46, Anm. 3.

[2] Siehe S. 21, Anm. 1.

[3] Uriel von Gemmingen. Er hat 21000 Gulden Palliengeld an den Papst zahlen müssen (Jansen, II, S. 157).

[4] Ein „unwürdiges Geschäft" (s. Jansen, II, S. 65 ff. und Wedel, S. 43). Albrecht mußte 20000 Gulden Palliengeld zahlen; er entlehnte es bei den Fuggers. Als Leo X. den bekannten Ablaß ausschrieb, übernahm Albrecht dann die Generalpacht. Vgl. Wimpheling «Gravamina», Amoenit., S. 521 ff.

[5] Die Bauernunruhe (vgl. Jansen, II, S. 405 ff.; Hagen, IV, S. 106 ff.; Berler, S. 122 ff.).

[6] Ueber das Minoritenkloster in Ulm vgl. Fratris Fabri tract. de civ. Ulmensi (186. Publ. des Lit. Ver. in Stuttg.) S. 23 ff.

[7] Siehe S. 21.

hebräische Schriften abzuschreiben, nämlich ein Vocabularium (einen Auszug aus Dav. Kimchis [1] liber radicum) und das Bruchstück einer Grammatik, sowie ein lateinisches Lehrgedicht des Rabbi Joseph aus der Provence, der nach Aesops Art schon vor Reuchlin mit großer Versgewandtheit lateinisch schrieb. Das Buch war in Pforzheim gedruckt und hieß „die goldne Schale" (scutella aurea). [2] Dazu kamen noch einige hebräische Schriften.

Ueber Weißenhorn, Klosterbeuren und das berühmte Kloster Otto-beuren, wo wir in dem Abt Leonhard und dem Kellermeister Nik. Ellen-bog, [3] einem gelehrten Hebräer, zwei treffliche fromme Männer kennen lernten, gelangten wir am Michaelsfeste nach Kempten.

Nach dem Feste des h. Franziskus traten wir die lange beschwerliche Reise an zur Visitation des Klarissenklosters in Brixen. Hinter Füßen überschritten wir den Gebirgspaß an der Lechquelle und wurden vom Abte des Klosters St. Mangold freundlichst beherbergt. Dann reisten wir bequemer auf der Landstraße gen Insbruck, wo uns ein Edelmann und Kämmerer Kaiser Maximilians gastlich aufnahm. Von dort ging es weiter über Matrey und Steinach nach Lug, sodann den Brenner hinauf bis Sterzingen und dem Laufe der Eisack folgend nach Brixen. Dort lernte ich den Augustiner Doktor Sebastian Stamler kennen (er war damals Domherr in Brixen) und erhielt von ihm die „Thore des Lichtes" von Rabbi Jose von Kastilien [4] in der Uebersetzung von P. Ritius. [5] Ich habe mir die ziemlich umfangreiche Abhandlung, die Ritius später auch drucken ließ, abgeschrieben. Auch das Buch des Spaniers Paulus de Heredia [6] „über die kabbalistischen Geheimnisse" kam mir zu Brixen in die Hände. Es war erst vor Kurzem in Italien ge-druckt worden; ich hatte es nie gesehen, und es ist mir auch seitdem nicht mehr zu Gesicht gekommen. Ein Brixener Doktor des kanonischen Rechtes, Namens Ambrosius oder Hieronymus Hippenhofer, hatte es mir zum Lesen verschafft.

Nach Beendigung unserer Geschäfte kehrten wir auf dem nämlichen Wege nach Matrey zurück und gelangten durch das Unterinnthal nach Schwaz, wo wir bei den Minoriten abstiegen, in einem neuen schönen Kloster, das schon nicht mehr zu unserer Provinz gehörte, sondern zur österreichischen. Von dort

---

[1] Siehe S. 23. — Das lib. rad. ist neu herausgegeben von Biesenthal u. Lebrecht, Berlin 1847. Vgl. auch „D. Kimchi als Grammatiker" von Tauber, Leipzig 1886.

[2] Vgl. Geiger, S. 37.

[3] Der Abt dieses Benediktinerklosters hatte ihn von Reuchlin als Lehrer des Hebräischen erbeten (Janßen, I, S. 81). Geiger hat über den „Humanisten und Theologen" Nic. Ellenbog eine Monographie geschrieben (Wien 1870). — Der Name („aus Memmingen") steht 1497 in der Heidelberger Matrikel (Töpke, S. 425). Eine Schwester von ihm, Barbara, war 1515—26 Aebtissin in Heggbach (Quellen, S. 279). Vgl. auch Geiger, S. 17, 32 u. 110, Anm. 3.

[4] Ein berühmter „Kabbalist". — Kabbala (Ueberlieferung): rabbinische Geheimlehre, im 13. Jahrhundert in dem Buche Sohar zusammengefaßt (Herzog, VII, S. 203 ff.; Geiger, S. 11 ff.).

[5] Paul Ricci, Leibarzt des Kaisers Max. Er war geborner Jude und Kabbalist. (Verf. von caelestis agricultura.) In der Klosterbibliothek Butzers (aus seiner Dominikanerzeit in Schlettstadt) befand sich: «Paulus Ritius ad symbolum apostolorum.» (Röhrich, I, S. 441.) «Paulus Ritius, Israelita.» (Indices, S. 200, 228 u. a.; vgl. auch Geiger, S. 91.)

[6] Vgl. Grätze, Lit.-Gesch. a. a. O. III, S. 418.

famen wir auf dem nächſten Weg durch die Alpen am Aḑenſee vorbei über Stuben (man nennt den Ort Stuben ohne Ofen,[1] weil er ſo einſam und unwohnlich iſt) nach dem berühmten alten Benediktinerkloſter Tegernſee, wo wir mit den hochachtbaren Männern das Feſt Allerheiligen feierten und aufs Freundlichſte bewirtet wurden.

Von Tegernſee reiſten wir nach München, einer prächtigen, reichen Stadt, die in allem, was zum Leben gehört, in Speiſen und Getränk keiner in Deutſchland nachſteht. Dort verbrachten wir nahezu vier Wochen und wurden von Frau Kunigunde,[2] der erlauchten Schweſter Maximilians, einer frommen Witwe, deren drei fürſtliche Söhne heute noch in Bayern leben, aufs Beſte verpflegt. Dann zogen wir nach Freiſing und kehrten dort am Tage vor St. Andreas im berühmten Benediktinerkloſter Weihen-ſtephan ein, wo wir einige merkwürdige Altertümer ſahen. Hierauf ge-langten wir nach der ſchönen Stadt Landshut, der Reſidenz Herzog Ludwigs[3] von Bayern. Hier erledigten wir nur unſere Geſchäfte und wan-derten bald nach Kelheim weiter, einer Stadt am Einfluß der Altmühl in die Donau. Ich für meine Perſon ging noch nach Regensburg, weil ich gehört hatte, die dortigen Predigermönche beſäßen eine hebräiſche Bibliothek. In der That fand ich nicht nur eine vollſtändige hebräiſche Bibel, ſondern auch den ganzen Talmud ſamt einem talmudiſchen Wörterbuch, alles Hand-ſchriften. Ich bat, mir das Wörterbuch gegen ausreichende Bürgſchaft, die mir der Kelheimer Guardian zuſagte, zum Abſchreiben zu überlaſſen; aber die Mönche verweigerten mir dieſe Gefälligkeit, ſtolz und unwiſſend nach ihrer Art, wie Hunde vor der Stallthür! Keiner von ihnen kannte auch nur einen hebräiſchen Buchſtaben! Zu Schiff kehrte ich nach Kelheim zurück, und als dort unſere Geſchäfte erledigt waren, machten wir uns wieder auf den Weg und kamen über Schloß Vohburg nach Ingolſtadt. Wie gewöhnlich, blieben wir hier einige Tage. Herr Doktor Joh. Eck,[4] ſeit vielen Jahren mit mir befreundet, überließ mir bereitwilligſt ein Wörterbuch der hebräiſchen Umgangsſprache zum Abſchreiben. Dann kamen wir über Beilngries und Berchingen nach Freyſtadt zum Kloſter Mengenberg. Hier wickelten wir unſer Geſchäft kurz ab und gelangten über Neumarkt in die berühmte Stadt Amberg. Nach Beendigung der Viſitation ging es über Sulzbach, Hers-bruck und Lauf nach Nürnberg. Dort ſahen wir viel Merkwürdiges, be-ſonders die auf Kaiſer Maximilians Befehl nach des Joh. Stabius[5] Angaben

---

[1] «Per Stubam sine fornace, quod est locus horribilis deserti sic dictus.»

[2] Witwe Herzog Albrechts IV. von Baiern († 1508), Mutter Herzog Wilhelms IV. (vgl. S. 43, Anm. 2 und S. 10).

[3] Sohn Herzog Albrechts IV., Bruder Herzog Wilhelms IV.

[4] „Eck hatte mit Pellikan in Tübingen ſtudiert. Vgl. die gründliche Bio-graphie Ecks von Wiedemann, Regensburg 1865." (Riggenbach.) — Eck (Joh. Maier von Eck in Schwaben), geb. 1486, † 1543. Luther, deſſen Hauptfeind er war, ſagte von ihm, er paſſe zur Theologie, wie ein Eſel zur Leier (vgl. Herzog, III, S. 626 ff.; Schreiber, 1, S. 155 ff.).

[5] Mathematiker und Hiſtoriograph des Kaiſers Maximilian (Janſen, I, S. 83 u. a.; Peſchel, S. 410 Schmidt I, S. 252). Er zeichnete auch 1502 die Sonnenuhr an der St. Lorenzkirche in Nürnberg.

gemalten prächtigen Bilder,[1] die die ganze Geschichte seines Lebens und Sterbens darstellen: Kriege, Triumphe, Gefahren, Jagden, Vogelbeizen, Hochzeit, und außerdem noch eine ganze Reihe ähnlicher Kunstwerke in der, Stadt. — Von Nürnberg reisten wir in aller Gemütlichkeit nach Bamberg wo ich einen Mann Namens Kaiser traf, der Hebräisch trieb und eine vorzügliche, ziemlich umfangreiche Grammatik besaß, aus der ich mir Einiges auszog. Hierauf rief uns unser Dienst nach Neustadt a. d. Aisch. Dort lebte damals der Jude Elias Levita;[2] ich wußte nichts von ihm, weil er zu jener Zeit noch nicht Grammatiker war. Nach dem Tode der Markgräfin von Brandenburg, die in ihrem Alter in Neustadt residierte, wurde er von ihrem Sohne und Nachfolger Kasimir (oder Georg)[3] samt andern Juden vertrieben und lernte in Italien, wohin er sich gewendet hatte, die hebräische Grammatik kennen. Auch dort vertrieb man ihn; doch fand er noch in Rom eine Zuflucht und unterrichtete Christen in der Grammatik, bis er endlich zu seinem und der Stadt nicht geringen Schaden auch hier verjagt wurde.

Vom Kloster Rietfeld[4] kamen wir über Windsheim, Rottingen und Mergentheim, Krautheim und Schönthal nach Heilbronn und, als wir hier mit der Visitation fertig waren, durch den Krachgau an Ostern nach Heidelberg. Nach den Feiertagen fuhren wir zu Schiff gen Oppenheim und von da nach Mainz. Weil es mir die Zeit erlaubte, ging ich nach Frankfurt hinüber, um von den dortigen Juden etwas zu erfragen, fand sie aber, obgleich ich auch zwei Rabbiner Namens Nathan und Meyer zu Rate zog, so ungelehrt, daß ich ohne Nutzen zurückgekehrt bin.

Von Mainz gelangten wir über Ingelheim nach Kreuznach. Dort erhielt ich die Erlaubnis, den Abt von Spanheim zu besuchen, der zwar auch ein gelehrter Mann war, aber doch seinen damals schon als Abt zu den Schotten nach Würzburg versetzten Vorgänger Joh. Trithemius[5] nicht erreichte. Die Bibliothek in Spanheim ist ein ärmliches, unansehnliches Gebäude, aber mit alten Büchern, den besten und seltensten aus allen Litteraturzweigen, aufs Vornehmste ausgestattet. Ich sah dort die notas[6] des Seneka, die sonst nirgends zu finden sind, sowie ein herrliches Werk über die Musik der Alten und viele andere Kostbarkeiten. Es war mir leider

---

[1] Gemeint sind wohl die Entwürfe Albr. Dürers zu der „Ehrenpforte" Kaiser Maximilians (vgl. Nürnbergs Kunstleben von R. von Rettberg, Stuttgart 1854, S. 114), vielleicht auch seine Bilder zu Ehren des Kaisers im Rathaussaal. Hierzu wäre zu vergleichen: Doppelmayer, historische Nachricht von den Nürnberger Mathematicis und Künstlern 1730, S. 185 und 198, sowie Pirckheimer, opera politica et historica, Frankfurt a. M. 1610, S. 173 ff. (Gütige Mitteilung des Herrn Professors Dr. Sig. Günther.) — Vgl. auch Amoen., S. 533, wo der Wortlaut eines kaiserl. Privilegiums für Stabius mitgeteilt ist.

[2] 1472—1549. Seine Schriften, 1538 in Venedig gedruckt, sind in der rabbinischen Litteratur berühmt geworden (vgl. Indices, S. 71; Geiger, S. 30, Anm. 1 und S. 55 ff.).

[3] Georg der Fromme, Markgraf von Ansbach, † 1543.

[4] Im Bauernkrieg zerstört (Bruch, S. 366).

[5] Siehe S. 45, Anm. 5.

[6] Teuffel, Nr. 191, 5 und Nr. 289, 8.

nicht vergönnt, mich länger hier einzunisten. — Von Kreuznach reisten wir über Kirchheim, Hane,[1] Leiningen und Bergzabern nach Weißenburg. Dort feierten wir den Frohnleichnamstag auf Einladung des Abtes, eines noch jungen Mannes, der später die Benediktinerabtei in ein weltliches Stift verwandelte und dessen Probst wurde.[2] Im Verhältnis zur Kleinheit der Stadt beteiligte sich eine erstaunliche Anzahl Mönche und Priester an der Prozession, aber, den Abt und seine Ministranten ausgenommen, gegen alles Herkommen ohne Ornat; ich hatte so etwas noch nie gesehen.

Von hier wanderten wir über das Kloster St. Walburgis[3] nach Zabern, hierauf durch das elsässische Gebirg nach Barr zum Kloster St. Ulrich,[4] von wo aus wir noch Kaysersberg berührten, das Klarissenkloster Alspach[5] visitierten (vor alters gehörte es den Benediktinern), und zuletzt in meiner Vaterstadt Rufach anlangten. Als hier unsre Geschäfte beendigt waren, gingen wir nach Basel. Dort wurde gerade das neue Testament[6] des Erasmus gedruckt, ein neues, sehr brauchbares Werk. Von Basel fuhren wir zu Schiff bis Straßburg, wo wir die Gastfreundschaft des Ritters Joh. Bock[7] genossen. Auch besuchten wir den Minoritenprovinzial Doktor Georg,[8] der uns über Erwarten ehrenvoll aufnahm und mit einigen andern Doktoren zu Tische lud. — Von Straßburg kamen wir, immer unserm Geschäfte nachgehend, über Kloster Fremersberg[9] bei Baden-Baden nach Pforzheim, und als wir dort fertig waren, nach Leonberg und Tübingen. Wie hier die Visitation beendigt war, und wir eben bei den Klarissen in Pfullingen visitierten, traf ein päpstlicher Befehl ein, begleitet

---

[1] Vgl. S. 17, Anm. 1.

[2] Abt Rüdiger, mit dem Beinamen Piscator, † 1545, erlangte «odio monasticae vitae incensus» von Clemens VII. am 24. August 1524 eine Bulle, die die Abtei in ein weltliches Stift verwandelte (Kraus, I, S. 600, und Brusch, S. 24).

[3] Benediktinerkloster im sog. heiligen Forst (s. Kraus, I, S. 586).

[4] Es stand am Eingang des nach ihm genannten Ulrichsthales (heute nur = Barrer Thal), eine gute halbe Stunde von Barr gen Westen. Es wurde 1283 erbaut; 1543 gaben es die Minoriten auf und gingen nach Thann. Zwischen 1613 und 1616 wurden die Gebäude abgebrochen. Im Klostergarten, heute Privatgut, sind noch verschiedene unterirdische Gewölbe anzutreffen; die Ringmauer um den Garten ist noch erhalten (vgl. «Chronica de ortu et progressu almae provinciae Argentinensis, unter Barra Fratres» im Archiv zu Konstanz). Gütige Mitteilung des Herrn Ed. Hering in Barr.

[5] Siehe S. 13, Anm. 7.

[6] Die erste gedruckte Ausgabe des griechischen Neuen Testamentes.

[7] Vgl. Röhrich, I, S. 173.

[8] Georg Hoffmann. Auf dem von ihm 1523 in Colmar abgehaltenen Kapitel kam die Reformationsbewegung bei den Konventualen zum Durchbruch (Eubel, I, S. 167). — Der Provinzial der Observanten hat, wie es scheint, nur mit Zagen den Besuch bei dem Provinzial der Konventualen gemacht; so nur erklärt sich das „über Erwarten ehrenvoll".

[9] Fremersberg heißt noch heute ein Teil des Gebirgsarmes, der die Wasserscheide zwischen Oos und Steinbach bildet. Das ehemalige Franziskanerkloster Fremersberg entstand aus einer Klause, die ein Bruder Heinrich aus dem Elsaß 1411 gebaut hatte. 1689 wurde es von den Franzosen zerstört; 1826 aufgehoben. (Kolb, Lexikon von Baden.)

von einem gleichen des Kaisers Max, das Minoritenkloster in Freibur
i. B. innerhalb 30 Tagen zu reformieren. Wir nahmen daher einige
Brüder aus Schwaben mit und beriefen andere aus dem Elsaß. Während
an diese der Ruf erging, mußten wir den Schwarzwald übersteigen und
kamen über Horb und Dornstetten und durch das Kinzigthal über Alpirsbach, Wolfach, Haslach und Gengenbach auch zu dem Kloster Schuttern.[1] Mit dem Abte desselben als päpstlichem und kaiserlichem Kommissar reisten wir nach Freiburg und betraten das Kloster am Tage der
Verklärung Christi (am 6. Aug.) während der Messe, ohne daß die Mönche
es wußten. Man rief sie in den Kapitelsaal, wo sie von dem Kommissar,
sowie der Stadtobrigkeit ermahnt wurden, sich zu reformieren,[2] ein ehr-
bareres Leben zu führen, die Ordensregel zu befolgen und mit unsern neuen
Brüdern zusammenzubleiben. Weigerten sie das, so hätten sie auf Befehl
des Papstes und des Kaisers auszuziehen. Und in der That, sie weigerten
sich und wollten lieber vom Platz weichen! Alle thaten das bis auf Einen,[3]
und so wurde das Kloster der Leitung der Reformatoren unseres Provinzials anvertraut. Als das Nötige geordnet und die nicht bleiben wollten
entlassen worden waren, nahmen wir unsre amtliche Visitationsreise wieder
auf, kehrten durch den Schwarzwald nach Tübingen und Pfullingen zurück
und kamen über die Rauhe Alp nach Ulm. Damit war unsere erste Visitationsrunde beendet, und hier wiederum sollten wir die zweite antreten.

Nachdem wir Anfang September die Brüder in Ulm und die Klarissen
in Sefflingen zum zweitenmal visitiert hatten, kamen wir also von Neuem
durch Kloster- und Ottobeuren nach Kempten und nach dem Feste der
Kreuzerhöhung[4] wieder bei Füssen zu den Alpen und über und durch sie
nach Innsbruck. Dort ging gerade das freudige Gerücht, der Kaiser habe
die Schweizer besiegt und ihrer 18000 getötet.[5] Nun erstiegen wir wiederum
den Brenner und gelangten über Lug und Sterzing nach Brixen. Als
wir dort fertig waren, kehrten wir auf dem schon bekannten Wege zurück
und kamen über Hall, Schwarz und, dem Laufe des schiffbaren Inns folgend,
über Rattenberg, Kufstein und Rosenheim nach Wasserburg.

Nun wandten wir uns gen München und berührten unterwegs das
Kloster Ebersberg, wo ich Bruder Nikolaus[6] antraf, den eifrigen Hebräer.
Er gab mir im Verlauf unseres Gespräches Einiges zum Abschreiben, da-
runter auch die Inhaltsangaben zu zwei Büchern des Rabbi Rambam[7]

---

[1] Schuttern, s. S. 26, Anm. 2.

[2] Siehe S. 6, Anm. 7.

[3] Nach Eubel, II, Anm. 373, sind von den 27 Konventualen des Frei-
burger Klosters 24 geblieben. Sie scheinen sich also nach der Abreise der
Kommission noch eines Besseren besonnen zu haben. — Vgl. auch Schreiber,
Geschichte der Stadt und Universität Freiburg III, S. 194 ff.

[4] 14. September.

[5] Schlacht bei Marignano am 13. und 14. September 1515 (vgl. Platter,
S. 21). Die Schweizer standen übrigens damals auf Seiten des Kaisers
(gegen König Franz von Frankreich) und verloren 7000 Mann. Zwingli
trug als Feldprediger das Landesbanner von Glarus (vgl. Ebrard, III, S. 10
Bullinger, I, S. 8).

[6] Siehe S. 48, Anm. 3.

[7] Vgl. Geiger, S. 126.

(die sog. dunklen Kapitel 75 und 38) samt einem Wörterbuch, das die schweren Wörter dieser Schrift erklärte. Ich schrieb alles in München ab und schickte dann dem frommen Manne mit herzlichem Dank seine Handschrift zurück. Nachdem wir ordnungsmäßig die zwei Münchener Klöster visitiert hatten, reisten wir wieder über Freising nach Landshut hinunter und dann nach Kelheim. Jetzt ging ich zum zweitenmale nach Regensburg, diesmal mit einem Empfehlungsbriefe des Speierer Bischofs Georg von der Pfalz[1] an seinen Bruder Johannes, Bischof von Regensburg. Mein Oheim Job. Gallus hatte mir diesen Brief verschafft, und es stand darin, die Regensburger Dominikaner möchten mir doch ihr Exemplar des Talmudischen Wörterbuchs zum Abschreiben gegen sichere Rückgabe nicht verweigern. Trotzdem stieß ich bei ihnen auf große Schwierigkeiten; zuletzt gaben sie es aber heraus, ohne daß ich das Eingreifen ihres Bischofes anrief, denn sie wollten die Sache doch nicht gerne bis an den Bischof kommen und von ihm sich bitten und drängen lassen. Heimlich händigte mir der Bibliothekar den Codex aus; ich nahm ihn an mich, schrieb ab, so oft sich Gelegenheit fand, und schickte ihn im folgenden Jahre zurück.

Von Kelheim ging es wieder nach Ingolstadt weiter und dann über Kloster Mengenberg und Neumarkt nach Amberg und endlich nach Nürnberg. Dort war gerade ein aus Venedig angekommener Pentateuch zu kaufen, ein prächtiger hebräischer Druck (ganz neu, von 1515) mit der chaldäischen Uebersetzung des Onkelos[2] und dem Kommentar Rabbi Salomons.[3] Charitas,[4] die Aebtissin von St. Klara, Pirkheimers Schwester, erstand mir den Codex. Wie ein Krösus kam ich mir vor mit diesem Buch, da ich bisher nur eine gewöhnliche hebräische Bibel besessen hatte. Ich band mir meinen Schatz auf den Rücken, und so besuchten wir, ich köstlich beladen, aufs Neue Bamberg (zu Anfang des Jahres 1516), kamen hernach über Rietfeld, Heilbronn, Bönigheim und Pforzheim nach Heidelberg und berührten dann noch flüchtig Oppenheim und Mainz, um gegen Mitfasten in Kreuznach anzulangen. Von hier reisten wir landaufwärts über Neustadt bei Speier. Dort lernte ich Katharina,[5] die Tochter des Doktors Jodokus, eine vortreffliche tugendsame Person, als Nonne vom dritten Orden[6] des h. Franziskus kennen.

Darauf kamen wir nach Weißenburg, wo wir Ostern feierten, und

---

[1] Siehe S 46, Anm. 3.

[2] Siehe S. 18, Anm. 1.

[3] Siehe S. 17, Anm. 4.

[4] Ueber sie und ihren Bruder Willibald Pirkheimer (vgl. Herzog, XI, S. 673 ff.). — Das Leben der Charitas Pirkheimer ist beschrieben von Binder (Freiburg 1873), den Jansen benutzt (vgl. I, S. 64 u. a.). Charitas und Willibald, letzterer nach langem Schwanken, sind katholisch geblieben (s. auch S. 57 und Brusch, S. 394). Seine Schriften stehen auf dem Index und zwar unter den autores primae classis (Indices, S. 255 u. a.).

[5] Siehe Abschn. XVIII.

[6] Der h. Franziskus stiftete außer dem Minoritenorden noch einen Frauenorden, die schon öfter genannten Klarissen (durch die h. Klara 1212) und einen Orden für Weltleute beiderlei Geschlechts, ledig oder verheiratet, die „Tertiarier" (1221). Vgl. Eubel, I, S. 11 ff.

über Zabern zum Kloster St. Ulrich.[1] Dorthin war auf den Sonntag Jubilate ein Provinzialkapitel anberaumt. Es fand statt, und ich wurde durch Abstimmung als Vertreter der ganzen Provinz für das Generalkapitel[2] gewählt, das am Pfingstfest in der Stadt Rouen in der Normandie abgehalten werden sollte.

XV. Reise nach Frankreich.
1516.

Nach Beendigung des Provinzialkapitels reisten wir nach Kaysersberg, nahmen uns dort einen französischen Bruder, Philipp von Neuvilly,[3] als Dollmetscher und zogen durch das Kaysersberger Thal und über das Gebirg nach Frankreich. Zuerst kamen wir da nach St. Didel, dann nach Bergart, auch Raon (l'Etape) genannt, wo ein Minoritenkloster war, dann über Lüneville und St. Nikolaus zum Minoritenkloster in Nanzig und endlich an die Stadt Tull, wo man uns nicht einließ, weil die Pest herrschte. Wir zogen deshalb weiter und gelangten nach Bar-le-Duc und Ligny; bei St. Mihiel haben wir die Meuse überschritten. In der Champagne kamen wir nun nach Chalons an der Marne, dann durch Château-Thierry (dort ist ein Kloster) und einige andere Städte nach Meaux und trafen am folgenden Tag in Paris[4] ein. Wir waren in Paris bei den reformierten Klarissen im Kloster Ave Maria zu Gast. Am Sonntage ruhten wir aus und besahen uns die Stadt und das Minoritenkloster, worin 350 studierende Brüder lebten. Unser Trost in der Fremde waren die deutschen Brüder, darunter namentlich ein junger Mann aus Schaffhausen, der nachmalige Doktor Sebastian Hoffmeister,[5] der in Zürich als einer der ersten das Evangelium verkündigte und als Abgesandter Schaffhausens an der Zürcher Disputation[6] teilnahm, schließlich Pfarrer in der Bernischen Stadt Zofingen wurde und dort mit Hinterlassung mehrerer Söhne (einer hieß Zacharias) gestorben ist. Er lud uns freundlich zu einem Morgenimbiß, und die göttliche Vorsehung fügte es, daß ich in dieser Frühstücksstunde erfuhr, drüben im Chor des Klosters sei Jakob Faber Stapulensis,[7] der berühmte Mann, dessen Werke, die Frucht auch nächtlicher

---

[1] Siehe S. 51, Anm. 4.

[2] Als «discretus discretorum» (vgl. Eubel, II, Anm. 727 und 729 und Caeremoniale ad usum fratr. min. I, S. 194 ff. Straßburg 1755).

[3] Bei Verdun, oder ist mit Novevillensis Neuwiller bei St. Didel gemeint?

[4] Vgl. Ernstingers Reisbuch (135. Publ. des Lit. Ver. in Stuttgart) S. 209 ff.

[5] Siehe Abschn. XXII u. XXIII.

[6] Am 29. Januar 1523 vom Rat ausgeschrieben; zwischen Zwingli und dem päpstlichen Generalvikar Faber; über 600 Personen waren zugegen (s. Herzog, XVIII, S. 717, und Bullinger, I, S. 84 ff.). Die Folge der Disputation war der Sieg der Reformation im Kanton Zürich.

[7] Siehe S. 37, Anm. 1 und die Abhandlung von Graf in Heft 1 u. 2 der „Zeitschrift für historische Theologie" von 1852, wo auch ein Verzeichnis der zahlreichen Werke Fabers zu finden ist.

Arbeit, ich seit langer Zeit fast sämtlich besaß und gelesen hatte. Ihn zu begrüßen, ging ich in die Kirche und sprach mit ihm unter vier Augen eine Stunde lang. Er war überaus freundlich und fragte mich nach Beatus Rhenanus[1] und den zwei Amerbachen, Bruno und Basilius,[2] die früher seine gelehrtesten und brävsten Schüler gewesen waren. — Auf dem Rückwege nach unsrer Herberge bei den Klarissen (durch das Quartier St. Jakob und die Notre-Dame-Kirche) fanden wir vor einem Hause mit dem Baseler Wappen offene Ballen, die eben aus Basel gekommen waren und lauter neue Testamente mit den Anmerkungen des Erasmus[3] enthielten, vollständig frisch von der Presse weg. Bei dieser Gelegenheit habe ich das Werk zum erstenmal gesehen.

Am Tage darauf setzten wir die Reise bis Pontoise fort und kamen dann nach Gaillon zu dem herrlichen Schlosse des Erzbischofs von Rouen mit einem prächtigen Tiergarten von drei Meilen im Umfang, den wir staunend besichtigten. — Das Ziel des folgenden Tages war ein Cistercienser-kloster, dessen greiser, gelehrter Abt, ein Pariser Doktor der Theologie, uns außerordentlich liebreich bewirtete und über Nacht beherbergte. Am andern Morgen trafen wir in Rouen ein. Das Kapitel währte 12 Tage; die Zahl der Teilnehmer betrug 700; auch Brüder von den neu entdeckten Inseln[4] waren zugegen. Es sollten sich noch Andere zur Reise nach dieser neuen Provinz des heiligen Kreuzes entschließen, und in der That erklärten sich 14 Brüder freiwillig zur Ueberfahrt bereit. Sie sind dann auf dem Schiffe, mit dem die spanischen Brüder zum Kapitel gekommen waren, mit diesen nach Lissabon gefahren, um von dort bei Gelegenheit die Reise nach den Inseln anzutreten. Der König von Portugal[5] hatte uns kostbare Spezereien als Geschenk zukommen lassen und schrieb dazu, es seien das die Erstlingsgaben des neuentdeckten Landes; man solle diese Gewürze an die einzelnen Klöster aller Provinzen verteilen. Das ist denn auch für die Provinzen diesseits der Alpen, die allein in Rouen vertreten waren, pünktlich geschehen, also für die (wie die Römer sagen) ultramontanen Provinzen in den Königreichen Spanien, Frankreich, Deutschland, England, Schottland und Dänemark.

Am zweiten Sonntage nach der Pfingstoktave wurde das Kapitel aufgehoben, und deshalb waren wir schon am Frohnleichnamstag in Pontoise. Von dort wanderten wir, Paris rechts liegen lassend, nach St. Denis, kehrten auf kürzerem Wege nach Meaux zurück und gelangten auf derselben Straße

---

[1] Bilde von Rheinau, geb. 1485 in Schlettstadt, † daselbst 1547. Der berühmte Humanist hat besonders die Geschichtswissenschaft gefördert. (Seine Lebensbeschreibung von Horawitz in den Sitzungsberichten der k. k. Akademie der Wissenschaften, Wien 1870 bis 1872.) Vgl. Wedel, S. 151.

[2] Söhne des Buchdruckers Amerbach (s. S. 28, Anm. 4). Vgl. über sie und ihren Bruder, den berühmten Juristen Bonifacius A., S. 143 ff. bei Thommen.

[3] Siehe S. 51, Anm. 6. Der erste Versuch einer Textkritik des Neuen Testamentes. Erasmus hat 5 Auflagen dieses Werkes erlebt. Nach der zweiten übersetzte Luther (1519).

[4] Vgl. Wedel, S. 64.

[5] Emanuel der Große, 1495—1521, unter dem Vasco de Gama und Cabral ihre Reise nach Indien machten.

wie bei der Hinreise wieder nach Nanzig. Dort besahen wir den vornehmen Palast des Herzogs von Lothringen, der aber den Vergleich mit dem vorhin erwähnten Schlosse Gaillon nicht aushält. Zwischen Pontoise und Rouen an der Seine hatten wir diesen Prachtbau des apostolischen Legaten und Kardinals von Rouen gesehen und den Riesengarten dabei mit einer Mauer, die drei Meilen und darüber im Umfange hat. Das Gebäude ist ganz aus Steinen aufgeführt und mit Gold und Edelsteinen, Bildern und Gemälden geschmückt. Es soll 24 Tonnen Gold gekostet haben und war damals noch nicht einmal ganz fertig.

Von Nanzig wendeten wir uns durch Lothringen über Château-Salins und Wibersdorf nach Zabern. In Wibersdorf[1] sahen wir das Bild des h. Anastasius, ein schauerliches Gesicht selbst für die Teufel, die dort durch Beschwörungen ausgetrieben werden!

In Zabern begann für uns wieder die Visitationsrunde, und so reisten wir aufs Neue über Kaysersberg und Alspach nach Rufach. von wo aus wir diesmal auf einem neuen Weg, nämlich über Breisach, zur Visitation des Klosters nach Freiburg gingen.

XVI. Aufenthalt in Basel bei Froben und dritte Visitationsreise mit Satzger.
1516—1517.

Von Freiburg zogen wir nach Basel. Dort waren damals die sämtlichen Werke des h. Hieronymus[2] bis auf den letzten der acht Bände in Druck erschienen. Joh. Frobenius[3] hatte auch schon griechischen und hebräischen Satz angeschafft, um, von mir angefeuert und unter meiner Leitung, als Anhang noch einen dreisprachigen Psalter zu drucken, griechisch (nach der Septuaginta), dann lateinisch, und das Hebräische möglichst Wort für Wort mit der Uebersetzung des Hieronymus an Sophronius.[4] Ein so schwieriges, in Deutschland noch nicht versuchtes Werk wollte Frobenius nicht aus der Hand geben und bat deshalb meinen guten gelehrten Provinzial Kaspar Satzger, für diesen Rest der Arbeit mich auf drei bis vier Monate in Basel zu lassen als Korrektor des hebräischen Druckes, um ihn recht fehlerfrei herstellen zu können. Den griechischen Druck überwachte nämlich bereits Basilius Amerbach.[5] Der Provinzial willfahrte dem berühmten und

---

[1] Französisch: Vorgaville bei Dieuze, Benediktinerinnen-Abtei. Der h. Anastasius galt als Patron der Besessenen. Hier ist aber der h. Eustasius gemeint; seit Anfang des 13. Jahrhunderts bestand in Wibersdorf ein Spital des h. Eustasius für Besessene; vgl. Kraus, II, S. 700 und III, S. 1007 ff.

[2] Siehe S. 37, Anm. 3.

[3] Siehe S. 29, Anm. 1.

[4] Siehe S. 20, Anm. 2.

[5] „Am Schluß des 7. Bandes der schönen Hieronymusausgabe heißt es: appendici huic inest quadruplex psalterium und von der Mitarbeiterschaft Pellikans spricht die vom September 1516 datirte Vorrede Amerbachs;" vgl. Riggenbach, S. 55, Anm. 1.

durch die Verbreitung heiliger und guter Bücher verdienten Manne, ließ
mich zur Uebernahme der wichtigen Aufgabe frei und zog seine Straße
weiter, zufrieden mit nur einem Begleiter. So schafften wir denn an dem
herrlichen Werk im Juni, Juli und August, und die göttliche Vorsehung
fügte es, daß genau um die nämliche Zeit in Italien, zu Genua, von dem
Bischof Augustin Justinianus von Nebbia[1] ein fünfsprachiger Psalter erschien und in Spanien die ganze Bibel in vier Sprachen, dank dem Fleiß
und der Freigebigkeit eines Franziskaners, des frommen Kardinals von
Toledo, Franziskus de Cisneros.[2] Seitdem begann erst eigentlich ein man-
nigfaltigeres Studium der heiligen Sprachen und eine gründliche Behandlung des alten, wie des neuen Testamentes. So bereitete der Herr durch
vortreffliche Bücher, die damals auf dem Gebiete der Theologie, namentlich
in Deutschland, ans Licht traten, den Fortschritt der Kirche vor und die
Reformation der Mißbräuche in Wissenschaft, Glauben und Sitten, die damals schon wunderbar weit gediehen war.

Als ich die Arbeit beendigt hatte, zog ich, wie mir geheißen war, (Anfang September) dem Provinzial durch Unterschwaben, d. h. Württemberg
nach und traf mit ihm in Ulm zusammen. Dort lief von Rom die Weisung ein, an Pfingsten nächsten Jahres sollten nicht bloß die reformierten
Minoriten der ganzen Christenheit, sondern auch die Konventualen (so nennt
man die Nichtobservanten) zu einem allgemeinen Kapitel zusammenkommen, das Papst Leo selbst abhalten werde. Das war freilich schwer
auszuführen, konnte aber doch nicht abgelehnt werden. Man pflog deshalb
Rat mit einigen benachbarten Vätern und berief dann eine Provinzialver-
sammlung nach Pforzheim als den Mittelpunkt der oberdeutschen Provinz, um dort gemeinsam einen nach Rom abzuordnenden Gesamtvertreter
zu wählen. Das geschah am Tage Pauli Bekehrung,[3] und es wurde der
Guardian von Nürnberg gewählt, der früher einmal Provinzial gewesen
war. Zunächst erlitt dadurch aber unsre Reise keine Unterbrechung. Bis zu
dem genannten Tage durchwanderten wir in jenem Winter Schwaben
und die Rheinlande. Auch Baiern und Nürnberg mit Franken
wurde noch vorher zum dritten Male besucht, und hierbei (während unseres
dritten Aufenthaltes in Nürnberg) traf es sich, daß aus Genua Herrn
W. Birkheimer[4] ein neuer fünfsprachiger Psalter (griechisch, hebräisch,
chaldäisch, arabisch und lateinisch) mit Anmerkungen als Geschenk gesandt
wurde. Der edle Mann merkte bald, wie wertvoll dieses Werk für mich
wäre, und überließ es mir; es war ihm eben eine Herzensfreude, mich zum
zweiten Mal reich zu machen. Und, wie früher das Geschenk seiner
Schwester, nahm ich jetzt das seinige dankbar an und hegte es als meinen
kostbarsten Reichtum.

---

[1] Psalterium Octaplum, Genuae 1516, fol. Von demselben Bischof von
Nebbia (auf Korsika) erschien 1516 auch Hiob. (Riggenbach, S. 55, Anm. 2.)

[2] Franz Ximenes de Cisneros († 1517) gab die berühmte sog. com-
plutensische Polyglotte heraus (vgl. Herzog, XII, S. 23 u. Wedel, S. 49).
Als Inquisitor hat er dagegen 2536 Menschen verbrennen lassen. (Ebrard,
II, S. 420; Herzog, XVIII, S. 335.)

[3] 15. Januar 1517.

[4] Siehe S. 53, Anm. 4.

Hierauf visitierten wir zum dritten Male Heidelberg, Oppenheim, Mainz und die noch übrigen Klöster am Rhein. Dann wurde zur festgesetzten Zeit der erwähnte Konvent in Pforzheim gehalten und schließlich durch das Elsaß nach Basel gereist, wo unsre Visitationsrunde in der Mitte der Fasten ihr Ende erreichte.

Am Palmsonntag brachen wir wieder von Basel auf und kamen über Rheinfelden, Säckingen, Laufenburg, Waldshut, Neunkirchen, Schaffhausen, dann über Pfullendorf, Mengen, Riedlingen und Munderkingen nach dem Städtchen Ehingen. Als wir hier, drei Tage lang, die Schwestern vom dritten Orden visitierten, sahen wir die Burg des Ritters Theobald Spät auf Befehl des Herzogs von Württemberg, dessen fürstliche Gemahlin dieser Edelmann entführt hatte, in Flammen aufgehen.[1] Sie war in der Nähe des Klosters Zwiefalten gelegen. — Zuletzt eilten wir ohne Aufenthalt gerades Wegs nach Ulm und von da nach Kempten, um dort Ostern zu feiern und uns auf die Reise nach Rom auszurüsten. Nach der Visitationsreise blieben wir noch während der Karwoche in der Stadt bei den Schwestern zu St. Anna. Da traf plötzlich von Rufach ein Vetter meines Oheims Jodokus ein, namens Walther Gallus, damals Kaplan in Rufach, und brachte mir die Nachricht von dem jüngst erfolgten Heimgange des Oheims in Speier am Tage Benedikti, und gleichzeitig von dem Testamente, das er gemacht, wonach ich für die Aufbewahrung seiner Bücher in der Minoritenbibliothek zu Rufach sorgen sollte, bis die Söhne meiner Schwester erwachsen seien. (Sie hatte aber damals noch keine[2] oder keine mehr; denn einige waren ihr gestorben; man hoffte nur auf die Zukunft.) Ich konnte die Sache jetzt nicht ausführen, verabschiedete mich von Walther und verschob das Geschäft mit den Büchern bis zu meiner Rückkehr.

XVII. Reise nach Rom.

1517.

Am zweiten Ostertage traten wir in Kempten die Reise nach Rom an.. In Füßen nahm uns eine reiche Edelfrau Namens Goßenbrot[3] gastlich auf. Dann ging es in die Alpen hinein und ohne große Eile auf dem gewöhnlichen Wege nach Brixen. Unter Anderm stiegen wir in dem Cistercienser Kloster Stams[4] ab, wo eine Gruft der Herzöge von Oesterreich

---

[1] „Der in den unglücklichen Handel der Herzogin Sabina verwickelte Adlige hieß Dietrich Spät. Heyd läßt es in seiner Monographie über Herzog Ulrich I., S. 409 ff., unentschieden, ob Spät die Herzogin aus Neigung oder auf Anstiften ihrer Verwandten entführte." (Riggenbach, S. 57, Anm.); vgl. S. 43, Anm. 3 und Quellen, S. 271 ff.

[2] Die Schwester hatte 1510 geheiratet (s. S. 41). Konr. Wolfhart (s. S. 6, Anm.) ist erst um 1518 geboren worden.

[3] Name einer Augsburger Patrizierfamilie. Ein Sigismund Goßenbrot war der erste Humanist in Augsburg. (Schmidt, II, S. 30.)

[4] Von Elisabeth, der Mutter des letzten Hohenstaufen Konradin, 1271 gegründet. Das Stift besteht heute noch.

und Throl ift; auch übernachteten wir einmal in dem fehr fchönen Schloffe
Zirl[1] unweit Innsbruck und fahen dort an einem Ofen die Bilder der
ganzen Ahnenreihe Maximilians. Bei Brixen ftieß der Guardian von
Nürnberg, Johannes Machynfen, zu uns mit einem Dolmetfcher Joh.
Genger, der 13 Jahre in Rom verweilt hatte, und deffen wir bedurften, weil
die italienifchen Brüder lateinifch nicht mit uns fprechen konnten. So brachen
wir, unfer fünf, mit zwei Maultieren von Brixen auf und kamen nach
Bozen, dann, die Etfch zur Rechten, nach Neumarkt u. f. w. bis
St. Michele und zuletzt nach Trient. Von hier legten wir noch die kurze
Strecke bis Rovereo zurück, wo wir Briefe empfingen, überfchritten
die Etfch und machten am Nordende des Gardafees Halt. Einen Tag
lang warteten wir hier auf ein Schiff und befichtigten das Klofter in dem
nahen Riva. Am folgenden Morgen ftiegen wir zu Schiff, aber mitten in
der Fahrt trieb uns ein Sturm gegen das rechte Ufer an ein Dorf, worin
ein Klofter war. Zu Fuß gelangten wir von hier aus nach der Stadt
Salo. In ihr ift ein Klofter unferes Ordens, und der Provinzial der Provinz Brixen, Franz Lecher,[2] ein gelehrter Scotift, den wir dort trafen,
führte uns in fein fcotifches Studienhaus auf einer fchönen Infel[3] im See
nahe bei Salo, wo 40 Brüder verweilten, die Scotus[4] ftudierten. Die
«expofitiones» famt den Kommentaren wurden dort damals unter Bechers
perfönlicher Leitung gedruckt. Einige Jahre fpäter ift er General unferes
Gefamtordens geworden und in Ungarn geftorben. Von hier kamen wir in
einem Tag ohne Aufenthalt an ein neues Klofter, Maria der Gnaden, nachdem wir nicht weniger als 46 italienifche Meilen zurückgelegt. Die neue
Klofterkirche hing an allen Mauern vom Steinboden bis zu den Gewölben
fo voll Wachsbilder, daß man merkwürdigerweife nirgends mehr etwas von
der Wand fah! So fehr hatten fich die Brüder in ihrer Muße angeftrengt,
den Zulauf zur heiligen Jungfrau zu vermehren. Das Klofter felbft war
überall mit Malerei verziert und hatte auch einen umfangreichen Garten;
anfcheinend ein wahrhaft paradiefifcher Aufenthalt! — Am folgenden Tage
kamen wir in einer Meile nach dem prächtigen Klofter in Mantua, das
eine alte Kirche, aber auch ein neues Dormitorium, zwei Kreuzgänge und
andre großartige Neubauten aufweift, und dies Alles dank der Gunft der
Herzöge, deren kunftvoll gemalte Bildniffe, fowie die ihrer Söhne und
Töchter in dem geräumigen Refektorium hängen. Hierauf überfchritten wir
den Po und gelangten zum weitberühmten Klofter St. Benedetto, das ich
im Innern nicht gefehen habe, weil ich nicht hinein wollte; aber die andern
Brüder behaupteten, fie hätten nie ein fchöneres Klofter gefehen. Es wurde
dort damals gerade ein Generalkapitel des Benediktinerordens der Lombardei
gehalten. — Unfer weiterer Weg führte uns nach der Stadt Mirandula,

---

[1] Das jetzt in Trümmern liegende Schloß Fragenftein, ein Lieblings-
aufenthalt des Kaifers Max. — Vgl. zu diefem ganzen Abfchnitt „Muffel,
Befchreibung der Stadt Rom" (128. Publ. des Lit. Vereins Stuttgart) aus
dem Jahre 1452, Achhaufens Reife nach Rom (155. Publ.) aus dem Jahre
1612, und „Ernftingers Reisbuch" (135. Publ.), S. 85 ff.

[2] Siehe Abfchn. XVIII am Ende.

[3] Wohl die Isola dei Frati.

[4] Siehe S. 14, Anm. 4.

berühmt durch die zwei gelehrten Grafen Joh. Pilo [1] den Aelteren und seinen Neffen Joh. Franziskus Pilo. Außerhalb der Mauern liegt ein schönes Minoritenkloster. Wir besuchten es und fanden hier (der erste und einzige Fall!) eine vorzüglich ausgestattete Bibliothek mit den besten Büchern, die Frucht der Freigebigkeit der Fürsten, die das Kloster und die Brüder liebten. — Von Mirandula kamen wir durch einige Städte nach Cento zu unserem hübschen Kloster, das vor der Mauer liegt im Schmuck anmutiger Gärten. — Von Cento reisten wir nach Bologna und zogen durch diese große Stadt zum Minoritenkloster, das vor der Mauer auf einem niedrigen Hügel gelegen ist. Dort hielten die Brüder der Provinz Bologna soeben ein Kapitel und zählten das Geld, das sie in den letzten Fasten aus den Ablässen zusammengescharrt hatten, um es dem Papst für den Bau der Peterskirche nach Rom zu bringen. — Die nächste Tagreise war die einzige, auf der wir kein Kloster fanden. Bergauf und -ab in den Apenninen kamen wir am zweiten Tage nach Scarperia. Dort zogen wir als Gäste in ein einsam gelegenes Kloster unseres Ordens und wurden herzlich aufgenommen. Die Landstraße hatten wir wegen des Unterhaltes nicht länger benützen können; denn auf der ganzen Reise waren wir nach unserm Brauche ohne Geld. Trotzdem fehlte uns nie das Notwendige, wenn auch in bescheidenem und für deutsche Bedürfnisse kaum ausreichendem Maße. — Tags darauf kamen wir in die herrliche Stadt Florenz, die wir aber nur durchzogen, weil gegen Süden ein neues schönes Observantenkloster lag auf einem sanften Hügel, von dem man die prächtige Stadt überblicken konnte. — Am übernächsten Tage kamen wir an einigen Minoritenklöstern vorbei nach Siena, wo wir einen Tag rasteten und die Stadt besichtigten, wie vorher in Bologna und Florenz. Vor der Stadt auf einem Berge liegt ein wunderschönes Kloster, unmittelbar weithin von Garten und Wald umgeben. Eine prächtigere Domkirche habe ich auch nirgends gesehen, an den Wänden Malereien und Bilder, auf dem Fußboden Mosaikarbeit, dazu die Bildnisse sämtlicher Päpste mit den Namen darunter. — Hinter Siena bogen wir von der öffentlichen Straße nach einem einsamen Fußpfad in die toskanischen Berge ein, ließen die Wasserfälle und den See von Bolsena zur Linken und gelangten endlich durch Wälder und an Einsiedeleien vorüber nach Pitigliano, wo man, wie jetzt gebräuchlich, außerhalb der Stadt ein neues Kloster baute. Hier blieben wir an Himmelfahrt und durchwanderten Tags darauf die Grafschaft Farnese, die dem jetzigen Papst, Paul III., gehört. In seinem Schlosse wurden wir von deutschen Bediensteten (die er mit Vorliebe annahm) empfangen und in ächtdeutscher Freundlichkeit bewirtet. Dann kamen wir an den Fulsiversee und machten ein Feuer am Ufer. Kaum wurde das von einer Insel aus, auf der ein Mönchkloster war, bemerkt, so kamen die Brüder in einem Schiff und holten uns über. Wir blieben zwei Tage und fingen Fische in Menge. Einige von uns ließen sich auch zum

---

[1] Joh. Picus Mirandula (1463—94), Dichter, Philosoph, „Orientalist", Zahlenmystiker, Mitglied der „platonischen Akademie" des Herzogs Lorenz von Medici in Florenz, eine Leuchte der Weisheit des 15. Jahrhunderts, zuletzt Asketiker. Er hat großen Einfluß auf Zwinglis Theologie ausgeübt (vgl. Bullinger, I, S. 7). — Wimpheling gab seine Werke heraus, Straßburg 1504; vgl. Amoenit., S 232 ff.

Vergnügen an den Ausfluß des Seees fahren und sahen dort an 6000 Aale; die Tiere gerieten massenweise in Fangmaschinen und konnten dann nicht mehr entkommen. Drei oder vier schenkte man uns, und damit kehrten wir zur Insel zurück. — Die weitere Reise nach Viterbo führte durch eine übelriechende Ebene voll Schwefelbäder; wir herbergten in einem Kloster vor der östlichen Mauer. Am andern Morgen schlugen wir uns seitwärts in das Gebirg hinauf, durchwanderten bald links, bald rechts eine Reihe Ortschaften und kamen Nachts an ein Kloster unseres Ordens, das nur eine Tagreise von Rom entfernt liegt. Nicht weniger als 300 Gäste fanden sich in dieser Nacht hier zusammen; aber trotzdem konnte man mit Aufnahme und Verpflegung ganz zufrieden sein. — Tags darauf (es war Mittwoch vor Pfingsten) kehrten wir um Mittag in einer Herberge ein, wo uns deutsche Curtisanen[1] begegneten, die in das Vaterland zurückkehrten. Sie schalten in einer Weise über Papst Leo, daß uns damals Herz und Ohren schauderten! Bald hernach erblickten wir zum ersten Mal die Thürme und Hügel Roms in herrlicher Lage, umweht gleichsam von der erhabenen Schönheit alten römischen Ruhmes. So kamen wir an die Milvische Brücke[2] und überschritten hier die Tiber in der Richtung nach dem Thor Maria del populo, wo wir, links von dem Thor in der schönen Kirche mit dem prächtigen Augustinerkloster,[3] den ersten vollständigen[4] Ablaß erhielten. Dann schritten wir durch unbebaute Stadtteile (ein weiter Weg!) nach dem kapitolinischen Hügel, von dem auch unser Bestimmungsort, das Minoritenkloster Araceli,[5] herabsah. Aus ihm kamen uns deutsche Brüder entgegen mit einer guten Tracht korsischen Weins auf den Armen, uns zu erquicken; wir waren unser etwa 15 Reisegefährten aus den drei deutschen Provinzen, der oberrheinischen oder Straßburger, der niederrheinischen oder Kölnischen und der sächsischen. Unterwegs, namentlich in den letzten Nachtquartieren, hatten wir uns zusammengefunden. Als wir nun die 110 Marmorstufen zum Araceli hinaufstiegen, konnten wir so recht im Mittelpunkte der Stadt nach allen Seiten Umschau halten. Gen Osten lag die Kirche St. Johannes im Lateran,[6] gen Westen die St. Peterskirche auf dem Vatikan mit dem Palaste des Papstes, gen Norden die Kirche Maria Maggiore,[7] gen Süden der palatinische Hügel und das Kloster St. Paul,[8] alles in duftiger Ferne. Dagegen war ganz nahe im Süden das alte Kapitol zu sehen, das jedoch seit der Gotenzeit in barbarischem Styl wiederhergestellt ist und von Außen

---

[1] Höflinge, besonders die in Rom um Pfründen Werbenden; vgl. Zarncke, Narrenschiff, S. 225, 18; Ebrard, II, S. 379 ff.; Wimpheling in Amoenit., S. 499 ff.; Schreiber, II, S. 15; Bullinger, I, S. 32.

[2] Ponte molle.

[3] Hier hat Luther gewohnt (1510).

[4] Indulgentia plenaria = entweder Ablaß sämtlicher verdienter Sündenstrafen oder der Jubelablaß (vgl. S. 32, Anm. 3).

[5] Hier wohnt der Franziskanergeneral.

[6] Die eigentliche Pfarrkirche des Bischofs von Rom.

[7] Maria major; vor ihr die Bildsäule der Jungfrau, hinter ihr der Obelisk.

[8] Benediktinerkloster. Die alte Paulskirche (über dem Grabe des Apostels) ist 1823 abgebrannt und dann neu aufgebaut worden.

keinen schönen Anblick gewährt. Hier blieben wir also, ungefähr 1000 Brüder, aus der ganzen Welt zusammengekommen. Es wurden etliche Prozessionen gehalten, darunter eine nach St. Johannes im Lateran, wo die Reliquien der Leiber St. Petri und St. Pauli [1] gezeigt wurden mit wunderbarem, lächerlichem Pomp. Eine andere Prozession ging nach der St. Peterskirche und zum Palaste des Papstes, der von dem sog. Belvedere aus die Versammelten mit seinem Augenglase betrachtete. Um ihn standen, etwas höher, einige Kardinäle. Schließlich schlug er das Kreuz, segnete mit den Händen seine Söhne und schenkte den gehorsamen Kindern des heiligen Stuhls einen vollkommenen Ablaß. Dagegen sangen die 1000 Brüder, die im Vorhofe standen, den Wechselgesang:

Sacerdos et pontifex
Et virtutam opifex,
Pastor bone in populum,
Ora pro nobis Dominum!

Priester oberster Gewalt,
Aller Tugend Hort und Halt,
Deiner Herde Hirt und Stern,
Bitte du für uns den Herrn!

Hierauf wurden wir auf Befehl des Papstes in die St. Peterskirche geleitet und uns das hochheilige, in der ganzen Welt berühmte Schweißtuch der Veronika [2] gezeigt und zwar mit vielen, langwährenden Zeremonien von einigen mißmutigen Bischöfen, die in diesem Falle kein Geld erwarten durften. [3] Prozessionsweise, zwei und zwei, kehrten wir dann nach Araceli zurück und blieben dort bis zum Frohnleichnamstag, an dem wir alle wiedererschienen mit dem gesamten Klerus und Mönchen vielfacher Orden von verschiedenartiger Farbe und Kleidung. Bei dieser Prozession zogen wir durch das Hospital in Saffia. [4] Der Papst war nicht zu sehen, sondern hielt sich in der Engelsburg eingeschlossen, aus Furcht, weil er einige Kardinäle aus vornehmen Geschlechtern gefangen gesetzt hatte. [5] An der Spitze gingen die Minoriten als die geringsten, dann die Augustiner und die Predigermönche (die übrigen kann ich nicht aufzählen), hernach mehrere Bischöfe,

---

[1] Die Häupter der beiden Apostel; sie werden noch heute an Ostern und am Peter- und Paulstag feierlich dem Volke gezeigt.

[2] Auch Mailand und Jaen (Spanien) wollen das Schweißtuch haben; vgl. über die Legende, Herzog, XVII, S. 86 ff.

[3] Nur fürstliche Personen dürfen oder durften sonst das Heiligtum sehen.

[4] In Saxea: ursprünglich das Hospiz der Angelsachsen, das von Hospitalitern des h. Geistes (s. S. 3, Anm. 5) geleitet wurde; es ist heute noch das größte Spital Roms.

[5] Kardinal Petrucci hatte eine Verschwörung gegen Leo X. angezettelt; ein Chirurg sollte ihn töten durch Gift bei der Tafel oder bei Behandlung einer Fistel, an der Leo litt. Petrucci und der Chirurg Vercelli wurden mit dem Tode bestraft und einige Kardinäle als Mitwisser abgesetzt. Am 26. Juni 1517 machte dann der Papst einen Kardinalsschub, indem er 31 neue, dem Haus Medici ergebene Kardinäle ernannte (vgl. Herzog, VIII, S. 325).

benen die Kardinäle folgten in nicht sehr kostbarer Tracht; hinter ihnen die
Leibwache des Papstes, 200 Schweizer, schöne Männer, gleichmäßig gekleidet
mit scharlachnen Hosen und schwarzsamtnen Wämsern, statt der Fackeln Helle-
barden in den Händen, vorn und hinten und rechts und links einen Kardinal
deckend, der den Leib Christi in einer kleinen, nicht sehr wertvollen Mon-
stranz einhertrug. Nach Empfang des Segens traten Alle den Heimweg an;
wir nach unserem kapitolinischen Hügel, auf dem vor Alters an der Stelle
der heutigen großen Kirche Araceli ein Tempel Jupiters Feretrius[1] gestanden hat. Dort blieben wir bis in die vierte Woche und lebten anfangs
von den Almosen des Papstes, der 200 Dukaten für unsern Unterhalt ge-
spendet hatte. Bald aber kamen die Brüder aus Portugal mit einem
Briefe ihres Königs,[2] worin wir aufgefordert wurden, unseren Angelegenheiten frommen Eifer zu widmen. Gleichzeitig bot er 5000 Dukaten und
mehr, wenn es nötig, zum Unterhalte der Brüder; dafür empfahl er die
Seele der jüngst verstorbenen Königin von Portugal unserm Gebete. Die
ganze Versammlung der Brüder in Rom und hernach der gesamte Orden in
den einzelnen Klöstern sollte für die Ruhe ihrer Seele Todtenmessen feiern.
Aber am Schlusse des Kapitels wurde den Brüdern mitgeteilt, daß von
dieser Gabe für die 1000 Personen während ihres viermonatigen Aufenthalts nur 1500 Dukaten zur Auszahlung gelangt seien. — Auf dem Kapitel
selbst ist übrigens nur erreicht worden, daß die Leitung des Ordens, d. h.
das Amt des Generals und die Regierung von den Konventualen auf die
sogen. Observanten überging, wider den Willen und unter heftigem Sträuben
der Konventualen, die denn auch in aller Welt das Gerücht verbreiteten, die
Observanten hätten dieses Vorrecht vom Papst um 80 000 Dukaten erkauft.[3]
Wie es sich damit verhält, weiß ich nicht; doch ein Doppeltes weiß ich, nämlich erstens, daß der Papst aus Deutschland von den Observanten keinen
Heller bekam, und zweitens, daß in Italien allerdings Observanten vieler-
wärts Ablaßkommissäre gewesen sind, hierbei 13 000 Dukaten zusammen-
gebracht und diese Summe auf dem Kapitel vorgezeigt haben. Das war
reichlich unklug und reimte sich auch schlecht zu ihrer Ordensregel,[4] weshalb
sie eigentlich mit Recht in so üble Nachrede gerieten. Was aber die Minoriten später im Erzbistum Mainz, wie in der Schweiz durch die Ablaß-
predigten erworben haben, das lehrt (vor jetzt 24 Jahren) der Handel mit
Luther und Zwingli.[5]

Kurz vor der Entlassung in die Heimat wollten die beiden Provinziale
von Sachsen und Straßburg mit ihren Ordensbrüdern und Begleitern
noch die Ablaßstätten in den sieben Hauptkirchen besuchen. Wir standen
also in aller Frühe auf, noch in der Dämmerung, verließen Araceli und betraten zuerst die vor dem Thore gelegene St. Pauluskirche, an die

---

[1] Feretrius = Beuteträger.

[2] Siehe S. 55, Anm. 5. — Seine Gemahlin war Isabella, die älteste
Tochter Isabellas und Ferdinands von Spanien.

[3] Der neue General hieß Christoph de Forlivio; er wird später erwähnt (Abschn. XVIII am Ende). Andeutungen über den Aerger der Konventualen gibt Eubel, II, Anm. S. 731; vgl. auch Herzog, IV, S. 477, Anm.

[4] Gelübde der Armut (vgl. S. 6, Anm. 7).

[5] Siehe Bullinger, I, S. 20.

ein prächtiges Benediktinerkloster stößt. Hier zeigte man uns den Altar, unter dem die Königin von Schweden, die h. Brigitta,[1] etliche Jahre zugebracht haben soll, und rechts vom Altar in mäßiger Höhe ein hölzernes Kruzifix, das angeblich mit ihr gesprochen hat. Ich für meinen Teil schenkte dem Manne, der uns das erzählte, keinen Glauben. Dann gingen wir weiter nach der St. Anastasiakirche,[2] bei einem Cistercienserkloster. Neben ihr steht eine kleinere Kirche, die Zu den drei Brunnen heißt. Das abgeschlagene Haupt des h. Apostels Paulus[3] sei dreimal in die Höhe gesprungen, sagt man, und die Brunnen an den betreffenden Stellen aus der Erde gebrochen. Ich überlegte die Sache sorgfältig und erkannte sie bald als Täuschung Es ist im Grund nur eine einzige Quelle; ihr Wasser läuft von ungleicher Höhe herab, war schlammig und von schlechtem Geschmack, wird aber von Andern gelobt wegen seiner Heilkraft! In der gleichen Stunde wie wir, waren 10 bis 12 Mönche in Dominikanertracht bei den Brunnen, Mohren aus Indien,[4] die ebenfalls den Ablaß dieser Kirche begehrten. Wir aber zogen ostwärts weiter und kamen an eine stattliche Kapelle, die Annunciata[5] hieß und, wie auch andere Kirchen, als einzigen Schmuck ein altes Holzbild des Gekreuzigten aufwies. Es ist nach dem Muster des schon erwähnten gearbeitet, das in der St. Paulskirche mit der h. Brigitta gesprochen haben soll; der Heiland neigt darauf sein Antlitz nach der rechten Seite — Von hier gingen wir zu der großen, aber wenig schönen St. Sebastianskirche,[6] in der eine von oben zugängliche Krypta ist. Man stieg auf Stufen hinab, und unten stand ein Doppelaltar, an dem zwei Personen, Gesicht gegen Gesicht, Messe lesen konnten, aber ohne sich zu sehen, da ein Gemälde dazwischen hing. Die beiden Provinziale lasen hier eine Messe, um einige Seelen aus dem Fegfeuer zu erlösen. Auch Andere wollten es thun und wandten sich, da sie ja Brot und Wein nicht bei sich führten, an die Cistercienermönche. Aber die willfahrten ihnen nicht, und so mußte man notgedrungen die fromme Absicht aufgeben, und die armen Seelen, die durch die Messen aus dem Fegfeuer erlöst werden sollten, hatten nun wegen des Geizes der Mönche noch länger darinnen zu brennen! — Von dieser Kirche schritten wir auf der appischen Straße nach der Stadt zurück. An einem Kreuzwege zeigte man uns die Kapelle Domine, quo vadis, mit einem Bild, das den h. Petrus darstellt, wie er aus Rom flieht. Aber der Herr begegnete ihm an dieser Stelle, und Petrus fragte: „Herr, wohin gehest du?“ Christus antwortete: „Ich gehe nach Rom, um mich noch einmal kreuzigen

---

[1] † 1373, Stifterin des Brigittenordens (ordo Salvatoris); Mönche und Nonnen stehen unter einer Aebtissin als Vertreterin der Maria. Oekolampad hat diesem Orden angehört. (Herzog, II, S. 378.)

[2] Sie liegt in einsamer Gegend, links von der Straße nach Ostia in einem Seitenthal.

[3] Man zeigt auch noch die Säule, an die Paulus bei der Enthauptung gebunden gewesen sei.

[4] Vgl. S. 55, Anm. 5.

[5] Hier zeigt man das Gemach, worin Paulus vor der Enthauptung eingesperrt gewesen sein soll.

[6] Unter Trümmern des Altertums an der appischen Straße. Daneben ein Cistercienserkloster.

zu laffen." Als das Petrus hörte, fühlte er sich getroffen, kehrte nach Rom zurück und erlitt den Kreuzestod.

Beim Stadtthore wurden uns weiße Flecken an der Mauer gezeigt; hier sei — Stephanus gesteinigt worden; einige Steine, die dabei an die Mauer geflogen, seien sofort wie Schnee zerschmolzen, und seitdem sehe man bis auf den heutigen Tag so deutlich die Flecken davon! — Nun gelangten wir nach St. Johannes zum Lateran,[1] einer hohen, großen und weiten Kirche mit Säulenreihen. Neben der Kirche war ein Kreuzgang, wie bei Klöstern, und an der Seite als Anbau eine kleine Kirche, nach St. Johannes dem Täufer[2] genannt, und eine Treppe[3] von, ich weiß nicht wie viel Stufen. An die zwanzig mögen es sein, und man sagt, sie stammten aus Jerusalem von dem Richthause des Pilatus. Alte Frauen und Pilger hieß man auf den Knieen diese Treppe hinaufrutschen zur Erlösung einer Seele aus dem Fegfeuer! Etwa auf der Mitte der Stufen war ein Zeichen; an dieser Stelle soll Christus gefallen sein, als er vor Pilatus gebracht wurde, oder als er mit dem Kreuz auf der Schulter aus dem Richthause trat. Wer hier auf den Knieen betet, erhält vollkommnen Ablaß.

Hernach kamen wir an die Kirche Zum h. Kreuz und das dazu gehörige Karthäuserkloster. Die Karthäuser leben hier aber nicht so abgeschlossen wie bei uns, sondern sind stolz und spazieren in der Kirche herum, wie wir sahen. Von hier begaben wir uns zum Essen, etwa zwei Stunden vor Mittag; ein Deutscher aus Nürnberg, der in Rom Wechsler war, hatte uns eingeladen. Nach dem Essen holten wir uns Ablaß in St. Peter und St. Maria sopra Minerva,[4] bei St. Maria Maggiore[5] und St. Lorenz,[6] wo (wie auch bei St. Sebastian) unterirdische Katakomben sind, ausgedehnte, finstere Gänge, so daß wir Lichter nötig hatten und doch in Gefahr gewesen wären, uns zu verirren, wenn wir nicht ortskundige Führer an der Spitze gehabt hätten. Diese Katakomben gelten als die Grüfte der Märtyrer.

Spät am Abend trafen wir endlich wieder in Araceli ein, überaus ermüdet und ohne doch viel von der Stadt gesehen zu haben. Sie ist außerordentlich umfangreich und mit Mauern und Thürmen geschmückt, aber in der östlichen Hälfte fast ohne Häuser; nur zwischen dem Kapitol und St. Peter waren Wohnungen und lebhafte Straßen und Plätze. Von allem Uebrigen habe ich fast nichts gesehen; doch wohnte ich am Abend vor Pfingsten mit einem Genossen aus Ulm in der Sixtinischen Kapelle von St. Peter der ersten Vesper des Papstes bei. Er sang selbst das Kapitel und die Kol-

---

[1] Siehe S. 61, Anm. 6.

[2] Mit dem Zunamen in fonte; in der Mitte steht in einer säulenumgebenen Vertiefung als Taufbecken eine antike Badewanne aus grünem Basalt, in der jährlich am Ostersonnabend ein Jude oder Muselmann getauft wird.

[3] Die Scala sancta.

[4] Hauptkirche der Dominikaner, deren General im Kloster nebenan wohnt.

[5] Siehe S. 61, Anm. 7.

[6] Von Kaiser Konstantin über dem Grabe des Heiligen gebaut.

lekte,[1] und der Chor war voll von Kardinälen und Bischöfen, von Hofleuten und Dienern der Kardinäle. Draußen vor der Kirche standen ihre mit Gold und Seide geschmückten Maultiere. — Sonst sah ich wenig; ich war der Lügen überdrüssig und hätte am liebsten die Ruinen der Gebäude und Bäder aus dem Altertum betrachtet; aber man gab uns nicht die Erlaubnis herumzugehen, und überdies war es auch gefährlich wegen der Räuber.

Mitte Juni wurden wir entlassen und zogen aus Rom nach der schönen alten Stadt Arezzo, die wir aber nicht betraten, weil wir vor der Mauer ein Kloster hatten. Hier begann alsbald der Anstieg in die Apenninen zum Berg Alverna, wo der h. Franziskus die fünf Wundenmale Christi[2] erhalten haben soll. Es ist das ein sehr hoher, fast in ganz Italien sichtbarer Berg, mit einem prächtigen Walde hochragender Bäume bedeckt, während auf der Ost-, Süd- und Westseite schöne Thäler liegen mit drei ansehnlichen Brüderbehausungen und Kirchen und einem stattlichen Kloster, worin 40 Mönche ein strenges Leben führen, was Essen und Trinken betrifft. Zwei Tage lang hatten wir hier keine andere Nahrung, als warmes Wasser mit ein wenig Erbsen und rohe Bohnen, die man vom Feld holte; doch gab es Brot und Wein in genügender Menge. Da kam uns unser Habermus zu statten, das wir, mit Salz und Butter bereitet, aus Deutschland als Wegzehrung mitgenommen hatten. Wir brauchten nur warmes Wasser, um uns daraus eine hinreichende Mahlzeit zu schaffen. Ohne dies Habermus wäre ich Hungers gestorben!

Am zweiten Tage stiegen wir den Berg Alverna hinab und kamen auf gewundenen Gebirgswegen endlich in die flachere Gegend bei Forli. Dann durchwanderten wir die Romagna und berührten nacheinander viele Städte, z. B. Forli, Faenza, Imola, Bologna, Modena, Reggio. Hierauf wandten wir uns wieder nach Mantua und überschritten in der Nähe von Brescello den Po. Von Mantua nach Verona brauchten wir eine Tagereise; in dieser Stadt aßen wir aber nur zu Abend und gingen dann gleich in ein Kloster diesseits der Etsch, wo wir übernachteten, um am andern Morgen, über die Klause nach Roveredo zu, schneller wieder in deutsche Luft zu kommen.

In Roveredo genossen wir bei einem guten Manne die erste deutsche Mahlzeit, kamen dann über Trient nach Botzen und endlich ins Vaterland unter heimisches Dach und an heimischen Tisch bei den Klarissen im Kloster zu Brixen. Dort erquickten wir uns einige Tage an vernünftigem Essen, und da ich es mir gegen die Gewohnheit der letzten Monate sehr gut schmecken ließ, überfiel mich ein Unwohlsein, ein Fieber glaub' ich. Trotzdem machte ich mich reisefertig, überstieg mühsam die Alpen und kam bis Schwaz. Hier wurde mir unser letztes Maultier überlassen; unser frommer Vater, der gute Provinzial, trat es mir ab, da er mit den Genossen zu Schiff weiterreiste. Ich mußte noch einige Tage in Schwaz bleiben, bis ich mich

---

[1] Die Kollekte (liturgische Gebetsätze) wird mit zum Volk gewendetem Angesicht gesprochen.

[2] Christus hat sie ihm selbst eingedrückt (vgl. Herzog, IV, 470); die Dominikaner gönnten aber den Franziskanern dies Wunder nicht. Es entbrannte ein förmlicher Streit über die «stigmata» (Eubel, I, 27); aber die Kurie stand auf Seiten der Franziskaner.

beſſer befand und mit einem Gefährten durch die Alpenthäler nach Tegernſee reiten konnte. Hier erholte ich mich ein paar Tage, kam dann aber
doch krank in München an, wo im Auguſt das Provinzialkapitel gehalten
werden ſollte. Von Tag zu Tag wurde ich elender; es verſagte mir ſogar
die Sprache. Da verzweifelte man an meinem Leben, und der Provinzial
Satzger verſah mich unter Thränen ſelbſt mit den beiden Sakramenten. In-
zwiſchen kamen die Brüder aus der Provinz nach München zum Kapitel;
was zu erledigen war, wurde erledigt. Ich genas nach und nach und bat
den Provinzial, er möge mich, wenn ich geſund würde, mit den Bätern des
Kapitels nicht irgendwo zum Guardian ernennen; ich zöge es vor, die
Brüder zu unterrichten, wie früher in langen Jahren. Der gute Mann verwendete ſich denn auch bei den Bätern für mich, daß ich nicht Guardian
würde, und ſie erklärten ſich damit einverſtanden, unter der Bedingung, daß
ich das Amt eines Viſitators der Schweſtern vom dritten Orden[1] über-
nähme in den Grenzen Ober- und Unterſchwabens, d. h. im Allgäu und in
Württemberg, etwa 60 Häuſer. Der Provinzial machte mir Mitteilung
hievon und fügte bei, man meine, mich mit dieſem Amte zu ehren, das
wegen ſeiner Tafel- und Reiſefreuden allen ſehr verlockend dünke. Als ich
aber von dieſer mir zugedachten Veränderung hörte, antwortete ich dem
Vater Satzger, ehe es dahin käme, daß ich der Regierung dieſer Frauen in
ſo vielen Häuſern vorſtehen müßte, wollte ich lieber drei Guardiansämter
verſehen, als dieſe mir ganz unerträgliche Laſt auf mich nehmen! Sobald
die Bäter erfuhren, daß ich die Gefahr ſcheute und deshalb ablehnte, er-
nannten ſie mich in wohlwollendſter Weiſe zum Guardian meines Heimat-
kloſters in Rufach.

Nach Beendigung des Kapitels gab mir der Provinzial ein prächtig zahmes Maultier, auf dem ich die ganze Reiſe zurücklegte; denn
durch die freundliche Pflege und die Krankenkoſt der guten Schweſtern
vom dritten Orden im Ridlerkloſter[2] zu München war ich bereits
völlig wiederhergeſtellt. So ritt ich denn auf meinem Maultiere von
München über Augsburg, Ulm, Pforzheim, Baden und Straßburg
bis Kayſersberg. Hier ließ ich meinen Eſel zurück und kam etwa Anfang
September nach Rufach.

XVIII. Guardian in Rufach.

Einſchaltung: Lebensbeſchreibung des Oheims Job. Galus. — Nachrichten
über Pellifans Großeltern, ſeine Mutter und ſeine erſte Frau.

1517—1519.

In dieſen Tagen, jedenfalls gleich zu Beginn des Jahres 1518 gingen
zuerſt etliche Predigten eines Auguſtinermönches, Namens Luther, über
die Buße von Hand zu Hand. Ich las ſie mit Staunen. Auf einer Reiſe
nach Baſel kam ich einmal zufällig durch Mülhauſen und traf dort an der

---

[1] Siehe S. 53, Anm. 6.
[2] Eubel, 1, S. 12.

Tafel des Komthurs einen gelehrten Pfarrer und Deutschherrn,[1] der sich die
95 Thesen gedruckt verschafft hatte. Er bot sie bei Tische herum, las sie auch
vor, und ich war ganz verblüfft, daß dergleichen öffentlich vorgetragen werde.
Doch erklärte ich sogleich, nur über die ersten 25 Artikel, die vom
Fegfeuer handeln, unsicher zu sein; ich müßte zweifeln, daß es ein Fegfeuer gebe, da bei den alten Vätern, bei Augustin und seinen Vor-
gängern, sowie in der h. Schrift nirgends etwas davon zu finden wäre.
Aber an der vollen Wahrheit der 70 folgenden Artikel über Ablässe,
Beichte und den päpstlichen Primat sei gar kein Zweifel möglich; nur
müsse sich dieser Mönch Luther hierüber noch klarer und umständlicher
auslassen, und das werde er auch unfehlbar thun, falls er am Leben bleibe.
Ich habe das damals an offener Tafel gesagt in Gegenwart vieler gelehrten
Männer.

So blieb ich nun in meinem Amte als Guardian in Rufach bis zum
Jahre 1519 nach Ostern.

Als ich während dieser Zeit (noch i. J. 1518) einmal abkommen konnte,
reiste ich nach Speier, um die Bücher meines seligen Oheims Jodokus[2]
zu holen, die er ja für die Bibliothek der Minoriten bestimmt hatte. Die
Brüder sollten sie benützen dürfen, bis die Söhne meiner Schwester dazu imstande seien; denn diesen hatte er sie vermacht, wie aus seinem Testamente
hervorgeht. Ich fand in Speier ein Verzeichnis der Bücher, aber von
fremder Hand, nicht von seiner eigenen. Auch fehlten etliche Bände, nicht
viele zwar, aber gute, von denen ich wußte, daß er sie besessen hatte. Weil
aber damals meine Schwester ihre Söhne schon durch die Pest verloren und
keine mehr bekommen hatte, kümmerte ich mich nicht viel um diese wenigen
Bücher, die wohl in die Speierer Minoritenbibliothek geraten waren. Auch
duldete ich gerne, daß einige andre, die doppelt da waren, wie z. B. Hieronymus, nach Weißenburg kamen, wo zwei oder drei Bände fehlten.
Augustins sämtliche Werke schickte ich nach Zabern, weil man sie dort nicht
hatte; alle übrigen Bücher aber ließ ich verpacken und nach Rufach fahren,[3]
und zwar (wozu sie sich gütigst erboten hatten) auf Kosten der Domherren
zu St. German in Speier. Denn mein Oheim stand bei ihnen verdienter-
maßen in bestem Andenken. Hatte er ihnen doch in der Sterbestunde sein
ganzes Barvermögen vermacht, das sich, wie mir seine Freunde sagten, auf
mindestens 1000 Gulden belief. (Ich hörte von 1500.) Sie hatten nämlich
eine neue prächtige Kirche gebaut mit schönem Chor, und er wünschte, daß
sein aus den Einkünften der Kirche erworbenes Barvermögen dem Baue zu
statten komme. Auch war er der Meinung, seine einzige Schwester, meine
Mutter, habe an ihrem väterlichem Erbteile, dessen vollen Besitz sie mit
ihrer Mutter genossen, ein ausreichendes Einkommen, und überdies
pflegte er seiner Mutter jährlich einen freilich nicht sehr großen Zehrpfennig
zu schicken.

Damit ihr beiden aber, du, mein teurer Sohn Samuel, und du, mein

---

[1] Von der Komthurei des Deutschherrenordens ist nichts erhalten (Kraus,
II, 449). Außer den Rittern und den Krankenpflegern durften seit 1221 auch
Priester-Brüder aufgenommen werden.

[2] Siehe S. 58.

[3] Vgl. S. 74—75.

nicht minder geliebter Neffe Konrad Wolfhart, euch ein Beispiel
nehmt an den Tugenden und dem ehrsamen Wandel meines Oheims,
so will ich euch von Anfang an sein Leben und Streben beschreiben.
Ich möchte wohl, daß ich ihm selbst nachgefolgt wäre, aber es gelang
mir nicht. Um so mehr wünsche ich, daß ihr ihm nachfolget und auch
mir, insoweit wenigstens, als unser Doktor und ich uns gut gehalten
haben nach der Richtschnur des Wortes Gottes und im Sinn einer edeln
Lebensführung.

Von Kind auf lernte Doktor Joh. Gallus, eine Armut zu ertragen,
die ihm nur das Notwendige nicht vorenthielt. Er begehrte nichts Ueber-
flüssiges, und deshalb hatte er auch schon in seiner Lehrzeit zu Basel,
Schlettstadt und Heidelberg nie Mangel am Nötigen. Bis in sein
Greisenalter blieb er ein Freund der Einfachheit, ohne ein Geizhals zu sein,
obgleich ihn bisweilen zum Verschwenden geneigte Naturen für zu sparsam
gehalten haben mögen; denn stets war er darauf bedacht, seine Bedürfnisse
thunlichst einzuschränken. Er arbeitete fleißig und beschäftigte sich unermüdlich
mit Schreiben oder Lesen oder Unterrichten. Bis zu seiner Promotion als
Doktor der freien Künste unterrichtete er die gleichalterigen Söhne seiner
Gönner;[1] hernach begann er sogleich im neuen Heidelberger Kollegienhause
Vorlesungen zu halten, so viel ich weiß, über Physik. Vorher hatte er schon
nach der damals üblichen Auslegung die Logik des Aristoteles gelesen. Vor
seinen Vorlesungen schrieb er sich Alles, was er sagen wollte, von Anfang
an für jede Stunde mit wenigen Worten und Bemerkungen auf einen Zettel,
den er nach der Vorlesung sorgfältig wie einen Goldschatz aufhob, um nach
ein oder zwei Jahren für den Fall, daß er den Schriftsteller wieder behandeln
wolle, all seine Zettel und Aufzeichnungen wohlgeordnet zur Hand zu haben.
Wenn er über einen Dichter zu lesen hatte, schrieb er das Nötige an den
Rand, damit die einmal recht verstandene Stelle auch künftig immer sofort
klar erscheine. Beim Beginn seiner Vorlesung fragte er stets zuerst nach
dem, was er in der vorigen Stunde vorgetragen und erklärt hatte; aber
Keiner wußte, von wem er Rechenschaft fordern werde, ein Verfahren, durch
das er Alle in gespannter Aufmerksamkeit erhielt für Frage und Antwort.
Fand er einen offenbar Nachlässigen, namentlich unter den armen Schülern,
so schritt er rücksichtslos ein; gegen Dreistigkeit oder Zerstreutheit wurde er
mitunter sogar handgreiflich. Auf diese Weise kam er mit seinen Schülern,
sehr weit; die Saumseligen und Nachlässigen zitterten vor ihm. Als er
Presbyter[2] geworden, besuchte er den Chor gewissenhaft, versäumte keine
Frühmesse und that seine Schuldigkeit im Lesen und Singen. Alles überhaupt
was er für religiöse Pflicht hielt, trieb und förderte er eifrigst, und da die
geistlichen Dinge ihm wenig Zeit übrig ließen, war er zu Hause in seinen
Vorlesungen nur desto fleißiger. Wurde er zu Predigten vor der Gemeinde
aufgefordert, so zeigte er sich nicht schwierig, obgleich er nur ungern daran
ging. In edlem Freimut wich er auch nicht aus, wenn man ihn einmal
ersuchte, vor Fürstlichkeiten und der gesamten Heidelberger Geistlichkeit zu
predigen. Aber auch Dörfer verachtete er nicht, wenn er gebeten wurde, und

---

[1] Vgl. S. 6—7.
[2] Die erste Stufe des geistlichen Standes, vgl. S. 13, Anm. 6.

schützte niemals die Beschwerden einer Reise vor. Kein Heidelberger Magister hat mehr lateinische Reden an die Universität und den Klerus gehalten, als er, sowohl in Heidelberg, als hernach in Speier. Als er die Pfarrei Steinach oberhalb Heidelbergs bekam, war es mit dem Essenholen vorbei, und er sah sich genötigt, eine eigene Haushaltung zu führen. Aber er hatte (wie auch später als Prediger an der Domkirche) immerdar ehrsame Köchinnen und einen ehrsamen Diener zur Besorgung der häuslichen Dinge. Für jeden Tag zählte er ihnen das nötige Geld vor; denn er wußte wohl, was auszugeben war, oder richtiger: er hatte durch Erfahrung gelernt, was er von Haus aus nicht gewußt hatte. Uebung der Gastfreundschaft war ihm eine Herzenssache, besonders gegen rechtschaffene Männer, Gelehrte und Ordensleute ohne Unterschied. Von Kind auf hatte er eine Vorliebe für die Minoriten; er war gleichsam verwachsen mit ihnen und kannte sie aus vertrautem Umgang. Aber deshalb schloß er die Predigermönche nicht aus; ja einigen gelehrten und bescheidenen Männern unter ihnen, wie Conon,[1] Butzer[2] und andern von gleicher Art, war er sogar aufs Herzlichste zugethan und um ihretwillen auch solchen, die er sonst nicht kannte. So lange er in Speier lebte, war sein Haus die gemeinsame Herberge für alle, die rheinauf oder rheinabwärts reisten. Aber er bewirtete sie mit einfacher Kost und seinem gewöhnlichen Haustrunk, eben so sehr ein Feind der Verschwendung als des Geizes, so daß er die Gäste weder anlockte, noch ihnen saure Mienen zeigte. War einmal zufällig ein Mürrischer oder Undankbarer oder Unehrenhafter darunter, so hielt er mit seiner Meinung nicht hinter dem Berge. Sein Gesinde und die Ehre seines Hauses wahrte er vor jedem Verdacht, obgleich es ihm nicht an Anfechtungen fehlte, zumal da er eine stattliche Persönlichkeit war und sich durch die Schönheit seiner Erscheinung vor Vielen auszeichnete; aber er haßte das Aergerniß mehr als eine Schlange. In seiner Jugend lebte er einmal mit Altersgenossen der Pest halber in Worms oder anderswo. Da trug es sich zu, daß ihm ein kleines Mädchen[3] überbracht wurde. Er errötete jederzeit wegen dieses Kindes, zog es in Ehrbarkeit auf wie sein eigenes, aber gab niemals zu, daß man es so nenne, obgleich es hübsch war und ihm ähnlich von Angesicht. Ich hörte ihn einmal sagen, er erachte es für zulässiger, außerhalb des Hauses eine Freundin zu haben (da man sich ihrer leichter enthalten könne und somit seltener fallen werde), als im Hause; das Letztere sei ein Zeichen von Unbußfertigkeit. Die Gabe völliger Enthaltsamkeit besaß er nicht; aber abgesehen von diesem Fehler natürlicher Schwachheit stand er makellos da als ein frommer, tugendhafter Mann, und hätte er in unserer Zeit gelebt, ich zweifle nicht, er würde mit seiner ganzen Person unsere heutige Meinung über den Cölibat[4] vertreten haben. Durch

---

[1] Joh. Conon (Cun) aus Nürnberg; er kam später nach Basel, wurde der Erzieher der Söhne Amerbachs, war ein tüchtiger Grieche und liegt bei den Dominikanern in Basel begraben. Beat. Rhenanus hat ihm die Grabschrift geschrieben. (Wurstisen S. 286.)

[2] Der bekannte Reformator Straßburgs, geb. 1491 in Schlettstadt, † 1551 in Cambridge.

[3] Siehe S. 53.

[4] Vgl. Wimpheling über die wilden Ehen der Priester seiner Zeit: Amoenit., S. 328 ff.

Gebet, Fasten und Almosengeben suchte er die Verlockungen des Fleisches auszugleichen. Er liebte die religiösen Zeremonien und mochte nicht, daß im Gottesdienst unachtsam gesungen werde. Manche Verbesserung im gewöhnlichen Kultus der Speierer Kirche[1] rührt von ihm her, wie aus den Brevieren erhellt, die er neu umarbeitete, Vieles ausscheidend und anderes, was der Frömmigkeit und religiöser Bildung angemessen war, hinzufügend. Aber das unternahm er erst, als er durch Lehre und Leben bei mehreren Bischöfen von Speier Ansehen gewonnen hatte. Ihnen allen, den Bischöfen Georg und Philipp und ihrem Vorgänger war er lieb und wert, ein Ratgeber nicht nur für sie selbst, sondern auch für ihre Vikare und Offiziale,[2] deren Stelle er häufig vertrat, da er zu jeder Arbeit brauchbar und fleißig und niemals ein Müßiggänger war. Seinen Freunden ist er ein treuer, uneigennütziger, beständiger Freund gewesen. Er hatte ihrer viele und besorgte, wie aus seinem Tagebuch hervorgeht, ihre Geschäfte wie seine eigenen. Ich könnte eine gute Anzahl mit Namen anführen, aber sie sind längst tot. Der Einzige, der noch übrig blieb, ist Mat. Hatto,[3] sein vertrauter Hausgenosse und Testamentsvollstrecker, der sofort auf seine Kantorpfründe an der Kirche zu Speier verzichtete, als die Predigt der Wahrheit anhob, dafür eine Domherrnpfründe in der St. Thomaskirche zu Straßburg eintauschte und bis ins höchste Greisenalter in Kirche und Schulen unermüdlich theologischen Fragen oblag. — Wiewohl mein Oheim im Essen und Trinken stets sehr mäßig war, befiel ihn doch ein heftiges Podagra, woran er 16 Jahre litt und schließlich gestorben ist. Er hatte, wie es scheint, die Anlage dazu von seiner Mutter geerbt, die das gleiche Gebrechen hatte, aber in erträglichem, Maße. — Er besaß zwei oder drei Pfründen zugleich,[4] als Chorherr in Sinsheim und Pfarrer in Spreublingen. Aber er behielt sie nicht lange, sondern verzichtete bei Zeiten darauf, da er Gott fürchtete. So gab er auch, was er an Reichtümern erworben hatte, nach dem Maße seiner damaligen Einsicht wieder an die Kirche zurück.[5] Hoffart und eitle Ruhmbegierde waren ihm in der Seele verhaßt und wurden immerdar von ihm gemieden. Als er einmal in der Kirche St. German ein großes wertvolles Fenster gestiftet hatte (ich glaube in der Sakristei auf der Westseite), wollte er durchaus nicht, daß man sein Wappen beifüge oder seinen Namen darunter schreibe. Und obgleich er den Rest seines gesamten Vermögens ebendieser Kirche vermachte, verbat er sich ausdrücklich die Errichtung eines Grabmals. Noch auf dem Todbett that er, was heutzutage kein Papist gutheiße. Er befahl nämlich seinen Testamentsvollstreckern, ihn nicht, wie gebräuchlich, in priesterlichem Gewand, sondern wie einen andern einfachen Christenmenschen bestatten zu lassen. Nur das Eine verlangte er, daß man ihn ins Grab bette an der Seite eines kurz vorher verstorbenen Freundes, mit dem er zum Gericht aufzuerstehen hoffe als demütiger Christ, nicht als Priester und Doktor.

---

[1] Siehe S. 2, Anm. 4.

[2] Siehe S. 11, Anm. 3.

[3] Siehe S. 2, Anm. 3.

[4] Vgl. Narrenschiff 30: „Von Vile der Pfrunden" u. Amoenit. S. 275ff. u. 419.

[5] Vgl. Herzog II, S. 54 ff.

Wenn du, mein lieber Konrad, einmal Maternus [1] oder den Doktor Lucas [2] über alle diese Dinge fragst, wirst du inne werden, daß ich nichts dazu erdichtet, sondern die lautere Wahrheit gesagt habe. [3]

Du, mein Konrad, möchtest wohl auch gerne etwas von seiner Schwester hören (deiner Großmutter, meiner Mutter), und ich füge dann mit Vergnügen noch Etliches von meinen Großeltern bei.

Mein Großvater [4] hat allezeit ein tadelloses Leben geführt. Er war ein einfacher Schneider, aber mit seinem bescheidenen Lose zufrieden, eifrig zu guten Werken und ein so fleißiger Beter, daß er sich niemals schlafen legte, ohne zuvor für die abgeschiedenen Gläubigen gebetet zu haben. O, daß er die Einsicht gehabt hätte, das für die Lebendigen zu thun! Kam er an dem Beinhause vorüber, selbst in der Nacht nach 9 Uhr und im Winter, so versäumte er gewiß nicht, hineinzugehen und ein Gebet zu verrichten, woraus du auf das Uebrige schließen kannst. Nie hörte man ihn fluchen; seine Kinder liebte er sehr, aber in durchaus verständiger Weise. Ob der einfache Ehrenmann einmal in den Rat gekommen ist, weiß ich nicht; er war nämlich ein Wälscher. [5] Aber erfahren habe ich, daß er nie Rechtshändel hatte und sich stets nach Kräften den Werken der Frömmigkeit widmete. Er erreichte ein Alter von fast 100 Jahren und hinkte auf einem Beine.

Von der Großmutter [6] will ich auch erzählen, was ich sicher weiß. Sie war eine lebhafte, brave Frau, allen Leuten lieb, wohlthätig, an Garten- und Feldarbeit gewöhnt. Für die Kranken sammelte sie Wurzeln und Kräuter und war eine Mutter aller armen Schüler, deren Hemden und Köpfe sie wusch, so oft sie kamen, indem sie sich dabei ihres Söhnleins er-

---

[1] Mat. Satto f. o. Er nahm den aus dem Kloster ausgetretenen Butzer auf (vgl. Erichson, M. Butzer, Straßburg 1891, S. 7.)

[2] Dr. Lucas (vgl. auch Bullinger 1, S. 155) ist wohl Lucas Bathodius Halfast, Kantor an Alt-St. Peter, Verwalter (procurator) des Armenwesens. Er lebte noch 1540. Nach einem ungedruckten Brief (auf der Universität und Landesbibl. in Straßburg) von L. Conrath aus Konstanz vom 22. Apr. 1522: «Lucas Hackfast ante contractum per eum matrimonium resignavit capellaniam in hospitali oppidi Ober-Ehenheim». (Gütige Mitteilung des Herrn Direktor Erichson in Straßburg.)

[3] Vgl. über Jodocus Gallus auch Schmidt, II, S. 40 ff. u. 392 und Ristelhuber, «Heidelberg et Strasbourg», 7. — Beatus Rhenanus hat ihm seine Lebensbeschreibung Geilers von Kaysersberg gewidmet (Amoenitates S. 56 Anm.) Ueber sein „Lichtschiff", eine Art von Vorläufer des „Narrenschiffes" vgl. Zarncke, „Die deutschen Universitäten im Mittelalter," I. S. 51 ff. — Das Carmen Wimphelings «Laudes ecclesiae Spirensis» hat er herausgegeben (Amoen. S. 174). Ueber eine Rede des Jodokus an die Synode in Speier u. s. w. s. ebenda S. 175 ff.

[4] Vgl. S. 5.

[5] Gallicus. — In der Polizeiordnung des Bischofs Johannes IV. von Straßburg (1569—92), mitgeteilt von Dr. Stehle in der Alemannia Bd. XVII (1889) S. 53 heißt es: Item es soll auch sonderlichen kein welscher mehr zue Bürger aufgenommen werden,... weder Freundschaft, noch guoth angesehen, deßwegen Männiglichen auff der Cantzel gewarnet werden soll."

[6] Vgl. S. 5.

innerte. Die Kirche besuchte sie sehr häufig, auch an den Werktagen; sie wünschte, Mitglied in allen Brüderschaften zu sein, und war es auch. Und damit du an einem Beispiele siehst, wie groß ihre Menschenliebe war und wie sehr sie den Ruf einer rechtschaffenen Frau genoß, so bemerke ich nur, daß sie, wie ich oft gehört, 300 Kinder aus der heiligen Taufe gehoben hat. Sie starb über 80 Jahre alt.

Auch von meiner Mutter,[1] deiner Großmutter, die du noch gesehen hast, kann ich Zuverlässiges mitteilen. Sie unterstützte den Vater mit emsiger, treuer Arbeit ihrer Hände in der Erziehung einer zahlreichen Nachkommenschaft, von der nur noch zwei am Leben sind, deine Mutter und ich. Bei ihrer glücklichen natürlichen Begabung hatte sie alle Schneiderinnenkünste von selbst ohne Lehrmeisterin gelernt, ja sie lernte eigentlich Alles! Dabei war sie eine eifrige Liebhaberin des göttlichen Wortes und konnte Predigten auswendig, die sie vor 40 Jahren gehört hatte! Sie betete auch fleißig, rief Schutzpatrone und Schutzpatroninnen an, weil sie glaubte, das sei der Gott wohlgefälligste Dienst, und kaufte sich in alle Brüderschaften ein. Am Ende aber versöhnte sie sich doch damit, daß ich mein Gelübde aufgegeben, ertrug es gleichmütig, als ich nach Gottes Wort meinen Stand änderte, ja freute sich, als ich einen Sohn bekam. Und um zum Schluß noch eine andere Aehnlichkeit mit der Großmutter hervorzuheben: während ihres fast dreißigjährigen Wittwenstandes, in dieser doch gewiß langen Zeit, kam in der Stadt kaum ein Geburts-[2] oder Sterbefall vor, ohne daß sie dabei war. Diese Liebesthätigkeit ist wohl der sicherste Beweis ihrer Frömmigkeit und eines von lauterster Liebe getriebenen Herzens.

Du aber, mein lieber Sohn Samuel, sollst dich nicht beklagen dürfen, daß ich bei meinen Aufzeichnungen deine liebe, treffliche Mutter,[3] vergessen hätte, die du verloren hast, als du noch nicht neun Jahre alt und von Hause abwesend warst. O, sie hatte viele gute Eigenschaften, denen nachzueifern dir ziemlich ist! In Armut und Arbeit war sie aufgewachsen und deshalb barmherzig gegen die Armen, bescheiden, zugänglich, liebenswürdig, friedsam, verschwiegen, freundlich mit den Nachbarn, nicht im mindesten geschwätzig, treu und hilfsbereit für Bedürftige, keusch und ohne alle Hoffart des Herzens und der Sitten und dabei eine so treffliche Hausfrau, daß ich mich niemals um die häuslichen Dinge zu kümmern brauchte. Gern hätte sie wohl sparsamer gewirtschaftet, aber weil uns so viele Gäste und Tischgänger zuströmten, trachtete sie nur darnach, diese anständig zu versorgen und ohne Klage gehen zu sehen, was ihr auch jederzeit gelungen ist. So war sie denn mehr darauf bedacht, das Ganze treu zusammenzuhalten, als reich zu werden. Niemals hatte sie Mißhelligkeiten mit einem Tischgenossen, und jede Art von Beargwöhnung war von vornherein ausgeschlossen. Allen Nachbarn war sie lieb und wert; sie freuten sich ihres Umgangs und genossen ihre Gefälligkeit. Und obgleich sie bei körperlicher Rüstigkeit in ihren besten Jahren ein Grauen vor dem Tod hatte, überwand sie sich doch, an Sterbebetten zu gehen, um, wenn möglich, gerne sterben

---

1 Vgl. S. 6.
2 Vgl. Platter S. 65.
3 Vgl. Abschn. XXI.

zu lernen. Und dahin brachte sie es auch; denn als sie 1536 auf das Krankenlager geworfen wurde, bat sie, es möge doch niemand für ihres Lebens Verlängerung beten. Und was soll ich von ihr und meinen Studien sagen? Zehn Jahre war sie mein Weib, und ich wage nicht zu behaupten, daß sie mich während dieser ganzen Zeit auch nur eine Stunde in meinen gelehrten Arbeiten, die doch recht zahlreich waren, gestört hat! Recht wie eine geschäftige Martha schaltete sie um mich und versorgte mich gewissenhaftest mit allem Notwendigen. Hochmut war ihr von jeher zuwider; denn sie gedachte ihrer bescheidenen Herkunft und der Armut der Ihrigen, aber ohne deshalb zu erröten; vielmehr fand sie immer die gute Seite daran heraus und blieb Gott von Herzen dankbar. Gerne stärkte sie sich an einem guten Glase Wein, aber nie überschritt sie dabei die Grenzen des Schicklichen, daß sie etwa redselig geworden wäre oder eine Verkehrtheit begangen hätte. Ueberhaupt habe ich dergleichen niemals bei ihr wahrgenommen. Ihre Kinder liebte sie zärtlich, vertuschte oder übersah dabei aber nichts, was Züchtigung verdiente. Als sie merkte, daß sie körperlich hinfällig werde, äußerte sie weinend ihre Betrübnis und klagte, sie fürchte nur die Plage langer Krankheit und mir beschwerlich zu fallen. Wie sie dann wahrnahm, daß die Krankheit sich steigerte, wollte sie nichts von Vertröstung auf längeres Leben hören in so gebrechlichem Körper. Durch Gottes besondere Gnade wurde sie denn auch plötzlich hingerafft an einem Tage, da niemand ihr bevorstehendes Ende fürchtete, weil sie ganz munter schier eine halbe Stunde lang mit den Nachbarleuten geplaudert hatte. Ich bin bei ihrem Abscheiden zugegen gewesen; es war, als ob sie einschlummere, ohne Schmerzen zu fühlen. Mit dem letzten Blick ihres Auges nahm sie Abschied von mir und entschlief in dem Herrn. Als sie zu Grabe geleitet wurde, folgten Nachbarinnen und Bekannte mit heißen Thränen, so daß man sagte, seit Jahren sei dergleichen nicht gesehen, noch eine Frau in solchem Maße beweint und betrauert worden. (Es war am Tage Simonis und Judä.)[1]

Dies, meine lieben Söhne, möchte ich euch wie ein Vermächtnis aufgeschrieben haben, damit ihr der Tugenden euerer Voreltern eingedenk bleibt. Nicht loben sollt ihr sie; denn auch ich will sie euch nicht bloß loben, sondern wünsche nur, daß sie mit ihrer keineswegs erdichteten oder von mir aus Zuneigung übertriebenen Tugend euch ein Vorbild eures Lebens seien. Möchtet ihr doch nicht nur äußerlich ihren Spuren folgen, sondern euerer Bildung und meiner Ermahnung entsprechend, darauf bedacht sein, wenn nicht besser, so doch mindestens ebensogut zu werden wie sie! Ja, lernet es, Vielen zu nützen, so sehr ihr vermögt, und habt eure Lust daran euer Leben lang! Lernet, lehret, ermahnet, helfet, fördert alles Gute nach dem Beispiel Euerer Vorfahren, damit auch ihr einst durch Gottes erbarmende Gnade ein Muster seid für eure Nachkommen, wenn euch der Herr, wie ich wünsche und bete, solche zu schenken geruhen mag!

Hier dürfte der richtige Platz sein, noch ein letztes Mal meines Oheims, des Doktors Jodokus, Erwähnung zu thun, sowie der Bücher, die er den Kindern seiner Schwester vermacht hat. Als Guardian von Rufach habe ich

---

[1] Vgl. Abschn. XXVII.

von ihnen und den übrigen Büchern der Klosterbibliothek ein genaues Verzeichnis angelegt, damit sie den Studirenden nützlich seien. Wie ich höre,
sind von den Büchern dort jetzt nur noch wenige vorhanden; hatten sie doch
schon von Anfang an meist nur geringe Teilnahme gefunden!

Um diese Zeit (1518) begannen zuerst die wissenschaftlichen Arbeiten des
Erasmus[1] Aufsehen zu erregen. Von seiner damals erscheinenden Paraphrase über den Römerbrief erhielt ich einige Abzüge von Frobenius
und las sie als Guardian von Rufach vor, um den jüngeren Brüdern von
der Paulinischen Theologie, sowie von reinerem Latein und christlicher Rhetorik eine Vorstellung zu verschaffen. Die Brüder fanden so großes Gefallen
daran, daß man auch in anderen Klöstern anfing, der Sache Geschmack abzu-
gewinnen, und was Erasmus schrieb, immer begieriger gelesen wurde. Diese
Vorlesungen über Paulus und die Ordnung der Bibliothek waren damals
in Rufach meine Hauptbeschäftigung.

Im Herbst 1518 trat eine Pestzeit ein. Alle Kinder meiner Schwester
erlagen der Seuche, ebenso, als ich abwesend war, unser Pförtner, ein
Laienbruder, der Viele durch seinen Arzneitrank gerettet hatte, aber sich
selbst nicht retten konnte, weil der Herr ihn abrief. — In demselben
Jahre starb auch Herr Walther Gallus,[2] der Vetter meines Oheims Jodokus,
Kaplan der Pfarrkirche zu Rufach, an einem langwierigen Fieber, nicht an
der Pest.

Gleichfalls in diesem Jahre wurde das zweite Generalkapitel des gesamten Ordens zu Lyon in Frankreich gehalten und Franz Lecher[3] zum
General gewählt, da Christoph von Forlivio,[4] der in Rom von den Observanten zum General erwählt worden war, bald nachher mit 30 andern den
Kardinalshut empfangen hatte.[5] Ich befand mich zu jener Zeit noch in Rom
oder doch auf dem Heimweg in Bologna. Allgemein hieß es, er habe die
Kardinalswürde, wie bereits das Generalat, um 80 000 Dukaten erkauft.
Das ist aber nicht wahr; er hatte nur in seiner Eigenschaft als General-
kommissär der Ablässe in einigen italienischen Erzbistümern dem Papste das
hierbei eingegangene Geld überbracht.[6] — Auf der Reise nach Lyon kamen
damals viele Väter der sächsischen, der kölnischen, ja der unga-
rischen Provinz durch Rufach.

1518 war auch der Reichstag zu Augsburg im Beisein eines apostolischen Legaten, des Kardinals Thomas von St. Sixtus,[7] der Luther
wegen seiner 95 Thesen nach Augsburg geladen hatte. Die Akten der Ver-

---

[1] Erasmus war von Bischof Christoph von Utenheim nach Basel gerufen worden und wohnte dort im Hause Frobens. (Vgl. S. 13, Anm. 8
und S. 37, Anm. 2.) Er liegt im Münster begraben. Zur Reformation
stand er bekanntlich schließlich etwa wie Goethe zu den Freiheitskriegen. Eine
Lebensbeschreibung des Erasmus erschien 1870 (von Stichart).

[2] Vgl. S. 5 u. 58.

[3] Siehe S. 59.

[4] Siehe S. 63, Anm. 3.

[5] Siehe S. 62, Anm. 5.

[6] Also post hoc, nicht propter hoc.

[7] Cajetan (Jakob de Vio von Gaëta); Thomas hieß er später zu
Ehren seines Meisters Thomas von Aquino.

handlungen sind im Druck erschienen. Inzwischen wurden bereits allerwärts, auch in Basel, viele gedruckte Schriftchen Luthers, so die Resolutionen[1] der Thesen über den Ablaß, die Predigten über die zehn Gebote, auch die Auslegung des Briefes Pauli an die Galater samt etlichen Predigten über Buße und Ablaß gelesen. Alle diese Schriften fanden überall großen Beifall; freilich nicht bei jedermann; namentlich Ed schrie dagegen und beraumte für das folgende Jahr (1519) eine Disputation nach Leipzig an. Ebenso verdammten und exkommunicierten die Theologen in Löwen, Paris und Rom alles Lutherische; aber Wenige kümmerten sich darum.

XIX. Guardian in Basel.
Erste Anfeindungen wegen Verbreitung lutherischer Schriften. — Rechtfertigungschreiben an Molitor, den Guardian in Mainz.
1519—1524.

1519 nach Ostern reiste ich zum Provinzialkapitel nach Oppenheim. Dort wurde ich von vier Definitoren[2] des Kapitels als einziger gewählt und gleichzeitig zum Guardian unseres Klosters in Basel ernannt, d. h. nach dem Brauche des Ordens vom Kapitel als solcher bestätigt, nachdem mich bereits die dortigen Brüder dazu erwählt hatten. So kam ich denn zum Pfingstfeste nach Basel, wo damals, dank der Bemühung des Beatus Rhenanus[3] und zwar anfangs von Joh. Froben,[4] viele Lutherische Schriften gedruckt wurden, z. B. die Resolutionen der Thesen, die Reden über die zehn Gebote, der Galaterbrief und zuletzt, in Abwesenheit Frobens, die Schrift von der Gewalt des Papstes. Aber hernach druckte Froben auf mehrfaches schriftliches Andringen des Erasmus von Rotterdam nichts Lutherisches mehr. Das kam nun Adam Petri[5] trefflich zu statten, der in der Folge viele solche Bücher mit großem Nutzen druckte und alle absetzte, darunter auch Werke Pommerans[6] und Melanchthons, bis er sich zuletzt bei einer Ausgabe gründlich verrechnete. Ohne, ja gegen meinen Rat, hatte er nämlich auch 3000 Psalter mit Pommerans Auslegung gedruckt und erlitt daran schweren Schaden. Nach und nach (bis 1525) druckte er übrigens schier alle Schriftchen, die er aus Wittenberg bekommen konnte, mit Anmerkungen aus meiner Feder.

---

[1] Oder probationes genannt, die er auch an den Papst geschickt hat.

[2] An den Kapiteln nahmen seit Langem nur die Würdenträger der Provinz: der Provinzial, die Kustoden, Guardiane, Definitoren, Lektoren und Prediger Teil, sowie der General oder sein Kommissarius als Vorsitzender. (Eubel, I, S. 13; auch II, Anm. 699 u. a., sowie Herzog, XII, S. 266.)

[3] Siehe S. 55, Anm. 1.

[4] Siehe S. 29, Anm. 1 und S. 56.

[5] Von Langenburg (Württemberg) † 1527 und bei den Barfüßern begraben (vgl. auch Basl. Chron., I, S. 446).

[6] Joh. Bugenhagen gen. Dr. Pommer, geb. 1485 zu Wollin, † 1558, der bekannte Gehilfe Luthers, auch bei der Bibelübersetzung (vgl. Wedel, S. 80).

In einer Nacht, Ende Juni, am Paulstag, acht Tage nach Frohnleichnam, war die erste große Ueberschwemmung[1] in Basel. Das Refectorium und der Keller des Klosters füllten sich mit Wasser; auch im Siechenhaus und in der übrigen Stadt hat es großen Schaden gethan.

Damals wurden bei Froben die sämtlichen Werke des h. Cyprianus[2] gedruckt; ich hatte als Anhang dazu das Inhaltsverzeichnis zusammengestellt, eine Arbeit, die mir sehr schwer geworden ist, weil ich die Kunst noch nicht verstand, auf bequeme Art solche Verzeichnisse anzufertigen.

1520 sammelte und ordnete ich alle damals vorhandenen Schriftchen M. Luthers, und Adam Petri ließ sie in Einem Band erscheinen.

In eben diesem Jahre wurde in Amberg beim Böhmerwald ein Provinzialkapitel gehalten, zu dem ich mich begeben mußte. Auf der Reise dorthin war ich in Konstanz bei den Minoriten zu Gast und wurde durch Geschenke geehrt, sowie durch die Tischnachbarschaft des Doktors Joh. Faber[3] und des Urbanus Rhegius,[4] der damals geistlicher Vikar des Bischofs von Konstanz war. Wir speisten im Garten; aber plötzlich brach ein so heftiges Gewitter aus, daß im Untersee bei Ueberlingen einige Schiffe untergingen. Tags darauf kam ich durch dieses Städtchen und frühstückte bei den Minoriten. Dann ging die Reise über Stockach und Saulgau nach Biberach und Ulm. Hier mieteten wir ein Schiff und fuhren (viele Guardiane mit ihren Begleitern) die Donau hinab bis Lauingen, wo ich bei dem ehrwürdigen Augustinerpater Kaspar Ammon,[5] dem gelehrten Hebräer und ehemaligen Ordensprovinzial für Deutschland, freundliche Nachtherberge fand. Dann kamen wir nach Ingolstadt und weiter über Kelheim nach Regensburg. Hier hatte man im Jahre vorher die Juden aus der Stadt verjagt und auf dem Platze, wo die Synagoge gewesen war, eine Bildsäule, die sogen. schöne Maria,[6] errichtet. Das Bild hatte einen merkwürdigen Zulauf von Menschen aller Art; auch wir sahen es und beteten es an, wie die übrigen. Es waren unser etwa 24 Reisende; wir herbergten in den verschiedenen Klöstern, ich mit einem Gefährten bei den Minoriten. Tags darauf legten wir die Hälfte der Reise nach Amberg zurück und kamen den folgenden Tag, 120 an der Zahl und darüber, in der Kapitelsstadt an.

---

[1] Vgl. Basl. Chron., I, S. 24 und 382.

[2] † 258 in Karthago den Märtyrertod

[3] Später Generalvikar des Bischofs von Konstanz und Gegner der Reformation. In seiner Jugend war er ein Universitätsfreund Zwinglis (in Wien) und ihm anfangs z. B. seines Streites mit dem Ablaßhändler Samson auch noch zugethan (vgl. Ebrard, III, S. 16 und 19). — Vgl. auch Abschn. XXI (Religionsgespräch zu Baden) und Schreiber, II, S. 21 ff.

[4] Der Reformator Augsburgs, geb. 1490 in Langenargen bei Lindau, in seiner Jugend ein Schüler und Freund Ecks in Ingolstadt, † 1541 in Celle (s. Herzog, XIII, S. 1 ff.; Eubel, I, S. 98; Ebrard, III, S. 19 u. 36; Riggenbach, Untergegangene deutsche Universitäten, S. 17; Schreiber, I, S. 209.

[5] Vgl. Geiger, S. 76.

[6] Die Wallfahrt zur schönen Maria gab den Anlaß zur Einführung der Reformation in Regensburg (vgl. Eubel, I, S. 104 ff.; Wedel, S. 50; Bullinger, I, S. 224).

Zum Amte des Provinzials wurde hier wiederum Pater Kaspar Satzger gewählt, der drei Jahre lang Guardian in Nürnberg gewesen war. In Nürnberg fanden wir hernach die Schrift Luthers von dem Papsttum zu Rom, die dort zum zweiten Mal gedruckt worden war.

Den Rückweg nahm ich über Schwabach, Dinkelsbühl, Gmünd und Schorndorf nach Pforzheim und gelangte über Straßburg und die Vaterstadt Rufach nach Basel.

In diesem Jahre, nach der Krönung Kaiser Karls V. in Aachen, begann der Reichstag in Worms, auf den auch Luther geladen wurde. Er gab dort Allen, die hören wollten, Rechenschaft von seiner Lehre; aber trotzdem wurden Luthers Schriften auf Antrieb der römisch Gesinnten vom Kaiser verdammt. Doch weder in Worms, noch anderswo achtete man viel auf sein Edikt; vielmehr druckte, kaufte und las man Luthers und der Seinigen Bücher nur desto eifriger. Ja, damals gerade erschien sein Buch von der babylonischen Gefangenschaft, ebenso vier oder fünf Schriften gegen die päpstlichen Sakramente, von der Freiheit eines Christenmenschen, von den Winkelmessen[1] und Anderes derart, auch gegen Mönchtum und Cölibat und über die Gelübde.

Gegen Ende dieses Jahres kam vom Reichstage Pater Franziskus de Angelis als mein Gast nach Basel, ein Spanier und Provinzial der sogenannten Engelsprovinz,[2] die sich durch ganz Spanien erstreckte. Er war ein Verwandter des Kaisers und eilends als Gesandter von Worms weggeschickt worden, um in Spanien ausgebrochene Unruhen[3] beizulegen. Ganz unerwartet kam er am Abend vor Weihnachten mit seinen Dienern angeritten und blieb zwei volle Tage und drei Nächte bei mir. Er redete viel mit mir von Luthers Sache, die der gute gelehrte Mann zum großen Teil billigte, mit Ausnahme des Buches von der babylonischen Gefangenschaft, das er in Worms mit Betrübnis und Mißfallen gelesen hatte. Mir war es damals noch nicht zu Gesicht gekommen. Auch über die Abänderung einiger Punkte der Ordensverfassung besprachen wir uns eingehend, und er vertraute mir etliche Vorschläge an für das Generalkapitel des nächsten Sommers, an Pfingsten im Kloster zu Carpi.[4] Ich war nämlich auf dem Amberger Kapitel als Vertreter der Gesamtprovinz für diese Versammlung gewählt worden und sollte mich mit dem Provinzial dorthin begeben, de Angeli fürchtete aber, wegen der Geschäfte, die er im Namen des Kaisers in Spanien zu betreiben hatte, diesem Generalkapitel nicht beiwohnen zu können. Jedoch das Gegenteil traf ein: ich wurde verhindert. Den ganzen Sommer hatte ich daheim zu thun mit der Leitung des Baues eines neuen Krankenhauses auf Kosten des Rats in unserm Kloster zu Basel. Deshalb vertrat mich auf dem Generalkapitel

---

[1] So hieß Luther die missae privatae, die an den Seitenaltären gelesen werden.

[2] Ximines (s. S. 57, Anm. 2) hatte seit 1492 als Provinzial der spanischen Franziskaner die sämtlichen Klöster der Konventualen in Spanien reformiert. Ueber 1000 Konventualen sollen damals Spanien verlassen haben, um nicht Observanten werden zu müssen (vgl Herzog XVIII, S. 324 ff.). 1506 gab es in Spanien 190 Franziskanerklöster.

[3] Vgl. Beckers Weltgesch. VII, S. 161 ff.

[4] In Modena.

Bruder Mich. Fries, der Schreiber des Provinzials, und Franziskus de Angeli konnte zugegen sein und trug Alles vor, was zwischen uns verabredet war. Es wurde aber damals nichts entschieden, sondern erst auf dem nächsten Generalkapitel die Sache in Ordnung gebracht. Ein Provinzialkapitel fand in diesem Jahre (1521) nicht statt, wohl aber ein Fürstentag zu Nürnberg, wo man des Kaisers Dekret gegen die Lutheraner in der Hauptsache aufhob, jedoch nur für das Reich, nicht für die österreichischen Erblande.

In dem nämlichen Jahre wurde Luthers Psalter[1] gedruckt; 22 Psalmen in Folio erschienen unter meiner Mitwirkung bei Ad. Petri; ebenso bei Froben die Werke Tertullians auf Veranlassung des Beatus Rhenanus der den einzelnen Büchern zweckmäßige Inhaltsangaben vorausschickte und mich bestimmte, das Verzeichnis für das Gesamtwerk anzulegen, wie ich es schon für Cyprians Werke gethan hatte. Pommerans Auslegung der Psalmen wurde mir handschriftlich von Wittenberg gesandt mit der Bitte, die Arbeit durchzulesen; sie sollte in einer ersten Auflage von 1600 Stück in Basel gedruckt werden. Aber im nächsten Jahre schrieb Martin Butzer, in Nachahmung Pommerans,[2] eine deutsche Psalmenauslegung, die A. Petri in einer doppelten Ausgabe unter meiner Mitwirkung drucken ließ. Auch schrieb ich zu allen Büchern, die bei ihm erschienen, die Inhaltsverzeichnisse, wahrlich keine kleine Arbeit für mich, den Guardian, der gleichzeitig fast noch das ganze Krankenhaus an der Birsig zu bauen hatte, wenigstens was das Innere anlangt, d. h. vier Stuben und ebensoviele Kammern, samt Kapelle und Küche. Außerdem druckte Froben auf Betreiben des Beatus Rhenanus noch das Buch des Marsilius von Padua[3] gegen das Papsttum. Es stammt aus der Zeit Kaiser Ludwigs des Baiern, und ich schickte auch diesem Werk ein Inhaltsverzeichnis voraus, um es nützlicher und verkaufbarer zu machen. Ebenso druckte Froben damals die Geschichte Heinrichs IV. und Heinrichs V., ein auf Wahrheit beruhendes und gegen das Papsttum brauchbares Buch.

1522 nach Ostern wurde ein Kapitel zu Leonberg in Schwaben gehalten. Ich erschien mit den Anderen und sollte in Anbetracht des Ansehens meines Klosters und der Stadt Basel den ersten Platz haben. Da klagten mich Etliche offen als Lutheraner an; ich sei als solcher exkommuniciert und unwürdig, den Verhandlungen beizuwohnen. Vater Kasp. Satzger führte den Vorsitz. Ich erwiderte, mir sei von meiner Exkommunikation nichts bekannt; sonst wäre mir doch ein päpstliches Dekret zu Gesicht gekommen; aber ich hätte auch, schon bevor mir gesagt worden sei, daß man hier und dort Anstoß daran nehme, die Herausgabe Lutherischer Schriften nicht mehr befördert, einige wenige ausgenommen, die noch nicht verdammt seien wie z. B. das Psalmenwerk. Daraufhin beschlossen die Väter, mich zuzulassen, und als es sich in der allgemeinen Beratung um die Frage handelte, ob man allen Brüdern das Lesen der Bücher Luthers verbieten

---

[1] Siehe Riggenbach, S. 78, Anm.

[2] Siehe S. 76 u. Anm. 6.

[3] Kaiser Ludwigs des Baiern Leibarzt. Der Kaiser hatte gegen den päpstlichen Bann an ein allgemeines Konzil appelliert (vgl. Ebrard, II, S. 367, Anm. 11). Das Buch heißt: «Defensor pacis.» (Vgl. auch Eubel, I, S. 42 ff. und Indices, S. 75 u. a.)

folle, wurde auf meinen und des Provinzials Satzger Rat bestimmt, daß nur die ungebildeten Brüder ein solches Verbot träfe; die gelehrten und die das Predigtamt ausübenden sollten sie dagegen fleißig lesen, um ein Urteil zu gewinnen und Irrtümer gegen die kanonischen Schriften und die Wahrheit öffentlich und in kleineren Kreisen widerlegen zu können. Dies war das letzte Kapitel, dem ich beigewohnt habe.

Auf der Heimreise traf ich in Bad Liebenzell bei Hirsau den kranken Doktor Joh. Reuchlin,[1] der dort die Kur gebrauchte, und unterhielt mich mit ihm einige Stunden lang über Mancherlei. Ich sollte ihn nicht mehr sehen; denn schon im nächsten Monate segnete er das Zeitliche und wurde zu Stuttgart begraben. Er war ein überaus gelehrter Mann, voll brennenden heiligen Eifers für die Verteidigung der Wahrheit und die Förderung des Schriftstudiums. Als ich nach Basel heimkam und dem Erasmus von meinem Gespräche mit Reuchlin und seinem Tod erzählte, gab ihm das den Anstoß zu dem bekannten Kolloquium: „Die Apotheose Reuchlins" und auch zu jenem andern, worin er einen Franziskaner Konrad und einen Bernhardiner auftreten läßt. Nur ist der an sich wahre Vorgang, den der Meister in wohlgesetzte Sprache kleidet, in Wirklichkeit viel einfacher gewesen, als wir hier lesen.[2]

Im Jahre darauf (1523), in der Fastenzeit, kam der Provinzial Satzger nach Basel und hörte von unsern Magistern an der Universität und von einigen Domherren am Münster schwere Klagen über mich, den Guardian, über Joh. Kreiß,[3] den Viceguardian, und über den Prediger Joh. Luthart.[4] Wir und Andere seien Lutheraner und betrieben die Veröffentlichung lutherischer Schriften. Der Provinzial wurde dadurch im Verein mit den erwähnten Ratgebern zu dem Entschlusse bewogen, man müsse uns drei entfernen, aber ehrenvoll, ohne die geringste Schande, und andere an unsere Stelle setzen. Als das der Rat von Basel erfuhr, schickte er nach einer Sitzung zwei hochangesehene Ratsherren zum Provinzial mit dem Verlangen, die gegen uns erhobene Anklage mitzuteilen, der Rat wünsche, den ganzen Sachverhalt zu kennen und darüber zu befinden. Der Provinzial weigerte sich zunächst, die Namen der klagenden Domherren und Magister anzugeben, mußte aber alsbald vernehmen, daß der Rat beschlossen habe, alle übrigen Mönche, deren Zahl damals über 40 betrug, aus der Stadt zu verjagen, falls man uns drei aus dem Kloster wegschicke. Da legte der Provinzial, weil er die abgesandten Ratsherren für lutherisch gesinnt und also für parteiisch hielt, Berufung ein an den vereinigten großen und kleinen Rat.[5]

---

[1] Siehe S. 21.

[2] Das betr. Stück der colloquia trägt die Ueberschrift: οἱ πτωχοπλούσιοι d. h. die Bettelstolzen.

[3] Aus Straßburg (s. Abschn. XX).

[4] Auch Hans Sündli genannt, aus Luzern. (Basler Chronikon, I, S. 409.) Sein Name kommt im Chronikon noch öfter vor. Jedes Kloster hatte seinen Prediger. Ueber das Barfüßerkloster in Basel vgl. S. 30, Anm. 2.

[5] Der große Rat zählte über 250 Mitglieder; jede Zunft wählte 12; auch der Schultheiß von Kleinbasel gehörte ihm an. Der große Rat trat nur selten und in wichtigen Fragen des Gemeinwesens zusammen (Wurstisen, S. 357 und Basl. Chron. I, S. 93 ff.).

Dies wurde ihm für den nächsten Samstag vor Quasimodo[1] zugestanden, unter der Bedingung, daß auch der Prediger und ich vor dem Rat erscheinen sollten, um über unser Thun Rechenschaft zu geben und auf die Klagen zu antworten. Der Provinzial hätte es lieber gesehen, wenn wir beiden weggeblieben wären und er allein mit seinen Genossen, deren er drei hatte, vor dem Rate hätte erscheinen können; aber der Rat beharrte darauf, daß wir zugegen seien, und so geschah es auch. Der Provinzial trug in langer Rede die ganze Sachlage und die Gründe vor, die ihn zwängen, uns drei in andere Klöster zu versetzen und besser für das Basler Kloster zu sorgen. Die Klage gegen uns besage, wir seien Lutheraner und beförderten den Druck entsprechender Bücher. Hierauf gingen die Kläger zum Frühstück, wurden aber sogleich wieder vor einige Ratsherren gerufen, um den Beschluß des Rates zu vernehmen. Dieser lautete, sie hätten sich schleunigst aus der Stadt zu entfernen, ohne ihr Vorhaben auszuführen; falls sie aber dennoch uns drei, mit oder ohne unsern Willen, zum Verlassen der Stadt drängten, so sei es beschlossene Sache, alsbald alle übrigen Minoriten aus Basel auszuweisen. So reiste denn der Provinzial unwirsch ab und mit ihm seine Genossen und der Beichtiger[2] der Nonnen von St. Klara im Gnadenthal,[3] wo sie mit den Doktoren und Domherren Rats gepflogen hatten.

Durch den gleichen Beschluß des Rates wurden auch vier ordentlichen Professoren die Stellen gekündigt, nämlich zwei Theologen, dem Magister Mauritius,[4] einem Augustiner, und dem Doktor Joh. Gebweiler,[5] ferner dem Doktor des Kirchenrechtes Joh. Textor[6] von Mörnach[7] und endlich einem Mediziner, Johann Wonecker.[8] Sie hatten Gehalt vom Rat bezogen und sollten nun für ihre Vorlesungen keines mehr beziehen, ja überhaupt zu lesen aufhören; man werde für ihre Studenten auf andere Weise sorgen. Als sich der Provinzial von Basel entfernt hatte (um nicht wiederzukehren), wurde dann auch ich mit den Gefährten meines geistlichen Amtes enthoben. Aber sofort ernannte der Rat den Doktor Joh. Oelo-

[1] Riggenbach teilt im Vorwort (S. XX ff.) das Ratsprotokoll mit. Darnach hat der Provinzial u. A. geäußert: „es sig nit gut, das ein predicant alwegen die worheit sag, sundern sol sy zu ziten hinderhalten, domit das der gemein man in zoum gehalten mag werden, das do groß und schwer ze hörenn ist."
[2] Gregor Heilmann s. S. 85 u. a.
[3] Siehe Wurstisen, S. 258. — Es lag in der Spalenvorstadt.
[4] Mauritius Fininger. Vgl. Vischer, Gesch. der Univ. Basel, S. 222 ff. (Riggenbach, S. 81, Anm. 2.)
[5] Aus Colmar (s. Schmidt, II, S. 159, Anm. 2; Ristelhuber, Heidelberg et Strasbourg, S. 127).
[6] Er hatte die Theologie 1489 wegen Verheiratung aufgegeben «duxit uxorem et dimisit studium suum cum ridiculo» (Ath. Rauricae, S. 107). Vgl. auch Thommen, S. 293, Anm. 2.
[7] Bei Pfirt im Elsaß.
[8] Aus Hanau, zuerst Barbier, dann Stadtarzt u. Univ.-Professor. Er hat auch in theologicis gepfuscht (vgl. Basl. Chron., I, S. 440 ff., auch Amoenit., S. 543).

lampadius,[1] der schon vorher den Jesaias als Publikum deutsch gelesen hatte und damals den Römerbrief zu lesen anfing, zum ordentlichen Professor der Theologie, und ebenso mich an Stelle des Augustiners Mauritius. Ich habe damals ein Jahr lang in einem großen Hörsal über die Genesis gelesen, dann (i. J. 1524) über die Sprüche und weiter (bis etwa Ende Februar 1526) über den Prediger Salomonis.

Im Jahre 1523 sollte ein Provinzialkapitel in der Stadt Landshut gehalten und Pater Satzger, der mir stets wohlgesinnt war, nach dreijähriger Amtszeit seiner Würde entbunden werden. Er hatte mich immer geliebt und war nun ganz im Unklaren über mich, seit er mich als ungehorsam kennen gelernt hatte. Anfangs schien es mir deshalb nicht angebracht, aus der Ferne an ihn zu schreiben. Aber der Rat faßte den Beschluß, einen eigenen vereidigten Gesandten mit Briefen nach Landshut zu schicken, um dort Aufschluß über das Vorgefallene zu geben, sowie über seine Absichten mit dem Minoritenkloster und dem Schwesternkloster St. Klara in Gnadenthal. Daher hielt ich es doch für notwendig, meine Stellung in der Sache und meine Rechtfertigung schriftlich niederzulegen und dadurch die mancherlei Gerüchte, gute wie schlechte, die in der ganzen oberdeutschen Provinz über mich umliefen, ins rechte Licht zu setzen. So schrieb ich denn einen Brief[2] an Alexander Molitor,[3] meinen Altersgenossen, einen der frömmsten Väter. Er war damals Guardian in Mainz, ein Mann von lauterster Art, gelehrt, sehr religiös und mein aufrichtiger Freund. Auch bei ihm stand mein Ruf in Gefahr, und ich mußte fürchten, den alten Freund zu verlieren. Eine Abschrift dieses Briefes (Molitor wurde auf dem Landshuter Kapitel zum Provinzial erwählt, was ich nicht voraussehen konnte) habe ich, mir zum Zeugnis, von einem Bruder anfertigen lassen, und bis auf den heutigen Tag aufbewahrt. Ihr, meine zwei Söhne, sollt den Brief lesen, um, wenn es nötig, seiner Zeit wahrhaft, fest und unerschütterlich meinen Ruf gegen etwa noch lebende Minoriten verteidigen zu können und mit euern Nachkommen die Ursache meines Austritts aus dem Mönchtum einzusehen, und wie ich dabei, nach dem Zeugnis meiner Freunde und selbst meiner Feinde, im sicheren Gefühl ungeschmälerter Ehrenhaftigkeit und eines guten Gewissens gelebt habe.

Ich hatte dem Brief an den ehrenwerten Pater Alexander, der hernach wiederholt das Amt des Guardians in Heidelberg und des Provinzials bekleidete, eine Fassung gegeben, die es möglich machte, ihn gleichsam als eine Rechtfertigungsschrift auch andere Gönner lesen zu lassen. Deshalb hat auch, wie mir damals einige Freunde schrieben, auf dem Landshuter Kapitel der Provinzial Satzger, als sich unter den Brüdern ein heftiger Meinungsaustausch über meine Person entspann, in offener Versammlung seine Ansicht in die Worte zusammengefaßt: „Ich höre hier allerlei Verunglimpfungen und darunter selbst offenbare Lügen über Pellikan von Basel.

---

[1] Geb. 1482 in Weinsberg (Johannes Heußgen), der Reformator Basels (vgl. Herzog, X, S. 537, Bullinger, I, S. 35).

[2] Pellikan schrieb außerdem noch einen kürzeren Brief direkt an das Landshuter Kapitel zum Sonntag nach Jacobi 1523. Das Konzept ist auf der Züricher Kantonalbibliothek (Riggenbach, S. 83, Anm.)

[3] Aus Rastatt. — Steht 1495 in der Heidelberger Matrikel (Töpke, S. 419).

Ihr sollt aber wissen, er war allezeit ein Mann von ehrbarem Wandel und tadellosem Rufe und ist es noch; er hat nichts gethan, was einem redlichen Manne unziemlich ist, und ich wünsche daher, daß ihr euch in seiner Herabwürdigung Maß auferlegt." Das waren seine Worte. Ob ihm Alexander meinen Brief gegeben, ob er ihn gelesen hat oder nicht, ist mir unbekannt; aber der Inhalt des Schreibens, worin ich die für mein Leben und Gewissen so wichtige und verhängnisvolle Sache möglichst kurz zusammengefaßt habe, lautet wörtlich wie folgt: „Dem ehrwürdigen Vater Alexander Molitor, Guardian zu Mainz, seinem teuern Freund und Bruder, der auch jetzt auf dem Provinzialkapitel der Minoriten im Kloster zu Landshut für ihn eintreten wolle, wünscht der Bruder Konrad Pellikan von Rufach, bisher Guardian zu Basel, Gnade und Heil in Christo, unserm Heiland! Ein Jahr voll trauriger, verwickelter Erlebnisse liegt hinter mir. Daß ich in dieser ganzen Zeit dir nichts von alledem geschrieben habe, ehrwürdiger Vater, hat (das wolle mir glauben!) lediglich darin seinen Grund, daß so viel zu schreiben gewesen wäre! Die Sache betäubte mich förmlich; ich glaubte, schriftlichen Mitteilungen nicht gewachsen zu sein, und wollte dir auch mit dem Lesen solcher nicht beschwerlich fallen. Jetzt aber möchte ich Rechenschaft ablegen von meinem Thun; denn es handelt sich um ein wichtiges, ja um das beste Stück meines Rufes! Dich, deine brüderliche Liebe, deinen frommen aufrichtigen Sinn habe ich mir dabei ausersehen vor vielen andern! Du sollst, du mögest in einer freien Stunde lesen, was ich dir zu schreiben habe, was mir gleichsam von selbst aus traurigem, bekümmertem Gemüt in die Feder fließt! Findest du aber unter den Kapitelgeschäften, deren Erledigung man dir und den Angesehensten des Ordens anvertrauen wird, nicht die Zeit dazu, so gieb diesen Brief wenigstens anderen frommen und aufrichtigen Männern zum Lesen, damit sie zu beurteilen vermögen, was von den Gerüchten, die überall in den Klöstern über mich verbreitet sind, zu glauben ist. Gehen ja doch, wie ich höre, in der ganzen Provinz die wunderbarsten Schauergeschichten über mich von Mund zu Mund! Einige, freilich nicht viele, glauben auch jedem Wind, und wenn sie vormals über meinen Wandel gewiß nichts Schlechtes erfahren haben, so lassen sie sich jetzt durch die Erzählungen Uebelwollender dahin bringen, in ihrem Herzen nicht gut mehr von mir zu denken! Deutlich genug bezeugen das ihre Reden und Schriften! Darum will ich mir alle Mühe geben, dir die wahre Sachlage zum Verständnis zu bringen, damit du gleichsam immer zur Hand hast, was du von einem Freunde denken sollst, dessen du dich hoffentlich nie zu schämen brauchst, und um für ihn antworten zu können. Auch die anderen Brüder, wie sie gegen mich gesinnt sein mögen, sollen, was ich dir, meinem vertrauten Freunde, der Wahrheit gemäß schreibe, lesen und bei gutem Willen einsehen können, daß sie falschen Ausstreuungen Glauben schenkten. Ich höre (und damit will ich beginnen), es zischeln Etliche, ich hätte auf dem Kapitel zu Leonberg,[1] wo man mich als Lutheraner und des Bannes Würdigen zur Rechenschaft zog, durch meine Worte und lügenhafte Entschuldigung die Väter getäuscht und ihre Einfalt hinter das Licht geführt. Andere sagen, ich hätte dort, wer weiß was, widerrufen, und das Richtige wäre gewesen, mich schon damals als Ketzer zu verdammen. Aber die Gunst des ehrwürdigen

---

[1] Vgl. S. 79.

Provinzials, Vaters Satzger, sei mir in einer Weise zur Seite gestanden, daß sich Niemand ein Wort gegen mich zu sprechen getraut habe. Dem gegenüber kann ich auch heute nur wiederholen, was du selbst mich damals vor Aller Ohren sagen hörtest. Offen gab ich zu, man könne mich freilich in gewissem Sinne Lutheraner nennen; denn ich hätte von Anfang an Luthers Bücher fleißig und mit Bewunderung gelesen, obwohl ich, seit langer Zeit an andere Kost gewöhnt, nicht sogleich Alles verstanden hätte. In vielen Stücken seien sie mir förderlich gewesen; habe er doch manches Gute geschrieben, selbst nach dem Urteile der Eiferer, die sein Lob auch bei guten und gelehrten Männern lesen müßten. Dagegen habe Mehreres, was ich bei ihm gesehen, auch mein lebhaftes Mißfallen erregt und mir als Neuerung einen wahren Schrecken eingejagt. Anderes endlich, das in bescheidener Schreibweise hätte vorgebracht werden dürfen, sei durch Maßlosigkeit unerträglich, und einige seiner Schriften wolle und könne ich nicht verteidigen. Ebenso fleißig und unverdrossen hätte ich andererseits bis auf den heutigen Tag alle die vielen Schriften gegen Luther gelesen und deshalb auch das Scrutinium[1] des ehrwürdigen Provinzials Satzger zum Drucke besorgt, damit die Patres unsrer Provinz Klarheit über Luthers Bücher gewännen, was man darin zugeben könne oder bestreiten müsse, auf welche Weise dies zu geschehen und wie man sie auszulegen habe. Eine päpstliche Bulle oder ein Befehl des Kaisers sei mir bis zu diesem Augenblick noch nicht zu Gesicht gekommen (auch bis heute nicht), und so hätte ich es denn für keine Sünde gehalten, daß gelehrte Brüder derartige Bücher läsen. Es sei das sogar eine Notwendigkeit, namentlich für solche, die ab und zu mit klugen und feingebildeten Leuten in Berührung kämen; sie müßten dann doch Bescheid wissen, was einzuräumen und was zurückzuweisen sei. Schon auf das bloße Gerücht von einem Edikte des Kaisers hätte ich mich übrigens mit Drucklegungen nicht mehr abgegeben, ausgenommen eine Psalmenausgabe, der ich auf Luthers briefliche Bitte einige hebräische Buchstaben beifügte. Auch habe man in Basel, schon ehe ich als Guardian dorthin kam, gedruckte Schriften von Luther gehabt, und einige Brüder, die ihn fleißig lasen, sowie viele Weltgeistliche seien damals bereits mit seiner Lehre genau bekannt gewesen. Ich hätte also, sagte ich, vernünftiger Weise das Lesen dieser Bücher in einer großen Stadt, wo ich überall die Laien sie lesen sah, nicht unterlassen dürfen, zumal da man von uns jederzeit Rechenschaft über unsern Glauben fordern konnte. Einen Abfall, wovon man auf Grund falscher, erlogener Gerüchte in der ganzen Provinz rede, habe man von mir nicht zu befürchten. Und das war damals in der That meine Meinung. Daß ich dies und noch einiges Andere aufrichtigen Sinnes gesagt habe, wissen Alle, die zugegen waren. Widerrufen habe ich nichts, und es war das auch nicht nötig, da man mir eine Irrlehre gar nicht vorwarf. Seit dieser Zeit hatte ich, was Luthers Schriften betrifft, keinerlei Verkehr mehr mit Buchdruckern; diese aber hörten deshalb natürlich nicht auf, an ihren Gewinn zu denken. Nur den Druck des Neuen Testamentes[2] habe ich nach Kräften gefördert, und der hierauf verwendete Fleiß reut mich nicht;

---

[1] Vgl. Riggenbach, S. 85, Anm. 1.

[2] Adam Petri und Thomas Wolf druckten in Basel Luthers Neues Testament nach (Riggenbach, S. 86, Anm.).

auch kann mir kein Christenmensch daraus einen Vorwurf machen, und überdies hätte das Werk durch mein Zurücktreten doch keinen Stillstand erlitten
Was aber die L e h r e Luthers angeht, so war ich damals und bin ich noch
heute der Ansicht, daß ich ihr insoweit beipflichten darf, als sich ihre Uebereinstimmung mit der Lehre Christi und der Apostel klar aus der h. Schrift
beweisen läßt. Von dem Brauch und den Sitten der ersten Kirche und von
den Schriften der Kirchenväter (wo diese über ein Dogma einig sind) weicht
er nicht allzusehr ab, und wenn er einmal in einem Punkt abweicht, so
glaube ich ihm darin nur, was er mir gründlich zu beweisen scheint, ganz
so wie die Kirchenväter selbst wollten, daß man ihnen glaube. Jede kirchliche Lehre, die auf Aussprüchen der h. Schrift fußt, nehme ich gläubig an;
was mir aber ohne biblische Grundlage und dunkel entgegentritt, was nicht
zur Seligkeit oder Frömmigkeit nötig ist, das verachte ich weder ohne
Weiteres, noch bin ich schuldig, es blindlings gelten zu lassen mit Hintan-
setzung der Wissenschaft, die auf Grund sorgfältiger Forschung vielleicht Ver-
nünftigeres lehrt. In allen Punkten, die heute noch streitig sind, warte ich
getrost auf die weise Entscheidung frommer, gelehrter, bescheidener, gläubiger
Männer, die irdische Rücksichten gering achten, einzig das Wort Gottes ver-
ehren, nicht nach Menschengunst oder persönlichem Vorteil fragen, sondern
die Ehre Gottes, die Förderung der Frömmigkeit, das Heil der Seelen im
Auge haben, nichts Anderes lehren, als was dem Glauben und den Sitten
dient, kurz, die voll heiligen Geistes sind und nicht, von der Weisheit dieser
Welt aufgeblasen, mehr ihrer eignen Person, als Gott und der Wahrheit
Rechnung tragen. Solcher Männer sieht man schon heute in der Christenheit
viele und wird ihrer noch mehr sehen. — Es ist heuer und im vorigen Jahre
noch ein anderes Gerücht über uns und unser Kloster bei den Vätern der
Provinz umgelaufen. Man sagte nämlich, der Bischof von B a s e l und
und Rat wie Volk werde uns nächster Tage aus der Stadt jagen, weshalb
mich auch der ehrwürdige Pater Provinzial brieflich ernsthaft ermahnte, derartigen Gefahren vorzubeugen. Ich schrieb ihm zurück (und wiederhole es
heute noch), ältere Ratsherren und vornehme Bürger hätten mir häufig ver-
sichert, dergleichen wäre für uns nicht zu befürchten; denn es sei nie die geringste
Klage an die Bürgermeister gelangt oder in den Zunftstuben laut geworden.
In der That haben lediglich die Klagen oder Lügen gewisser Domherren
und ihrer Vertrauten über unsern Klosterprediger und mich in der Bürgerschaft Verbreitung gefunden, und einige alte Doktoren von der Universität
(mehr Sophisten als Theologen) im Vereine mit unserm Beichtvater in
Gnadenthal (Gleich und Gleich gesellt sich gern!) nach Kräften gegen uns
gearbeitet. Wie oft sagte ich diesen Männern, wenn sie etwas wider unsere
Lehre und unsern Wandel hätten, möchten sie doch ihre Akademie versammeln, uns vorladen, bestimmte Säße aufstellen, die Gründe unseres
Glaubens, mit denen wir nicht zurückhalten würden, anhören und uns über
die Wahrheit deutlicheren Aufschluß geben! Aber von alldem haben sie nichts
gethan, sondern nur in heimlichen Zusammenkünften und Beratschlagungen
unermüdlich für unsere Verunglimpfung geschafft, bis sie zuletzt selbst in die
Grube fielen, die sie gegraben hatten, und ihrer Lehrstühle und Gehälter
verlustig gingen! So und so oft hatte sich Herr Doktor Gregor H e i l -
m a n n , unser Beichtiger, gerühmt, er habe unserer Austreibung entgegen-
gewirkt und sei für uns eingetreten, und schließlich ist er, ohne daß ich das

Geringste dafür that, ja nur daran dachte, durch Gottes rächende Hand selbst zuerst vertrieben worden! Nichts also ist unrichtiger, als die Behauptung, wir hätten dabei irgendwie mitzuhelfen versucht. Freilich, (das muß ich der Wahrheit zu Liebe eingestehen) bedauert habe ich seine Ausweisung nach dem Elsaß nur wenig! Schien er doch immer meine Vertreibung und Schande zu wünschen, da ich in seinen Augen ein Ketzer war! Hatte er sich doch just mit allen Leuten befreundet, die er als meine und der guten Brüder bitterste Feinde kannte! Zudem, wie oft war er uns seit Jahren lästig gefallen mit seinen unaufhörlichen Zänkereien, und wie unausstehlich war das lächerliche Pochen auf seine Doktorwürde! Auch die Schwestern liebten ihn nicht; sein stets wachsender Aufwand gereichte ihnen zu großem Schaden und war oft ein Aergernis für das ganze Haus, nicht zu reden von der Bedrängung der Gewissen, von der Aengstigung eingeschüchterter Gemüter durch seine hervorragende skotistische Gelehrsamkeit, mit der er nun die Provinz verherrlichen wird, falls man ihn, wie er hofft, zum Provinzial erwählt, wenn es dem Himmel gefällt! — Ferner höre ich, daß man neben all den andern gehässigen Gerüchten über uns auch die Lüge verbreite, unser hochwürdigster Herr Bischof und der Provinzialgeneral hätten mich und den Prediger von Basel versetzen wollen, wir aber seien ungehorsam gewesen, hätten den Rat um Hilfe angerufen und dadurch unsern Willen durchgesetzt. Du sollst die ganze Geschichte von Anfang an erfahren, werter Vater und Freund! Ohne Beschönigung, in lauterer Wahrheit, will ich sie kurz beschreiben und bitte Dich: lies es! Der Herr Bischof **Christoph**,[1] den Du persönlich kennst, sowie sein Koadjutor und einige andere Domherren sind mir früher stets günstig gesinnt gewesen, jetzt aber durch die Machenschaft gewisser Leute meine Gegner geworden. Nach dem **Amberger Kapitel**[2] begann unser Prediger zusammenhängend über das Evangelium Matthäi zu predigen; es währte 1½ Jahre, bis er fertig war. Er hielt sich dabei an die heiligen Schriftsteller des Altertums, Chrysostomus, Hieronymus, Augustinus, Origenes, Hilarius und an den gebräuchlichen Text zum Nutzen und unter dem Beifall einer zahlreichen Zuhörerschaft, auch von Gelehrten. So streute er das Wort des Evangeliums aus, und dessen eingeborne Kraft zeigte sich in der Tröstung der Gewissen, in der Erbauung der Frommen; aber die Schriftgelehrten und Pharisäer reizte er! Nach und nach erhob sich ein Gemurmel im Klerus und bei den Domherrn; doch ertrugen sie noch die Sache so gut, als sie vermochten. Nach dem **Leonberger Kapitel** in den Pfingsttagen fing er an, die Bergpredigt auszulegen und stellte sie mit dem frommen Eifer, der ihm eigen ist, als eine nicht auszulernende christliche Richtschnur dem Volke vor Augen. Jetzt geriet die ganze Schaar in Aufregung: die Domherrn, die Universität und einige Vornehme aus dem Rat! Unverzüglich, im Monat Juni, ließ man alle Prediger der Stadt zusammenrufen und gab ihnen auf,[3] hinfort einzig das Evangelium zu predigen nach

---

[1] **Christoph von Utenheim** s. S. 37, Anm. 2.

[2] **Siehe S. 77.**

[3] **Am Rande** steht zwar «decretum Basil. senatus»; aber das in Basl. Chron., I, S. 38, mitgeteilte „mandat usgangen des evangeliums halb" ist ganz reformationsfreundlich und kann hier nicht gemeint sein. (Vgl. dagegen Riggenbach, S. 88, Anm. 5.)

Auslegung der alten Heiligen,[1] nicht nach eigenem Gutdünken und wider den
Sinn der Schrift. Auch sollten sie nichts gegen alterprobte kirchliche Handlungen und den Gebrauch der Sakramente auf die Kanzel bringen, vielmehr
das Volk zum Gehorsam ermahnen, sich in keinem Stücke mit Neuerungen
überstürzen und dafür ein künftiges allgemeines Konzil abwarten. — Ich habe
wie schon vorher, als unser Prediger das Evangelium zu verkünden begann,
so auch jetzt nach dem Erlaß dieser Weisung an die Prediger, allen seinen
Kanzelreden beigewohnt, um persönlich zu hören, was und wie er predige,
und für ihn eintreten oder gegen ihn vorgehen zu können, je nachdem es die
Sache erfordere. Aber niemals vernahm ich ein Wort aus seinem Munde,
das meines Wissens nicht im Einklang mit Aussprüchen frommer Männer
der alten Zeiten oder der h. Schrift gestanden hätte. Nur fuhr er zuweilen
heftiger gegen die Laster los, als Vielen zu gefallen pflegte. Am Fest Allerheiligen und in einigen späteren Predigten verbreitete er sich über die Mißbräuche bei der Verehrung der Heiligen. Er sprach bei dieser Gelegenheit
manches Richtige aus und handelte im Anschluß daran auch vom wahren
Gottesdienst und der Ehre, die den Heiligen gebürt; aber allen Hütern des
Kirchenschatzes war ein Greul, was er sagte. Einige Tage nachher lud man
ihn und mich vor die Herren des Domkapitels und hielt uns vor, die neu-
liche Weisung[2] sei von uns mißachtet worden; der Prediger habe Neues
und Verderbliches gepredigt, wie daß man die Heiligen nicht ehren solle, ja
er habe das Volk zur Tödtung der Geistlichkeit und zum Aufruhre gereizt;
wir seien undankbar für empfangene Wohlthaten; auch pflege der Prediger
vor Anfang der Predigt den englischen Gruß nicht zu beten. Wir entgegne-
ten, das Ave Maria sei nach dem Gebete des Herrn, dem Vaterunser, gesprochen worden; man habe nichts gegen den Glauben und die h. Schrift
gepredigt; Alles stimme vielmehr mit den alten Kirchenvätern; die Anklage
wegen Tödtung der Geistlichkeit sei falsch und eine boshafte Erfindung; wir
seien auch keine Undankbaren, sondern zu demütigem Gehorsam bereit und
in jeder Hinsicht eifrig für den Frieden und die Wohlfahrt des Klerus be-
flissen; einen Aufstand des Volkes brauche man nicht zu befürchten; wir
seien Opfer des Neides und der Bosheit und könnten uns auf unsere Zuhörer und das Zeugnis geradherziger Männer berufen; nichts sei ja im Ver-
borgenen geschehen, und nur die entgegengesetzte Geistesrichtung der Leute
erkläre die verschiedene Auffassung der gleichen Predigten. — Diese Antwort wurde von den Herren freundlich aufgenommen, und sie versicherten
uns ihres Wohlwollens. Zu seiner Rechtfertigung setzte der Prediger übrigens
auch selbst auseinander, was und wie er gepredigt habe, und versprach für
die Zukunft größere Vorsicht. — Während der Adventszeit legte er dann in
täglichen Predigten das Evangelium «missus est»[3] aus und predigte den
ganzen weiteren Winter hindurch bis zu den Fasten recht gemäßigt, und
ohne daß eine Klage laut wurde; trotzdem untersagte man uns das Al-
mosensammeln im Welschen. — Nach Lätare kam unerwartet der ehrwürdige
Pater Provinzial, stellte die gewöhnlichen Fragen und teilte uns die

[1] Der Kirchenväter.
[2] «Quae comiserant ante;» auch hieraus erhellt, was von dem Rats-
dekret (s. o.) zu halten ist.
[3] Lucas 1, 26 ff.

Wahrnehmungen seiner Visitation mit. Ich warf mich ihm vor dem gesamten
Konvent zu Füßen und bat inständig, mich doch ob meiner Unfähigkeit und
der unwürdigen Verleumdungen, die ich erdulden müßte, sowie der schwierigen,
verwickelten Zeitumstände halber meines Guardianamtes zu entheben; denn ich
könnte in Zukunft doch nicht anders handeln, als ich bisher gehandelt hätte.
Gleichzeitig versprach ich, allen meinen Freunden und Feinden, gelehrten wie
ungelehrten, persönlich die nötigen Aufklärungen zu geben; keiner solle arg-
wöhnen, ich sei durch Haß oder Neid aus dem Amte gedrängt worden. Darauf erwiderte der ehrwürdige Vater, ich wüßte doch, daß es gegen alles
Herkommen wäre, wenn er mich jetzt entließe, kaum drei Monate vor dem
nächsten Kapitel; gerade eine Enthebung vom Amte, bei der man nicht einmal diese kurze Spanne Zeit abwartete, würde allen Verleumdungen Glauben
verschaffen; ich solle eben Geduld haben und mir an ihm ein Beispiel nehmen,
der noch viel Schwereres tragen müsse. So beruhigte ich mich und hielt
geduldig aus. Dies Alles hatte sich am Samstag vor Judica zugetragen.
— In der nächsten Woche, als er das Kloster Gnadenthal visitierte,
sah er täglich neue Besucher bei Tisch, Doktoren der Universität, einige Ratsherren und Kanonici. Was sie dort verhandelt haben, weiß ich nicht, weil
ich nicht dabei war; man hat mir aber erzählt, es sei gegen mich und den
Prediger viel gesprochen und eingefädelt worden. Schließlich ließ sich der
Pater Provinzial bewegen, in Begleitung des Beichtigers Doktor Heilmann in einer Versammlung der Münsterdomherren zu erscheinen. Hier
wurden dann förmliche Klagen wider den Prediger, mich und den Vize-
guardian vorgebracht mit der Bitte, uns aus der Stadt zu entfernen und
anderswohin zu versetzen. Als mir der ehrwürdige Vater dies heimlich mit-
teilte, antwortete ich ihm, das sei ja mein eigener Wunsch, und ich hätte
ihn neulich selbst darum gebeten; aber wenn es jetzt auf die Klagen der
Domherren und Doktoren geschähe, so müßte ich fürchten, daß es nicht ohne
Unruhe im Rat und im Volk abginge. Da eröffnete er mir, es sei seine
Absicht, mich mit allen Ehren als Guardian nach Kaysersberg zu
schicken. Den Prediger wolle er als seinen Begleiter annehmen und an
unsere Stelle seinen bisherigen Begleiter[1] setzen und den Guardian Romann[2] in Kaysersberg, einen geborenen Baseler. Ich antwortete ihm wie
vorher. — Von all diesen Umtrieben bekam. man weiß nicht durch wen,
der Rat Kenntnis und sandte zwei seiner angesehensten Mitglieder zu dem
ehrwürdigen Vater mit der Forderung, die gegen uns vorgebrachten Klagepunkte einsehen zu dürfen, widrigenfalls man die Entfernung der drei Patres
nicht zugeben werde. Der ehrwürdige Vater ging nun wieder zu den Domherren und begehrte die Klageschrift, aber erhielt sie nicht. Freitag nach
Ostern forderte der Rat aufs Neue durch zwei Abgesandte die Klagepunkte
und beteuerte, er werde uns nicht entfernen lassen, wir wären denn recht-

---

[1] Joh. Winzler (s. u.). Er war vielleicht auch aus Basel oder hatte
doch dort Beziehungen. Ein Mich. Winzler erscheint unter den ersten Basler
Druckern (Wurstisen, S. 209).

[2] Siehe S. 92. — In Kaysersberg wäre es Pellikan wahrscheinlich
schlimm ergangen (vgl. Erichson, S. 12 u. 14), oder er wäre zum Reformator
der Gegend geworden, wie der Franziskaner Joh. Knipstrow in Pommern
(vgl. Wedel, S. 69; Indices, S. 193).

mäßig angeklagt und überführt. Der Pater Provinzial beharrte auf seinem Vorsatz und sagte, er sehe sich, wie gesagt, um des Friedens willen genötigt, uns zu entfernen. Da erwiderten die Abgesandten im Namen des Rates, es sei ein förmlicher Ratsbeschluß gefaßt worden, daß man die Anklageschrift sehen wolle; anders könne man unsere Entfernung nicht zugeben, und wenn der Provinzial gegen diesen ihren ausgesprochenen Willen uns schließlich doch versetze, so sei es schon jetzt beschlossene Sache, alsdann auch alle übrigen Brüder aus Stadt und Kloster auszuweisen. Als das der ehrwürdige Vater hörte, glaubte er immer noch, sie sprächen nicht im Ernst oder doch ohne Auftrag des Rates und verlangte deshalb, persönlich vor dem Rat erscheinen zu dürfen. Die Abgesandten willigten ein, und es wurde der nächste Samstag dafür anberaumt unter der Bedingung, daß auch wir beide, der Prediger und ich, miterschienen, um zu hören, was vorgebracht werde. Der Provinzial erschien mit meinen zwei Feinden, seinem Begleiter Johann Winzler und dem Beichtiger; ich und der Prediger waren gleichfalls geladen. Der ehrwürdige Vater trug dem Rate vor, wie er überall in der Provinz Klagen über das hiesige Kloster gehört habe, und da er nun ähnliche auch hier in der Stadt selbst vernehme, so müsse er das Hereinbrechen von Spaltungen in Basel befürchten, wenn wir noch länger blieben. Es würden fremde Lehren gepredigt, und in den gegenwärtigen Zeitumständen könne man die Wahrheit nicht ohne Gefahr predigen.[1] Auch im Kloster beständen zwei Parteien, und der Friede lasse sich nur herstellen, wenn eine vom Platze weiche. Es solle Alles in Ehren für uns abgemacht werden; er sei nach bestem Vermögen darauf bedacht, sowohl für uns als für die Stadt das Richtige zu treffen. Und so sagte er noch manches Andere, Alles in milder, verständiger Weise. Nun wurde auch ich zum Sprechen aufgefordert und sagte im Wesentlichen, was folgt: „Es ist mir bekannt, daß man mich in der Provinz verschrieen und bei dem ehrwürdigen Vater angeschwärzt hat, ich sei von Unheil für das Kloster und bei meinen Mitbrüdern, der Geistlichkeit und dem Volke verhaßt wegen Lutherischer Ketzerei; man habe deshalb meine und der Brüder Vertreibung aus Basel fürchten müssen. All das ist dem ehrwürdigen Vater mündlich und schriftlich hinterbracht worden. Ich habe an ihn einmal in der Sache geschrieben, meines Wissens seien mir Rat und Bürgerschaft hold, und ich hätte das Kloster so verwaltet, daß ich keinesfalls eine kränkende Absetzung verdiente, obwohl ich ja von Herzen wünschen müßte, von der Last des Amtes befreit zu werden, um meinerseits keinerlei Anlaß zu einer Spaltung zu geben. Doch will ich natürlich wissen, weshalb man mich verklagt, und bin bereit, über Glaube, Sitten und Regierung der Brüder Rechenschaft abzulegen. Wenn man mich aber weder öffentlich anklagt, noch überführt, so bin ich entschlossen, auch in Zukunft zu handeln, wie bisher, so lange mir das der Gehorsam gegen die Väter und die Gunst des Rates gestatten.“ — Dann sprach auch der Prediger, dem Ort und der Sache angemessen, von seiner Predigerthätigkeit, und schließlich wurden wir entlassen und schritten hinaus. — Der ehrwürdige Vater mußte noch bleiben. Was ihm da gesagt worden ist, wissen wir nicht; er kehrte mit seinen Begleitern zu den Schwe-

---

[1] Vgl. S. 81, Anm. 1.

tern zurück, der Prediger und ich in unser Kloster. — Gegen Abend brachten uns Freunde die Nachricht, der Rat habe vier ordentliche Professoren
vor sich beschieden und ihnen die Gehälter für Vorlesungen, die sie bisher
vom Rate bezogen, von nun an abgesprochen; desgleichen sei dem Beichtiger in Gnadenthal, Doktor Gregorius, angekündigt worden, daß er die
Stadt zu verlassen habe; auch Joh. Winzler wollten sie nicht länger dulden, sondern beide hätten den Befehl erhalten, innerhalb dreier Tage abzu-
gehen. Noch spät am Abend kam dann der ehrwürdige Pater Provinzial
zu uns ins Kloster und klagte, er sei sowohl von dem Rat, als von mir
und dem Prediger, seinen Untergebenen, verächtlich behandelt worden. Ich
erwiderte ihm unter vier Augen, wir wollten keineswegs gegen seinen Willen und mit Verletzung des Gehorsams hier bleiben, noch irgendwie seine
Befehle gering achten; aber man dürfe nicht unsern boshaften Gegnern und
Feinden allein glauben; diese mißbrauchten die Leichtgläubigkeit seines väter-
lichen Herzens zum Verderben des Klosters, und sie, Heilmann und
Winzler, träfe die Schuld, wenn etwas Unrechtmäßiges geschehen sei. Ich
für meine Person würde gewiß lieber von hier fortgehen und ohne das Amt
eines Guardians in Ruhe leben; aber es sei hart, die Verleumdung neidischer,
falscher Menschen ertragen und deshalb ein so treffliches Kloster verlassen zu
müssen. Auch thue man nicht gut daran, in einem weder an sich unehrenhaften,
noch Sitte und Glaube verletzenden Handel den Rat einer so großen Stadt
vor den Kopf zu stoßen. Und Wohlwollen für uns, die all die Jahre hindurch sich ehrbar betragen und nach Gottes Wort und bestem Wissen und
Gewissen gelehrt hätten, sei darin auch nicht zu spüren. Zudem wüßte ich
ganz genau, daß ohne uns einige Brüder nicht im hiesigen Kloster, ja nicht
einmal im Orden bleiben wollten und könnten. Sie würden sich auch nicht
in andere Klöster versetzen lassen, weil sie dort nicht mit solcher Gewissensruhe
Gott zu dienen vermöchten, sondern vielleicht gezwungen würden, etwas gegen
ihr Gewissen zu thun. Es war nämlich schon vorher das Gerücht im Gange,
man werde mit mir zugleich alle meine Gesinnungsgenossen unter den Brüdern
entfernen müssen, und ich fühlte mich deshalb getrieben, jetzt für sie Sorge zu
tragen. — Der ehrwürdige Vater antwortete mir, er wolle abreisen, ohne die
Visitation abzuschließen, was er denn auch gethan hat. Am Sonntag Quasimodo bei Tisch ermahnte er die Brüder in einer heilsamen, wohldurch-
dachten und herzlichen Ansprache, sich bis zum bevorstehenden Provinzialkapitel im August in Frieden zu vertragen, und beklagte sich, daß man ihn in
der Ausübung seines Amtes hindere. Beim Weggehen sagte er noch zu mir,
ich wäre nicht sein, sondern des Rates von Basel Guardian. Da warf ich
mich vor ihm auf die Kniee und antwortete: „Das sei ferne, ehrwürdiger
Vater! Ich bin ein unglücklicher Guardian, der nur in deinem und des Provinzialkapitels Gehorsam steht und bereit ist, sofort das Kloster zu verlassen,
wenn man es ihm befiehlt!" Dann bat ich ihn dringend um Rat, was ich
nach seiner Meinung thun müßte; ob ich trotz der unausbleiblichen, ja schon
eingetretenen Bedrängnis des Klosters und der Brüder gehen oder zu ihrem
und des Ordens Ehre und Heil noch länger hier bleiben solle. Er entgegnete,
es könne in dieser Sache nicht so schnell Rat geschafft werden, und ließ dabei die Bemerkung fallen, vielleicht würden es die Väter für zweckmäßig halten, statt die hinderliche Einmischung der Bürgerschaft in die Regierung des
Klosters zu dulden, es ganz der Stadt zu überlassen. So ging man au-sein-

ander.[1] — Das, teuerster Bruder, ist in Kurzem die wahrhaftige Beschreibung meiner Leidensgeschichte; so hat sich Alles zugetragen, und du magst
daraus erkennen, was mir bei diesen Ereignissen als Schuld anzurechnen ist.
Ich habe meine Sache Christo empfohlen, der sie bis heute beschützt hat und
auch in Zukunft beschützen wird, daß ich den braven Brüdern in Treue zur
Seite stehen kann und mittlerweile Alles hintansetze, was Menschen gefallen
möchte, einzig bestrebt, Gottes Willen und Wort zu gehorchen! Was aber
den Vorwurf betrifft, den Brüdern das Lesen Lutherischer Bücher gestattet und abtrünnigen Ordensleuten Beihilfe geleistet zu haben, so erwidere
ich darauf (was freilich schon allgemein bekannt ist): In der Stadt Basel
gibt es so viele Bücher und Drucker, daß man dem Lesen dieser Schriften
nicht vorbauen kann; im Gegenteil, je mehr man sie verbietet, desto begieriger und eifriger werden sie verlangt und gelesen! Durch Gottes Gnade
kann ich das Werthvolle vom Schlechten, das Wahre vom Falschen unterscheiden. Schon ehe ich als Guardian nach Basel kam, hatten die Brüder
Luthers Bücher gelesen. Ich ließ es mir deshalb mehr angelegen sein, die
im Kloster Gebliebenen zu erhalten, als die Ausgeschiedenen zurückzurufen;
diese sollten lieber draußen ihrem Herrn fallen, anstatt drinnen dem Herrn,
mir, den Brüdern und dem Orden Schaden zu bringen. Oft habe ich sie
übrigens mit den Gebliebenen aus der h. Schrift zu trösten gesucht und sie
ermahnt, mit freiem Gewissen nach dem Evangelium, wie es die Ordensregel
bekennt, dem Herrn zu dienen. Ueberhaupt, wenn es nach meines Herzens
Wunsch ginge, so müßte man nicht bloß die Verpflichtung auf die Gelübde
im Auge haben, sondern das Gebot des Herrn, dessen Summe und Haupt-
zweck doch die Liebe ist! Jedenfalls schiene es mir besser, wenige Gute
zu bewahren, als eine Mehrzahl gegen ihren Willen festzuhalten. — Wie
ich höre, hat man mir auch fälschlich ausgelegt und verkehrt, was ich ganz
gern gesagt haben will und noch heute behaupte, nämlich: „Wenn man in
der ganzen Provinz die Brüder, die für Lutheraner gelten und nur deshalb
ihren Guardianen nahezu unerträglich sind, in mein Kloster nach Basel
versetzte und umgekehrt die Brüder, die hier Unruhe verursachen und aufs
Gehässigste verfolgen, was ihnen nach Luthertum zu riechen scheint, in jene
andern Klöster verbrächte, so wäre ihnen und uns geholfen!" Aber ich lasse
mich nicht Lutheraner nennen in dem Sinne, wie sie das Wort verstehen!
Ich forsche fleißig in der h. Schrift; andere Bücher lese ich wohl auch, und
wenn ich darin auf etwas Gutes stoße, so nehme ich's an; aber Unnützes
und Unbegründetes bleibt auch unbeachtet! Ebenso kümmert's mich nicht, wer
etwas oder was Jemand schreibt, wenn es sich nur fest durch Gottes Wort
beweisen läßt. Dabei achte ich wohl darauf, ob es mit den Schriften der alten Kirchenväter stimmt, von denen Luther in seinen Sätzen viel weniger
abweicht, als die sogenannten Scholastiker, Theologen, die man richtiger
Philosophen hieße! — Ich weiß, liebwerther Vater, daß du in dieser Hinsicht das Gleiche denkst. Hast du doch als langjähriger Prediger dich allezeit

---

[1] Außer Basel verloren die Observanten in der Folge noch die Klöster
Heidelberg, Heilbronn, Nürnberg, Oppenheim, Pforzheim, Tübingen, Ulm,
Weißenburg, Barr, Binken, Meugenberg und Rietfelden (Eubel, I, S. 110).
Und dabei sei Satzger (nach Eubel) noch durchgreifender gewesen, als der
Provinzial der Konventualen, G. Hoffmann! (s. S. 51, Anm. 8.)

mit den frommen, geisterfüllten alten Schriftstellern lieber beschäftigt, als mit jenen Formalisten und Scotisten, die dir immer zuwider waren! Freilich habe ich diese Erkenntnis später gewonnen, als mir jetzt lieb ist, aber doch nicht zu spät, wie Andre von den Unsern, die trotz der häufigen Mahnung ihres Gewissens und angesichts der allgemeinen Verwirrung unserer Tage nach wie vor ihren tiefen Schlaf fortschlummern. Hätte ich dich persönlich sprechen können, so würden mir kaum ein bis zwei Stunden ausgereicht haben; nun bitte ich dich, statt dessen mir die Zeit zu gönnen, die du brauchen wirst, um diese Zeilen gelegentlich in Muße zu lesen! — Basel, den 30. Juli 1523."
— Diesen Brief übergab ich zur Bestellung den Brüdern mit, die zum Kapitel gesandt wurden. Aber es kam mir von dort kein Wort des Trostes zurück oder überhaupt eine Antwort.[1] Man enthob mich lediglich meines Amtes als Leiter der Brüder und setzte an meine Stelle den bisherigen Guardian von Kaysersberg, einen gewissen Romann. Er hatte schon früher lange Jahre in Basel gelebt als Beichtvater der vornehmsten Bürger und ihrer Frauen, war aber ein durchaus ungelehrter Mann (in der ganzen Provinz gab es keinen ungelehrteren Guardian!), dabei sehr dick und nicht immer gutes Rufes. Man setzte ihn an meinen Platz, weil er bei den Bürgern beliebt zu sein schien. So kam er denn an und behandelte mich wohlwollend, wie es ihm von den Vätern aufgetragen worden war; sie wollten mich eben handeln lassen, wie ich bisher gehandelt hatte.

XX. Professor in Basel.
Brief an das Generalkapitel in Kreuznach. — Briefwechsel mit Zwingli.
1524—1526.

Ich las damals schon in der theologischen Fakultät über die Genesis (an Stelle des Doktors Mauritius)[2] und überließ die Besoldung für diese Arbeit den Brüdern im Kloster zu Leben und Unterhalt, ohne etwas für eigenen Gebrauch zu verlangen. Das war dem Guardian natürlich nur angenehm. Trotzdem bemühte er sich hinterrücks, mir unter den Bürgern Feinde zu machen, aber die Zahl meiner Freunde blieb im Uebergewicht. Lügenhafter Weise prahlte er, man habe ihn in dies Amt gesetzt mit dem Auftrage, den Prediger und mich mit der Zeit auszutreiben. Aber der Herr schützte unsere Sache, und noch ehe das Jahr zu Ende ging, ertappte man Romann zu seiner eignen großen verdienten Schande und zur Schmach des Klosters und der Brüder (seit 50 Jahren hatte man dergleichen nicht mehr erlebt!) auf der schimpflichen That, eine Hure in seine Zelle und das Gastgemach eingelassen zu haben! Er wurde deshalb vor dem gesamten Provinzialkapitel angeklagt, abgesetzt und in ein anderes Kloster zu strengem Gewahrsam gebracht. So empfing er den Lohn seiner Hinterlist und mußte nach Gottes gerechtem Urteil die Schande allein tragen, die durch seine

---

[1] Molitor kam 1525 selbst nach Basel und war freundlich gegen Pellikan (vgl. S. 93).

[2] Siehe o. S. 81, Anm. 4.

schnöde That auch auf die besseren Brüder gefallen war! An seine Stelle
kam i. J. 1524 als Guardian Mathias Meysenbach,[1] ein guter und gelehrter
Mann. Er hatte den Auftrag, mich und den Prediger nicht zu belästigen;
vielmehr sollte er uns freie Hand lassen und alles Gebührende zugestehen,
was er denn auch treulich gethan hat. Der Prediger fuhr fort in der Verkündigung des Evangeliums, und ich, abwechselnd mit Oekolampadius,
in den begonnenen Vorlesungen, er über Jesaias, ich über die Genesis, er
dann über den Römerbrief und ich über die Sprüche Salomonis, bis in das
Jahr 1525.

Wie der Brauch vorschrieb, kam alljährlich der Ordensprovinzial zur
Visitation. Es war das damals Pater Alex. Molitor, der nämliche, an
den ich den Brief geschrieben hatte. Er behandelte uns beide, mich und den
Prediger, väterlich und freundschaftlich.

Der dritte von uns, Johannes Kreiß,[2] war damals mit Erlaubnis
des Guardians bereits nach Straßburg gezogen. In der Zeit der
Satzgerischen Tragödie zu Basel hatten ihn Vater und Mutter, die seiner
Hilfe bedurften, zurückverlangt. Gegen den Willen der Eltern war er einst
Mönch geworden und hatte sich als Orgelspieler ausgezeichnet. Als nun die
darbenden Eltern ihn zum zweiten Male zurückforderten, wollte er lieber
Gott und ihnen gehorchen, als einem Guardian und ging mit seinem Vater
nach Straßburg. Dort wurde er Schulmeister, diente dem Herrn in
aller Frömmigkeit und gehorchte seinen Eltern viele Jahre lang, bis er endlich 1541 bei St. Nikolaus das Zeitliche segnete. Er ist mir wie ein Sohn
gewesen, der liebste unter den Brüdern, dabei ein vorzüglicher Schreiber und
ein ehrliches, wahrhaft frommes Gemüt. — Der neue Guardian war mir,
wie gesagt, damals noch gewogen; trotzdem zeigten sich mir einige Laien-
brüder feindlich gesinnt, besonders der Koch und der Kellermeister samt ein
paar andern. Gute Leute, zuvörderst Ab. Petri und seine Frau, fürchteten
deshalb für mein Leben und Wohlergehen. Schier das ganze letzte Jahr
meines Aufenthaltes in Basel schickten sie mir täglich Speise und Trank. Ich
aß also nicht mehr mit den übrigen Brüdern, die zudem auch bereits anfingen, Mangel zu leiden. Im Februar 1524 hatten sie nämlich aufs neue
durch thörichte Unbesonnenheit mehr als 70 der besten und reichsten Bürger,
die ihnen bisher sämtlich gewogen waren, heftig gegen sich aufgebracht. Es
waren zum großen Teil Herren vom Rat und sogar der Oberstzunftmeister
darunter. In ihrem und andrer uns befreundeter Bürger Namen hatten sie
einstimmig den Wunsch ausgesprochen, es möchte doch anstatt der vielen Horen
und Messen täglich um 8 Uhr früh eine halbstündige Predigt[3] über das neue
Testament in unserer Kirche angeordnet werden, die geräumiger als die andern
und so bequem im Herzen der Stadt gelegen sei. Der Guardian und die
übrigen Brüder antworteten, sie wollten bedenken, was in der Sache zu thun
sei. Ich jedoch, der Prediger und einige Andere, würdige, gelehrte Kanzelredner, traten für die Bitte der Bürger ein und erboten uns auch, sie per-

---

[1] Bisher in Weißenburg (s. S. 99).

[2] Siehe S. 80.

[3] In Straßburg ist diese Einrichtung („das Morgengebet") 1524 getroffen worden (Röhrich, I, S. 202).

sönlich zu erfüllen; denn es sei ein frommes, sowie der Regel und den Gelübben des h. Franziskus ganz entsprechendes Begehren, überdies leicht ausführbar und komme von guten, ja den besten Freunden des Klosters, durch deren Almosen es sich nähre und deren Kränkung bitteren Mangel, wenn nicht gar Feindseligkeit zur Folge haben werde. Aber bei manchem auch von den jüngeren Brüdern überwog doch die Bedenklichkeit der andern, die nichts von der Sache wissen wollten, weil es lutherisch sei, an Werktagen zu predigen. Man müsse den Rat des Provinzials einholen; seine Zustimmung sei notwendig. Dieser Beschluß verdroß mich, und auf der Stelle sagte ich deshalb: „Wenn ihr Brüder euch weigert, so frommen und leicht erfüllbaren Wünschen eurer Freunde zu willfahren, dann werde ich hinfort auch nicht mehr den Helfer eurer Notdurft machen, nichts mehr für euch erbitten und das Geld, das man mir für meine Arbeiten gibt, zu meinem eigenen Lebensunterhalt anwenden. Ihr mögt hernach sehen, wie ihr euch nähren könnt, und ob die Gunst des Volkes und freundlich gesinnter Bürger noch lange vorhält!" — Seit dieser Zeit hatte ich angefangen, für mich zu speisen; gute Freunde ließen mir, wie gesagt, das Nötige zutragen. Unsre bisherigen Gönner aber hörten von dem bösen Willen der Brüder, wurden insgesamt auf einmal Feinde des Klosters und schwuren, ihm in Zukunft keinen Pfennig Almosen mehr zuzuwenden. So standen die Dinge i. J. 1524.

Im nächsten Jahre sollte das Provinzialkapitel zu Kreuznach gehalten werden. Unser Guardian war ein guter Mann, aber bei den Bürgern recht unbeliebt, weil man ihm die Schuld an der Verweigerung der täglichen Predigt zuschrieb und er sich auch gegen andre lutherisch Gesinnte schroff zeigte. Ich selbst las nun schon zwei Jahre Theologie und mußte von den Brüdern manche Unannehmlichkeit, ja Aengstigung hinunterschlucken. So kam ich nicht vom Fleck und entschloß mich deshalb, als der Sonntag Jubilate und mit ihm das Provinzialkapitel herannahte, an die Väter (A. Molitor führte den Vorsitz) den folgenden Brief zu schicken. Es war mein letzter; aber ich dachte damals noch keineswegs daran, aus dem Orden auszutreten.[1] Ich habe mir eigenhändig eine Abschrift des Briefes gefertigt zum Zeugnis für meine Sache und will ihn auch hier einschalten für euch, meine Söhne, und zur Erinnerung an jene Zeit. Ihr sollt ihn lesen und, wenn nötig, verteidigen, damit Niemand meinen später nach Gottes Rat erfolgten Austritt aus dem Orden als leichtsinnige und treuvergessene Handlungsweise ansehen könne.

„Den ehrwürdigen Vätern des Minoritenordens, die sich am Sonntag Jubilate im Kloster zu Kreuznach versammeln werden, wünsche ich von Herzen den Geist der Weisheit und Frömmigkeit und Heil in dem Herrn! — Ich und meine Klostergenossen, Väter und Brüder, waren nemlich, wie es der Brauch, vorschriftsmäßig versammelt, um etwa vorhandene Klagen gegen den Guardian zu vernehmen. Da, plötzlich, versuchte man wider alle Gewohnheit, mich, der gar nicht an dergleichen dachte, gewissermaßen zu einer neuen Ablegung der Gelübde zu nöthigen! Auf wessen Gebot oder Anstiftung

---

[1] Nach Ostern 1524 schrieb er noch an Butzer: „Ich würde meinen Feinden den größten Gefallen thun, wenn ich die Kutte ablegte; auch die Mehrzahl der Väter wünscht das von Herzen." (Siehe Riggenbach, S. 98, Anm.)

man das that, weiß ich nicht; vielleicht wollte man bei dieser Gelegenheit mich nur gegen meinen Willen aus dem Orden drängen. Ich antwortete auf der Stelle, daß ich wegen dieser Sache mich schriftlich an Euch, meine Väter, wenden würde, und thue das nun, durch die äußerste Not getrieben, wahr, treulich und ernsthaft, indem ich Euch beschwöre, diesen Brief geneigtest zu lesen und sorgfältig zu erwägen, was jetzt weiter zu thun ist! Denn das erfordern die Zeitumstände, die ganze Lage der Sache und die Stellung der in Betracht kommenden Personen. Von vielen Seiten höre ich hauptsächlich die Klage, der Orden und die Brüder seien durch mich in der ganzen Provinz in die größte Verlegenheit gebracht, sowohl den sogenannten Lutheranern, als andern Leuten gegenüber. Die Lutheraner sprächen, wenn die Brüder bettelten, ermahnten oder sich sonst ereiferten, sie möchten es doch mir nach= machen und der Wahrheit anhängen, die Andern dagegen führen aus dem= selben Grunde mit Schimpfworten gegen sie los, verweigerten ihnen das Almosen und erzeigten sich gehässig, weil man mir, dem Lutheraner, die Stange halte, anstatt mich wie einen excommunicierten Ketzer in den Kerker zu schließen oder, wie sie sagen, aufzuopfern! Es sollen sogar einige Herren Bischöfe[1] den Vätern des Ordens Vorwürfe machen, durch mich werde zu ihrem nicht geringen Nachteile die Lutherische Sache gefördert; unser Basler Kloster sei gleichsam die Quelle von Alledem; ich überwachte in Basel den Druck der Bücher und sei in allen Stücken der geheime Leiter, während der Prediger Joh. Luthart mir dabei öffentlich auf der Kanzel unge= scheut Vorschub leiste. Dazu verklagt man mich schon seit Jahr und Tag bei den Vätern der Provinz, ich hätte den Rat der Stadt Basel beeinflußt, mich nicht von hier entfernen zu lassen, und müßte deshalb in Euern Augen für aller Aemter im Orden unwürdig gelten. Darüber bin ich nun freilich nichts weniger als betrübt; vielmehr könnte es mich jetzt und in Zukunft nur herzlich freuen, wenn ich endlich von sämtlichen derartigen Aemtern los= käme! — Neuerdings wird mir ohne Zweifel auch dafür fälschlich die Schuld beigemessen, daß das Kloster St. Klara in Gnadenthal eurer Leitung ent= zogen ward. Auch bedauern es die Brüder, wie ich höre, daß man mich auf dem Kapitel in Leonberg nicht eingesperrt oder doch aller Aemter und Ehrenstellen entsetzt habe, sowie ferner, daß auf dem Landshuter Kapitel unser Basler Kloster nicht, wie Einige geraten, aufgegeben und aus der Provinz ausgestoßen worden sei. Ja, ich vernehme sogar, der ehrwürdige Pater Kaspar Satzger müsse ab und zu üble Nachrede hören von einigen andern angesehenen Vätern, weil er mich geliebt und nach Kräften verteidigt hat und nicht ohne Weiteres dem Unverstand Anderer zustimmen wollte. Aus dem Allem erkenne ich, daß Ihr mich für eine Pest, für ein Gift nicht nur der Provinz, sondern des gesamten Ordens haltet! Ich muß schuld sein an jedem Abfalle, der in der Provinz vorkommt, und werde allenthalben

---

[1] Am Rande: Wilhelm, Bischof von Straßburg (Wilhelm III. von Hohenstein 1506—41, ein Thüringer). Berler meldet von ihm S. 108: „Eban er erwelt war, sprach er zu einem dapferen mann, wann er byschoff wär, so wolt er nit mer dan einen knecht haben, eban er schatzung nähm von den priestern, huren bei ihnen zu lassen." Unter ihm begann die Re= formation in Straßburg. (Vgl. Scherer, S. 186 ff.; Schmidt, I, S. 367 ff.; Röhrich, I, S. 248 n. 434.)

verlästert! Die mir freundlich gesinnten Brüder in der Provinz wagen es nicht, mich zu verteidigen, weil man sie haßt um meinetwillen! Von vielen Brüdern unseres Klosters erfahre ich tagtäglich eine Fülle von Bitterkeit und Mißgunst, obgleich ich die ganze Zeit über nicht abgelassen habe, ihnen nach Kräften Gutes zu thun! Unter so übelwollenden Brüdern laufe ich wirklich Gefahr für Namen und Leben! Behandeln sie mich doch wie einen Exkommunicirten, sagen das auch öffentlich, klagen mich an, ziehen mich herunter, verlästern mich, rechnen all ihr Mißgeschick mir an (die Armut, von der sie bisher nichts gespürt, hätten sie mir zu verdanken!), schneiden mir die Ehre ab mit tausend Lügen und nötigen mich, unausgesetzt ihr Ge- murre zu hören über brave Männer, die mich lieben und zu mir halten! Sie wünschen, scheint es, von Herzen, daß ich wegginge und ihnen aus den Augen käme! Dann wären sie besser daran; nur meinetwegen, jammern sie, entzöge man ihnen die Almosen, und doch hätten sie (ich weiß es!) ohne mich nur notdürftigst leben können! Wenn ich mich gutwillig in ein andres Kloster versetzen ließe, lieber Gott, wie erginge es mir! Könnte ich da in Frieden des Herzens und Freiheit des Geistes leben, ein Lamm unter Wölfen, oder wie sie sagen, ein Ketzer unter so eifrigen Papisten! — In- zwischen erdulde ich nicht weniger von der andern Seite, von einer Menge guter Leute, die Anstoß daran nehmen, daß ich so lange gegen das Ge- wissen, wie sie sagen, und gegen Gottes Wort mit Heuchlern unter einem Dache wohne, die Heuchelei begünstige, die Gottlosigkeit verteidige, von Menschen ersonnene Gelübde höher achte als die Gebote Gottes, und von Almosen lebe statt von meiner Arbeit! Es fehlt auch nicht an Männern, die mir schon längst, seit drei Jahren bis heute, Kleidung und Tisch ver- sprechen bis an mein Lebensende, ja Pfründen und Pfarreien! Mittlerweile höre ich nicht auf, fleißig alle Schriften zu lesen sowohl Luthers, als der Gegenpartei. Namentlich verwende ich meine ganze Zeit und Kraft bei Tag und Nacht auf das Lesen der heiligen Schrift und finde dabei mitunter recht kräftige Stellen gegen Mißbräuche unserer Zeit in Lehre und Sitten bei allen Ständen. Ja, man muß sagen: Frei von Mißbräuchen ist eigent- lich nichts von Allem, was wir bisher ohne Gott gelehrt und gethan haben! Dagegen scheinen die Einwände von der andern Seite mir wenigstens und Vielen mit mir unhaltbar, schwächlich, zweifelhaft, menschlich zu sein. Weil demnach meine Sache so steht, daß Ihr mit den Euern große Klagen wider mich erhebt, und ich dagegen viel wider Euch oder Brüder des Ordens vorbringen kann, wobei es mir die Frucht meiner Studien, d. h. mein Wissen, meine Ueber- zeugung, unmöglich machen, anderen Sinnes zu sein, so bin ich begierig, von Euch zu hören, was für Rat Ihr mir geben könnt. Nicht wage ich es, darüber Eure Meinung zu erforschen, wie sich Viele von Euch, wenn nicht Alle, in meiner Lage verhalten würden; denn ich muß ja handeln, wie ich handle und bisher gehandelt habe! Auch wüßte ich nicht, und wenn ich morgen stürbe, was mich alle die Jahre her reuen sollte in Wort oder That, obschon ich fest glaube, dem Richterstuhl Gottes nicht entrinnen zu können! Ich weiß eben, ich kann und darf nicht anders handeln, als ich bisher gehandelt habe! Bei mir selbst finde ich da keinen bessern Rat, als klüglich auf meinem Platze zu bleiben, das mir von Gott dem Herrn in Basel bereitete Asyl dankbar zu gebrauchen und mich nicht gutwillig in irgend ein andres Kloster versetzen zu lassen, wo man mich behandeln würde wie einen gemeinschädlichen

Menschen, wo ich dem vollen Hasse der Brüder, den härtesten Strafen ausgesetzt wäre,[1] ohne die mindeste Hoffnung hegen zu dürfen auf Besserung der Lage, auf **meinen** Frieden oder auf den meiner Mitbrüder in Basel, die so augenscheinlich wünschen, mich los zu werden, und mit allen möglichen Ränken meine Verstoßung betreiben! Ich werde deshalb in **Basel** bleiben, ehrwürdige Väter, auch wenn ihr zu dem Entschluß kommen solltet, das hiesige Kloster aufzugeben und als ein verlorenes Glied zu beweinen. Ich werde im **Kloster** bleiben und nach meiner Weise leben, um, so weit als möglich, den übrigen Klöstern nützlich zu sein, ohne daß um meinetwillen der Orden forthin Verwirrung leide. Und zwar werde ich leben nicht nur nach dem Wohlgefallen unsers Herrn Jesu Christi, wenn er mir die Gnade dazu verleiht, sondern auch des h. Franziskus, freilich ohne alle Privilegien des römischen Stuhls, ohne nutzlose und gefährliche menschliche Ueberlieferung, aber auch nicht nach der Freiheit des Fleisches, in der ich, wie Ihr wißt, niemals gelebt habe! Jeder von Euch, der meinen Wandel kennt von meiner Jünglingszeit an seit nun 33 Jahren, muß es wissen: Vor der Menschen Gericht ist mein Leben und Ruf ohne Flecken, so daß ich mich nicht scheue, sogar das Zeugnis meiner Feinde anzurufen, weil ich sicher bin, mich in keinem Stücke jemals gegen die bürgerliche Ehrbarkeit, gegen die Ordensregel, gegen die Satzungen wesentlich vergangen zu haben! Darum hoffe ich, auch fernerhin ein Leben zu führen nach Christi Vorschrift. Und wenn ich dabei Dinge, die eine bloß weltliche Gerechtigkeit ausmachen, wenn ich Zeremonien, die für Kinder gut sind, wenn ich die Milchspeise der Unmündigen nicht länger ertragen sollte, so möge mir das Niemand verargen, weil eben ein Mensch, der sich viele Jahre an der h. Schrift genährt hat, doch wohl etwas an Männlichkeit und Urteil zugenommen haben wird! Man mag sich nicht sein Lebenlang in der Kinderschule und unter der Kinder Gesetz festhalten lassen, und wenn es des Herrn Wille ist, darf und will auch ich mich nicht länger nach Alters- und Standesgenossen richten, die über Gebühr säumig sind auf dem Wege Gottes, gleichsam verdrossene Mitschüler! Wollt Ihr mir dagegen gleichgesinnte Brüder, deren Ihr ja genug in der ganzen Provinz kennt, in unserm Basler Kloster zugesellen, Männer, die als Lutheraner Euch lästig sind, die Ihr für Auswürflinge achtet, ja als Verderbenbringer verfolgt, wollt Ihr solche mir hersenden und dafür meine Feinde hier im Kloster mit jenen die Stellen tauschen lassen, so werdet Ihr, wenn es Gottes Wille ist, gar bald schon den Segen davon spüren, nämlich einen, wie ich glaube, heiligen, guten, überaus nützlichen Gewinn, zu dem Ihr Euch später einmal herzlich Glück wünschen werdet, wenn Ihr auch die Gnade erlangt habt, die Wahrheit zu erkennen aus der Erneuerung des Christentums allein durch das lautere Wort Gottes, wie sie von Tag zu Tag sichtbarer hervortritt in allen Ständen! Denn nicht nur Orden und Klöstern,[2] sondern dem ganzen christlichen Gemeinwesen steht eine Reformation bevor, die weder Ihr, noch das gesamte papistische Aufgebot

---

[1] Der Guardian durfte „Apostaten des Ordens verfolgen lassen und im Ergreifungsfalle auch in Fesseln legen und ins Gefängnis werfen". (Enbel, I, S. 15.)

[2] Es gab damals in Deutschland 24000, in ganz Europa 400000 Bettelmönche. (Vgl. Riggenbach, „Das Armenwesen der Reformation", S. 8.)

mit all seinen Mitteln wird hindern können! Viel eher werdet Ihr selbst in den Strom mithineingerissen werden, als daß Ihr sein Ungestüm zu hemmen vermöchtet gegen die Kraft und die Festigkeit des Wortes Gottes, gegen den Eifer seiner Verkündiger, denen es ein Leichtes ist und sein wird, bis in den Tod zu kämpfen und das Werk des Evangeliums auszubreiten über die ganze Welt! Gefällt es Euch dagegen, das Basler Kloster unter Eurer Obsorge und Oberleitung zu lassen und festzuhalten, seid Ihr imstande, mich, wie ich einmal bin, gleichmütig zu ertragen, sorgt Ihr dabei durch die Versetzung einiger Brüder auch wohlwollend dafür, daß ich dauernd in Frieden und Ruhe leben und mich frei mit Gottes Wort beschäftigen darf, so will ich gerne mich noch länger in die andern Brüder finden und in Alles, was dazu gehört, will ohne Rückhalt liebreich, friedfertig und nutzbringend mit ihnen verkehren, wenn man mich nur in meinem Gewissen nicht beschwert, d. h. mich nicht nötigt, etwas zu unterlassen, was Gewissen und Gottes Wort vorschreiben, oder etwas zu thun, was Gott verbietet. Ich liebe ja die Brüder und den Orden und habe sie von jeher geliebt! Ihr freilich liebt mich jetzt nur wenig; ich, der vor Kurzem noch als gut und gelehrt galt, scheine Euch jetzt ein Gottloser, ein Thor, obgleich ich im Grunde immer war, was ich heute bin, abgesehen von der Liebe zu Gottes Gesetz, das mir jetzt heller aufgegangen ist, als vorher! Mit einem Wort: ich will ohne Murren in der Gemeinschaft der Brüder bleiben, wenn sie mir gegenüber das Gleiche thun. Gefällt Euch das nicht, wollt Ihr nicht auf diese Weise für unsere gemeinsame Zukunft Vorsorge treffen, so werden wir ja sehen, was sie bringen wird. Ihr so wenig, wie ich, wißt das heute! Was Furcht Gottes und Liebe zum Guten und Rechten in dieser Stunde uns raten, was Gott selbst uns vorzeigt (seiner Sorge vertrauend, bekümmere ich mich nicht um den morgigen Tag), das werden wir dereinst alle einsehen, Ihr wie ich! Mein Gewissen ist frei. Unverdrossen will ich mich Allem unterziehen, was mir an sich schwer ist, aber aus Liebe zu den Brüdern beobachtet werden muß, wenn es nur der Frömmigkeit und dem Worte Gottes nicht schnurstracks zuwiderläuft, und andererseits achte ich jede bloß menschliche, nicht wahrhaft in Gottes Wort gegründete Einrichtung so gering, daß ich alles Derartige, je nach Ort und Zeit, ohne Gewissensbedenken unterlassen, ja geradezu verachten könnte, wenn es mir Jemand als notwendig zum Heil hartnäckig aufdränge. Tragen Ordenskleid und Klosterregel etwas bei zur Ehre Gottes, so will ich ohne Murren ausharren in dem altgewohnten Stande, ja, wünsche sogar von Herzen, daß es geschehe; verhält es sich aber anders, so muß mir Gottes Ehre und die Ausbreitung der evangelischen Wahrheit mehr gelten, als mein ganzes bisheriges Empfinden, mehr als die Stimme von Fleisch und Blut! Es hat mir bisher nichts für das zeitliche Leben gemangelt, und die Befolgung der Ordensregel ist mir deshalb auch nicht schwer geworden; aber trotzdem will ich lieber bei Euch für einen Ausgestoßenen gelten, als bei Christus, der die Wahrheit ist und die Gerechtigkeit und der Weg des Lebens! Was Ihr nun auch vorhabt mit unserm Kloster und mir, Eines will ich Euch nicht verhehlen: es geht das zuverlässige Gerücht bei uns, daß in den sämtlichen Schweizer Klöstern alle Brüder, die nicht in der Schweiz selbst die Gelübde abgelegt haben oder, wie man sich ausdrückt, Klosterkinder sind, ausgewiesen werden sollen, und daß hinfort keine Aufnahme ohne Einwilligung der Obrigkeiten stattfinden dürfe. Obgleich man nun bei uns noch nichts von solch einem Beschlusse hört, ist doch die Furcht groß, daß es auch mit unserm Kloster so kommen möchte. Gnadenthal, Ihr wißt es ja, wurde bereits der Leitung des Ordens entzogen, und so ist es mittlerweile auch drei andern Frauenklöstern ergangen; nach Ratsbeschluß darf ihnen kein Klostergeistlicher mehr vorstehen. Wie man allgemein sagt, trägt daran Bruder Romanus[1] die Hauptschuld, der uns aufgedrungene Guardian, dieser verschlagene, treuvergessene Mann, den Ihr über die Schwestern in Gnadenthal setztet, obgleich Ihr ihn kanntet! Ich, das weiß ich, habe nichts gegen ihn gethan, rein gar nichts. Aber bekennen muß ich: man glaubte allgemein, ich würde sein Nachfolger werden in der Leitung der Schwestern, wenn ich mich entschlösse, den Gehorsam gegen Euch aufzugeben und mein Kleid zu tauschen. In der That haben mich die Häupter der Stadt deshalb ausgeforscht. Aber ich wollte nicht, und heute ist schon nicht mehr daran zu denken, daß man mir noch einmal die Aufsicht über die Schwestern dort antrüge. Viel eher, glaube ich, wird man alle Klöster eingehen und räumen lassen und sie niemals wieder irgend welchen Mönchen zurückgeben. Wenn Euch Jemand etwas Anderes zugetragen hat, so wiegt Ihr Euch in eiteln Hoffnungen! Aber ach, ich habe es ja genugsam erfahren, daß Euch meine Ratschläge wenig gefallen, weil ich selbst Euch nicht mehr angenehm bin! Ich glaube und sage es Euch voraus im Namen des Herrn: In Kurzem schon werdet Ihr die Frucht Euerer Ratschläge kosten und Euch die Zähne stumpf beißen! Zu spät, wenn Ihr nichts mehr vermögt, werdet Ihr wiederanfzurichten begehren, was zusammengestürzt ist! Beharrt also auf Euerm Sinne, weicht nicht von den Spuren Eurer Väter, bis Euch die Augen aufgehen, haltet hartnäckig, gegen das Zeugnis des h. Franziskus, fest an Euern päpstlichen Privilegien und ruft sie an, steift Euch auf die Verordnungen des römischen Stuhles und lebt wie bisher allein vom Bettel ohne Arbeit, so lang es noch angeht, — ich für meine Person werde mich nach besten Kräften bemühen, mit Gottes Gnade durchzukommen, wohin mich sein Wort führen wird; es allein bleibet in Ewigkeit! — Was mir Herz und Verstand, Euch zu raten, eingab, in diesem Brief ist es aufrichtig und wahrhaft niedergelegt; o so laßt Euch beraten! Vielleicht bin ich zum Narren geworden in Euern Augen; aber mein Gelübde legte sich mir gleichsam von Neuem auf und zwang mich unwiderstehlich, zu Euch zu reden! Ob der Vater Guardian geht oder bleibt, ist mir einerlei; ich habe den Brüdern auf dem letzten Landshuter Kapitel deutlich meine Meinung über ihn geschrieben,[2] man werde gut thun, ihn uns nicht als Guardian zu schicken, nicht als ob ich ihn für einen schlechten Mann hielte und ihm nicht mit aller Ehrfurcht und Friedfertigkeit unterthan sein könnte, sondern weil ich gehört hätte, er habe früher in Weißenburg seinen Platz nicht sehr glücklich ausgefüllt. Davon hat er auch wirklich gleich in seinem ersten Kapitel mit uns eine Probe gegeben, indem er sagte, er sei uns als Guardian geschickt worden, um Zusammengestürztes wieder aufzubauen und die neue lutherische Sekte zu vertreiben und auszurotten! Auch gesprächsweise begann er mit Worten um sich zu werfen, die der Liebe und

---

[1] Siehe S. 92.
[2] Siehe S. 82, Anm. 2. Vgl. Riggenbach, S. 104, Anm.

dem Frieden nicht förderlich waren. Als er aber von dem gesamten Konvent freundliche Gegenvorstellungen vernahm, ließ er von dieser Art ab, und ich für meine Person möchte mir in der That kaum einen andern Vorgesetzten wünschen. Nur ist es schlimm, daß er die Eigenschaft hat, Keinem etwas verschweigen zu können, und ich sehe nicht ab, wie das, in unsrer Zeit und wie heute die Menschen sind, zu ertragen sein wird. — Möchtet Ihr, das wünsche ich, Alles glücklich ins Reine bringen im Geiste Christi! Er allein verbürgt Euch für immer Heil und Wohlfahrt! Möchtet Ihr diesen Herzenserguß (sei er nun fromm oder thöricht; unaufrichtig ist er nicht!) geneigten Sinnes aufnehmen! O, ich beschwöre Euch, steht nicht von vornherein mehr als billig auf Seiten der einen Partei! Denn das thut Ihr, fürchte ich, indem Ihr nur wenige, ja im Grund gar keine Männer an Euch heranlaßt, die über die lutherischen Dinge klar und gründlich sich aussprechen, und deshalb träumt Ihr Euch in allen Stücken weit sicherer, als Ihr es zu Eurem unersetzlichen Schaden nach kurzer Zeit erfahren werdet! — Basel, am Palmsonntag 1525. — Ich bleibe, hochwürdige Väter, was Ihr auch von mir denken mögt, doch gewißlich mit reinem Gewissen Euer Sohn und Bruder in dem Herrn,   **Konrad Pellikan aus Rufach.**"

Auch auf diesen Brief erhielt ich keinerlei Antwort; aber der Guardian war bei seiner Rückkehr voll Wohlwollen gegen mich und sagte den Andern, die Väter hätten ihm aufgetragen, mich mein Wesen treiben zu lassen, so lange ich Nichts beginge, was die Grenzen der Nachsicht überschritte.

In demselben Jahre (1525) las ich über den Prediger Salomonis und ließ mich auf Bitten und Drängen **Frobens** bestimmen, das Verzeichnis zu seiner neuen **Pliniusausgabe**[1] anzufertigen, wozu sich kein Andrer verstehen wollte. Das neue Verzeichnis mußte noch im Laufe des Jahres mit vieler Mühe vollendet werden und konnte, da die Zeit so drängte, nicht anders ausfallen, als es eben damals ausgefallen ist. In dem gleichen Jahre schrieb ich ebenso das Verzeichnis zu sämtlichen Werken des h. **Hieronymus**,[2] die damals in zweiter Ausgabe und größerem Druck erschienen, so daß **Oekolampads** Verzeichnis nicht mehr damit stimmte. Es war eine umständliche Arbeit, deren Gelingen mich viel Mühe kostete und meinen ganzen letzten Winter zu Basel bis Anfang 1526 in Anspruch nahm.

Ende 1526, am St. Stephanstage,[3] empfing ich einen Brief von dem unvergleichlichen Manne seligen Andenkens **Huldreich Zwingli**. Im Auftrage des Rates von **Zürich** und der Stiftspfleger[4] schrieb er mir, daß der ausgezeichnete Gelehrte **Jakob Ceporinus**[5] gestorben sei, der in der damals errichteten „Prophezei"[6] hebräisch und das alte Testament gelesen

---

[1] Naturalis historia, 37 Bücher (erste Ausgabe Venedig 1469), vgl. Teuffel, S. 313.

[2] Vgl. S. 20, Anm. 1; S. 37, Anm. 3 und S. 56.

[3] Am 26. Dezember 1525.

[4] «Deputati» = die Pfleger des Chorherrnstiftes (vgl. S. 101, Anm. 3.)

[5] Ceporin (Wiesendanger), Zwinglis erster alttestamentlicher Mitarbeiter (vgl. Geiger, S. 113) in der „Prophezei", war am 20. Dezember gestorben. Er hat eine griechische Grammatik geschrieben (Indices, S. 71).

[6] «Ordinaria tunc instituta lectio.» Neben einem humanistisch-theologischen Institut (seit 1523) hatte Zwingli 1525 „Lektionen" eingerichtet,

halte. Aufs dringendste riet er und bat er, im Hinblick auf die Wahrheit und das Bedürfnis der Züricher Kirche ohne viel Bedenken meine gegenwärtige Lage mit einer weit segensreicheren und gesicherteren zu vertauschen. Er wisse freilich, daß er damit etwas sehr Großes von mir verlange, dagegen wüßte aber auch ich, was ich meinem Gewissen und Gott, unserm Herrn Jesu Christo und seiner Kirche schuldig sei, und deshalb dürfte ich nicht Nein sagen, sondern müßte in dieser Berufung die Stimme Gottes erkennen, eine Berufung zu wahrhaftigem Gottesdienst, zur Beschäftigung mit dem göttlichen Worte, zur möglichsten Nutzbarmachung der mir verliehenen Gnade, deren Frucht sie in Zürich nur schwer missen könnten. Ich war aufs Höchste überrascht durch diesen Ruf, und je mehr ich darüber nachdachte, um so weniger fühlte ich mich ihm gewachsen. Auch hatte ich ja bereits einen Lehrstuhl der heiligen Schrift an der Baseler Universität, den ich nun schon im dritten Jahre wenigstens ohne Klage ausfüllte. Deshalb schrieb ich zurück,[1] mein Herz sei unschlüssig, teils weil ich mich den Herren zu Basel verpflichtet fühlte, teils weil ich fürchten müßte, den Wünschen Zwinglis nicht genügen zu können. Er möge mir doch noch deutlicher mitteilen, was mir dort amtlich obläge; inzwischen wolle ich mit meinen Freunden die Sache beraten, ob auch ausführbar sei, was an sich so viel Verlockendes für mich habe. — Dann zeigte ich den Brief vertrauten Freunden und auch Herren vom Rat, wie dem Bürgermeister Jakob Meyer[2] und vielen andern; sie sollten mir sagen, was ich nach ihrer Meinung in diesem Falle pflicht- und ehrenhalber zu thun und den Zürichern schließlich zu schreiben hätte, wenn sie auf ihrer Berufung beharrten. Die Freunde rieten mir einhellig, den Ruf nicht abzulehnen, da bis jetzt die Sache der Reformation in Basel nur langsam vorwärtsgehe. Auch könnte ich bei den Mönchen mich doch auf die Dauer nicht sicher fühlen, sondern liefe täglich Gefahr unter falschen und andersgesinnten Mitbrüdern. — Bald kam ein zweiter Brief Zwinglis, worin er mich noch wärmer und dringender einlud. Ich dürfe mich durch nichts abhalten lassen, zu kommen; meine Besorgnis wegen meiner Unzulänglichkeit gefalle ihm, aber sämtliche Studierende wünschten und begehrten mein Kommen; man stelle mir eine Domherrnpfründe[3] von jährlich 70 bis

---

die sog. Prophezei, eine Art Werktagsbibelstunden; sie wurden morgens um 8 Uhr für sämmtliche Geistliche und Studierende im Thor des Großmünsters abgehalten. Um 9 Uhr schloß sich daran eine das Ergebnis der Lektion zusammenfassende Predigt für die Gemeinde. Vgl. Herzog, XII, S. 234 und Bullinger, I, S. 289 ff.

[1] Dieser Brief befindet sich auf der Züricher Kant. Bibliothek (Aggenbach).

[2] Jakob Meyer (zum Hirzen) damals noch Zunftmeister (s. S. 104), Bürgermeister seit 1530, † 1541 an der Pest. Er ruht neben Oekolampad in den Kreuzgängen am Münster. (Vgl. Basl. Chron., I, u. Wurstisen, S. 165 u. 185.)

[3] Das Chorherrenstift am Großmünster zählte 24 Chorherren und 36 Kapläne. Seit 17. Juni 1523 wurden erledigte Pfründen nicht mehr neu besetzt, sondern frei werdende Einkünfte zur Anstellung von Lehrern an der neuen humanistisch-theologischen Anstalt (s. S. 100, Anm. 6) verwendet (dem «Carolinum» s. Ebrard, III, S. 31). Der Ueberschuß kam dem Spital und der Armenkasse zu gut (vgl. Herzog, XVIII, S. 720 u. Bullinger, I, 115 ff.).

80 Gulden in Aussicht, und einige Vakanzzeit, um die Arbeit erträglich zu machen. Nachstehend der Wortlaut des Briefes:

„Teuerster Pellikan! Es ist nicht zu sagen, wie viel Freude mir deine Zeilen gemacht haben! Sehe ich doch daraus, daß du unserer Bitte nicht abgeneigt bist! Wahrlich, lange genug hast du im Kerker menschlicher Finsternis verborgen gelegen, obgleich ich mir sage: es ist Licht, wo du bist! Du weißt ja, an wen du glaubst! Aber du sollst doch auch einmal frischen Mutes das Licht leuchten sehen! Das Herz ist sich des Rechten bewußt, aber das Kleid der Heuchelei lügt etwas Anderes, und ich weiß aus eigener Erfahrung, wie sich bei solchem Zwiespalt die Gedanken untereinander verklagen und entschuldigen! Eile also mit vollen Segeln zu uns, du lieber, hochwillkommener Mann! Ich kann dir schriftlich nicht ausdrücken, wie einmütig wir dich Alle herbeiwünschen, und wie gerne dies Zürich, das dich zärtlich liebt, dir und deiner Art sich anpassen will. Soll ich große Versprechungen machen? Nein; denn ich wünsche, daß du den ganzen Versuch wagst nicht auf deine, sondern auf meine Gefahr! Ich versichere dir bei Gott, in dessen Sache ich spreche: für dein Alter, deine Studien, deine ganze Lebensanschauung gibt es keinen besseren Ort als Zürich. Was man von dir verlangt, ist Folgendes: du hast täglich einen bestimmten Abschnitt Hebräisch zu lesen; augenblicklich stehen wir an dem Exodus; darüber hinaus wird dir keine Verpflichtung auferlegt. Dein jährliches Einkommen ist dem meinigen gleich: 60 bis 70, vielleicht auch 80 Gulden;[1] dazu ein hübsches, sehr bequemes Haus; Oekolampad und Hetzer[2] haben es gesehen. Dein Leben lang wird dich niemand anfechten, es müßte denn sein, du betrügest dich so ausgelassen, daß es keiner mehr aushalten könnte! Ich sage das im Scherz, weil eben weder Schwächlichkeit, noch Krankheit, noch irgend ein andrer Unglücksfall diesen Vertrag hinfällig machen werden. Wir haben dreimal Vakanzzeiten, im Ganzen über ein Monat. Dazu kommen die Feiertage, der Sonntag und einige andre, so daß dir, wie ich glaube, etwa ein Vierteljahr Ferien in Aussicht steht. Willst du dein Hauswesen selbst besorgen, so ist, wie gesagt, ein Haus für dich da; wenn nicht, so kannst du bei Andern wohnen, bis du dich eingelebt hast. Mein eigenes Haus steht dir offen; gehe darin ein und aus, wie es dir beliebt; verfüge frei über Alles! Die Kutten[3] verlacht man bei uns; man wird aber nicht lachen, wenn du in der Kutte hier ankommst, um sie abzulegen; höchstens wenn du fortfahren solltest, sie zu tragen. Ja du mußt sogar in der Kutte hierher reisen der drohenden Unruhen wegen, und weil, zwar nicht mehr bei uns, aber anderwärts noch der Gottlosen Gewalt wütet.[4] Große Versprechungen brauche ich dir nicht zu machen; denn ich

---

[1] In Freiburg hatte der Prof. des Hebräischen 90 Gulden (Schreiber, II, S. 51), in Heidelberg 80 Gulden (Geiger, S. 90).

[2] Ludwig Hetzer aus Bischofszell im Thurgau, der schweizerische Karlstadt, theologisch und sittlich radikal bis an sein Ende: 1529 in dem damals protestantischen Konstanz wegen Unzucht enthauptet (vgl. Herzog, VI, S. 57 ff.; Röhrich, I, S. 333; Bullinger, I, S. 238).

[3] Vgl. Bullinger, I, S. 228 ff. und S. 446: „all die so us den klöstern gand, sy vereelichen sich oder nit, die söllend die kutten von inen thun und sunst sich erbarlich kleidung anlegen."

[4] Vgl. Herzog, XVIII, S. 734 ff. und Ebrard, III, S. 86 ff.

weiß, du haft es gelernt, mit Wenigem auszukommen, als wäre es viel; aber mich selbst verspreche ich dir ganz samt allen guten und gelehrten Männern, die hier sind! Wenn euer Rat in B a s e l an deinem Weggang Anstoß nimmt, so teile mir mit, in welcher Fassung der unsrige an ihn schreiben soll, und wir wollen uns alle Mühe geben, daß dir auf seine Bitte gestattet werde, was man sonst vielleicht abschlüge. L e o ,[1] M y k o n i u s ,[2] Joh. Jakob A m m i a n u s ,[3] Rudolf C o l l i n u s ,[4] M e g a n d e r ,[5] sie alle bitten, durch keinen Grund dich zurückhalten zu lassen. Wir können uns denken, daß die Buchdrucker Alles aufbieten werden, aber du darfst keinen Augenblick zögern, diesen Geldmachern zulieb![6] Gehab dich wohl! Z ü r i c h , am 12. Jänner 1526, d. h. an dem Tage, da der Herr dich ruft. Ganz der deinige   H. Zwingli."

Auf diesen Brief gab ich umgehend die Antwort, ich hoffte, der Rat werde mich entlassen, aber ich müsse natürlich erst darum nachsuchen und wolle das nächster Tage thun. Amt und Dienst gefalle mir nach der Schilderung; für das Uebrige überließe ich Gott die Sorge; er werde mich leiten. Sechzig Gulden begehrte ich nicht; ich sei glücklich, mit so berühmten Männern in einer so berühmten Kirche leben zu dürfen, und könnte auch mit sechzehn auskommen.

Den Brief Z w i n g l i s las ich meinem Guardian vor und sagte dann: „Pater Matthias, was glaubtest du, thun zu müssen, wenn du mit Vätern und Brüdern so ständest, wie ich augenblicklich und einen solchen Ruf er-

---

[1] Leo Judä, geb. 1482 in Rappoltsweiler. Sein Vater Joh. Judä war Geistlicher, die Mutter, Else Hochsänger, eine Schweizerin aus Solothurn. Leo studierte in Schlettstadt, wurde Pfarrer in St. Pilt und dann an Zwinglis Stelle Leutpriester in Einsiedeln. Von dort schickte er Luthers Auslegung des Vater Unsers an seine Mutter: „Ich schick dir hie gar ein hübsch Pater Noster des wirtigen Vaters Martin Luther, eines Augustiners zu Wittenberg; das predig ich ißt zu Einsiedeln, und das liß mit Flyß; denn es gar gut und nützlich ist und ytel rechter Grund heiliger Gschrift." 1523 ging Leo Judä nach Zürich als Prediger an St. Peter und wurde Zwinglis Melanchthon. Er hat die Bibel ins Deutsche übersetzt und auch einen Katechismus geschrieben. † 1542. Sein Sohn Johannes, Pfarrer in Flaach (Zürich), gab 1574 eine Lebensbeschreibung des Vaters heraus.

[2] Oswald Myconius (Geishüsler geb. 1488 in Luzern), Zwinglis Biograph, seit 1522 Schullehrer am Frauenmünsterstift zu Zürich („ein gelerter Mann und truwer schulmeister, aber grusam wunderlich", Platter, S. 35), Reformator des dortigen Schulwesens, später Nachfolger Oekolampads in Basel. † 1552 an der Pest (vgl. Thommen, S. 102 ff.). Er ruht in den Kreuzgängen (Wurstisen, S. 176 und 191). — Thomas Platter wurde sein Schwiegersohn (Platter, S. 58 und 112). Er hatte seine Berufung nach Basel bewirkt und holte ihn selbst von Zürich ab (Platter, S. 80 ff.).

[3] Joh. Jak. Amman, mit Collinus Professor des Lateinischen und Griechischen, i. Abschn. XXV (vgl. auch Platter, S. 79 ff.).

[4] Collin begleitete Zwingli nach Marburg (vgl. über ihn auch Platter, S. 50 ff.).

[5] Kaspar Megander (Großmann), geb. 1495 in Zürich, eifriger Zwinglianer (Feinde nannten ihn „den Affen Zwinglis"), kam 1528 nach Bern, † 1545 (vgl. Herzog, IX, S. 246 ff. und Ebrard, III, S. 96 ff.).

[6] Brotneid auf den Züricher Drucker Froschauer.

hieltest?" Der im Grunde nicht böse Mann erwiderte: „Auf diese Frage darf ich dir keine Antwort geben," worauf ich entgegnete: „Ich will die Gnade Gottes anrufen und dann thun, was ich vermag, will mich, sobald es mit Gunst der Herren vom Rate geschehen kann, aus dem Kreise nur abholder Brüder nach dem sicheren Zürich entfernen und einem Rufe folgen, worin ich zweifellos Gottes Stimme vernehme!"

So reichte ich am 19. Februar 1526 dem Rate mein Entlassungsgesuch ein und erhielt den Bescheid, daß ich in voller Gunst wegziehen und dem Ruf folgen dürfte. Schon Tags darauf (am 20. Febr.) ließ ich nun meine nötigsten Bücher in ein Nachbarhaus schaffen und teilte dem Guardian Matthias mit, daß ich vom Rate die Erlaubnis erhalten hätte, dem Rufe nachzukommen, und daß ich das thun wolle, sobald es auf gute Art geschehen könnte. Den folgenden Tag (21. Febr.), Donnerstag vor Reminiscere, lud mich der Bürger Adam Petri[1] zum Essen ein und ich bat den Guardian deshalb um Urlaub und den üblichen Begleiter. Nicht durch Zufall, sondern durch Gottes Fügung traf es sich, daß er mir einen Bruder zum Begleiter bestimmte, der schon lange innerlich beschlossen hatte, nur mit mir aus dem Kloster zu gehen. Es war das Peter Fleck,[2] ein frommer, einfacher, zu Allem geschickter Mann, namentlich als Buchbinder, und zu jeder Arbeit brauchbar, dabei ein so leidenschaftlicher Leser, daß ihm wegen Schwäche der Kopfnerven allzu langes Lesen untersagt werden mußte. Ich hatte ihm 1512 in Pforzheim[3] die Gelübde abgenommen. Er also wurde mit mir weggeschickt und begleitete mich zu jenem Mittagessen. Zurückgekehrt sind wir nicht mehr.

XXI. In Zürich.

Ankunft und Einrichtung. — Verheiratung mit Anna Fries. — Geburt Samuels. — Religionsgespräche zu Baden, Bern und Marburg.

1526—1528.

Tags darauf (an Petri Stuhlfeier) zog ich in Flecks und Billings Begleitung aus Basel fort. Billing war, wie ganz Basel weiß, ein frommer junger Mann, ein Sohn der Gattin des Bürgermeisters Jak. Meyer,[4] der damals noch Zunftmeister war. Vom Rat und von Froben hatte ich etwa 20 Gulden bares Geld erhalten. In der ersten Nacht kamen wir in ein Dorf noch vor der Schafmatt;[5] Tags darauf, an St. Matthias, einem Samstag, aßen wir schon in Aarau und übernachteten in Mellingen. Am Sonntag (Reminiscere) wurde in Dietikon gespeist, und um 4 Uhr kamen wir in Zürich an, zur großen Freude der Brüder, die

---

[1] Der Drucker (vgl. S. 76, Anm. 5).

[2] Aus dem Trier'schen (s. S. 108).

[3] Als Guardian (vgl. S. 42).

[4] Siehe o. S. 101, Anm. 2. — „Des Herrn Bürgermeisters in Aeschamar vorstadt zum Hirtzen stiessun". (Platter, S. 67 ff., 80, 85 ff.).

[5] Der Berg bildet die Grenze zwischen Baselland und Solothurn (vgl. Wurstisen, S. 31).

uns viel Liebes erwiesen. Wir zogen beide in unjres Zwinglis Haus als Gäste ein. Am zweitnächsten Tage übergab mir der edle Huldreich Trinkler[1] in Vollmacht und auf Befehl des Rates von Zürich die Schlüssel meines eigenen Hauses Es war leer, aber hübsch und für meine Studien höchst passend, ganz, wie mein Mäcenas Zwingli versprochen hatte. Die drei folgenden Tage hörte ich (meine Bücher fehlten mir leider!) theologische Vorlesungen. Leo Judae las und übersetzte aus dem alten Testament. Es war das die erste hebräische Vorlesung, die ich zu hören bekam. — Aber am 1. März, am Donnerstag nach Reminiscere, geschah es (nicht durch Zufall), daß mir als Gegenstand meiner ersten Lektion[2] das 15. Kapitel des zweiten Buches Mosis zufiel. Und so begann ich mit dem Gedanken: „Gepriesen sei Gott, der mich rettete aus Aegyptenland und das rote Meer überschreiten ließ aus ägyptischer, d. h. papistischer Gefangenschaft, so daß ich nun mit den Heiligen das Lied der Schwester Mosis anstimmen und voll Freude sagen kann: „Lasset uns dem Herrn singen; denn er hat eine herrliche That gethan u. f. w."

Etwa acht Tage hatte ich den Tisch im Hause Huldreich Zwinglis, bis mein eigenes für das Bedürfnis seines armen Bewohners eingerichtet war. Nun begann mein Peter seine Thätigkeit: Alles, was im Hause nötig war, überschaute und besorgte er, pflanzte das Gärtlein an, zog Wurzeln aus, machte die Küche, zeigte sich als ein Knechtlein, das Alles konnte, beschnitt sogar die Reben, besäte die Beete und kaufte und schaffte herbei, was man irgend brauchte. Zwingli wachte gewissenhaft über die notwendigen Ausgaben, und so kam mir bei dem Allem nicht im Entferntesten der Gedanke in den Sinn, ein Weib zu nehmen,[3] zumal die Putzsucht und das wenig sittsame Auftreten der Züricher Frauen und Jungfrauen mein Mißfallen erregten.[4] Auch zählte ich bereits 48 Jahre, durfte also keine Junge helmführen, und mit einer Alten wollte ich's nicht versuchen; denn sie bringen gewöhnlich nur Plage ins Haus. Ich beschloß also bei mir, wenigstens nicht eine Züricherin zu heiraten, da mir die Sitten keiner von ihnen, soweit ich sie kannte, behagen mochten.

Montag vor Jubica, den 16. März, kamen meine Bücher an und ausreichende Kleidungsstücke für Sonn- und Werktag, deren Beschaffung ich der Freigebigkeit Frobens verdankte. Da legte ich denn ganz in der Stille in Gottes Namen die Kutte ab und zog diese ungewohnten weltlichen Kleider an, mit vielem Unbehagen beim ersten Eindruck, aber ohne das mindeste Gewissensbedenken. Man hat mir damals auch 7 Kronen[5] geschenkt, darunter eine Doppelkrone mit dem Bilde des h. Franziskus und der Inschrift:

---

[1] Pfleger des Chorherrenstiftes (S. 101, Anm. 3). Vgl. Bullinger, I, S. 119.

[2] In der „Prophezei", s. S. 100, Anm. 6. Vgl. auch Riggenbach, S. 110, Anm.

[3] Vgl. Riggenbach, S. 111, Anm. 1.

[4] Vgl. Platter, S. 35, zum Jahre 1517: „Der Schulmeister Wolfgang Knöwel was ein grosser redlich mann, hatt aber der schull nit vill acht, lugt mer, wo die hupschen meitlin waren, von denen er sich kum erweren mocht." (Vgl. ebenda S. 61 und Bullinger, I, S. 373.)

[5] Am Rande steht: septem coronati pro 21 et ½ batz.

Miraculum amoris, moneta Mirandulana. Ich hatte meine Freude daran und nahm die Münze als ein Zeichen, daß der fromme Franziskus mich wegen des veränderten Kleides nicht verabscheue. Obgleich dem lieben Gott teuer und selig, verschmähte er sonach doch nicht das Gold; denn Geben macht glücklicher als Empfangen und Arbeiten glücklicher als Müssiggang und Wohlthun glücklicher als Armsein. — Ich sah mich jetzt auf einmal gezwungen, die Werte der Münzen: Kronen, Gulden, Batzen, Schillinge, Sechser und Heller[1] unterscheiden zu lernen, ja förmlich zu lernen, weil ich eben seit 33 Jahren von alledem nichts besessen oder nur angerührt hatte! Im Kloster war ich ein Bekenner der wahren Armut gewesen und hatte doch niemals irgendwie Mangel gelitten; jetzt war ich mitsamt dem Gelde thatsächlich ein armer Mann, der fast das Notwendige entbehren mußte. Aber ich teilte eben auch Alles, was ich besaß und geschenkt bekam, mit armen Hausgenossen, deren ich immer mehr zu mir einlud. Unter ihnen standen in erster Linie zwei junge Leute, Johannes Fries[2] und Sebastian Faber.[3] Ihre Anlagen, ihr Eifer gefielen mir. Als ich einmal die griechische Schule besuchte, hörte ich mit wahrem Vergnügen beide die Evangelien aus dem Lateinischen ins Griechische übersetzen und grammatische Nachweise bringen. Ich bat sie, abwechselnd bei mir die Mittagsmahlzeit einzunehmen, so gut sie mir Peter bereitete; denn sie waren arm und hatten noch keine Stipendien. Oft kamen sie nicht, aber doch etliche Male in den Fasten.

Am zweiten Ostertage ging ich mit Antonius Wild[4] aus Basel, einem ehemaligen Minoriten, der mich besucht hatte, mit H. Billing und Peter nach Murr am Greifensee zu Heinrich Schwerter, der gleichfalls unser Mitbruder gewesen war. Er nahm uns nach der Predigt freundschaftlich auf, führte uns in sein Haus und bewirtete uns. Seine Frau strotzte von Gesundheit, konnte aber nicht als eigentlich hübsch gelten. Auch eine flinke Jungfrau war da, die Hauswesen und Küche besorgte und hernach am Tische mit Platz nahm. Sie schien mir von gefälligeren Sitten, auch etwas schöner zu sein und gefiel mir schon besser. Aber ich kehrte nach Hause zurück und dachte noch immer nicht ans Heiraten, obgleich einige Frauen und Mädchen zu mir kamen und mich bemitleideten wegen meiner häuslichen Vereinsamung! Auch viele Freunde rieten mir nach und nach, ein Weib heimzuführen, wie fast alle anderen Priester;[5] aber ich erwog mein Alter oder doch meine vorgerückten Jahre und hatte zudem einmal ein Mißfallen gefaßt an den Sitten der Züricherinnen. Inzwischen wurde man nicht müde, mir immer und immer wieder Mädchen namhaft zu machen und neckte mich mit dem Heiraten, wie das so zu geschehen pflegt. Da erfuhr ich zufällig, daß die Jungfrau, die ich außerhalb Zürichs im Städtchen Murr gesehen hatte, eine Schwester von Joh. Fries sei. Sie kam auch einige Male, ihren Bruder

[1] Ueber die damaligen Geldsorten vgl. Beiträge, IX, S. 70, Anm. 1; Platter, S. 248 und 322 ff.; Schreiber, Geschichte Freiburgs, III, S. 361 ff.
[2] Sein nachmaliger Schwager, s. u.
[3] Am Rande: post Guldibeck (vgl. Geiger, S. 113).
[4] Später Lehrer an der Schule zu St. Peter in Basel (Platter, S. 89), seit 1541 Professor in der philosophischen Fakultät, † in demselben Jahr an der Pest (Thommen, S. 271 und 385 und Ath. Rauricae, S. 424).
[5] Vgl. Bullinger, I, S. 108.

zu besuchen und fing nun an, mir immer mehr zu gefallen. Gelegentlich zog ich Erkundigungen über die Eltern des Fries ein und erfuhr, daß sie in kaum besseren Verhältnissen gelebt hätten, als meine eigenen Eltern, arm wie diese, aber auch ebenso rechtschaffen und gut beleumundet. Ich wartete noch den Sommer über bis Ende Juni. Da kam Huldreich Trinkler,[1] mein edler Freund und Fürsorger, zu mir und hob an, wegen des Heiratens in mich zu bringen. Ich möchte doch dem allgemeinen Beispiele folgen; sonst gäbe ich der Gemeinde ein Aergernis: ich dürfte dem Cölibat, über den ich nach meinen Worten gering dächte,[2] nicht durch die That doch Recht geben. Meine Antwort lautete: „Schon von vielen Seiten ist mir dieser Sache halber zugesetzt worden, und gar Manche hat man mir im Gespräch genannt, die mir nicht gefallen wollen. Wenn ich nun aber auch von dir, dem edlen Greise, meinem aufrichtigen Freund, unbedenklich den gleichen Rat höre, siehe, so bedarf es nicht erst der Aufzählung vieler Namen, sondern ich führe das Mädchen heim, das mir außerhalb Zürichs zuerst begegnet ist und wohlgefiel!" Bei diesen Worten lächelte der Edle und wünschte mir Glück. Von jetzt an ließ ich mir auch in der That diesen Heiratsplan mehr angelegen sein und fand Viele, die mein Vorhaben lobten. Nur Zwingli war nicht recht damit einverstanden. Als er in meinem Hause im Gespräch mit mir vernahm, daß man mich überredet habe, zu heiraten, erschrak er und verwunderte sich. Mein Alter machte ihm Sorge; auch fürchtete er, nach so langem Junggesellenstande werde es für mich keine glückliche Ehe geben. Aber durch Gottes Güte und sonderliche Gnade, die ich hernach an seinen Wohlthaten infolge dieses Schrittes deutlich erkennen durfte, geschah es doch, daß ich um den 1. August meine Verlobung vollzog, ganz einfach durch Vermittelung Herrn Joh. Hallers, des Vaters der beiden Haller[3] in Zürich. Am 7. August wurde dann die Hochzeit gefeiert in aller Stille und mit ganz wenig oder eigentlich gar keinen Geladenen. Aber es war doch bekannt geworden, und so bewirteten wir etwa 20 Personen, oder richtiger: ich wurde von ihnen bewirtet.

Nun war und blieb ich durch Gottes Gnade aller häuslichen Sorgen ledig und konnte deßhalb viel bequemer, als vorher 30 Jahre lang im Kloster, den Wissenschaften obliegen. Denn meine Gattin Anna Fries[4] war in der Besorgung des Hauswesens trefflich bewandert. Hatte sie doch in manchem edlen Hause als brave, fleißige Magd gedient und scheute sich auch nicht, noch zu lernen, was sie nicht wußte! In ärmlichen Verhältnissen aufgewachsen, konnte sie Armut ertragen, obwohl ja mit der Zeit meine Einkünfte ausreichten. Gleich zu Anfang begehrten gelehrte Ankömmlinge Wohnung und Tisch bei mir,[5] und die Gattin ging freundlich darauf ein, was mir besonders wohlgefiel. Selten war ich ohne Gäste; denn schon damals flüchteten in Zeiten der Verfolgung viele gute, fromme Männer nach Zürich,

---

[1] Siehe S. 105, Anm. 1.

[2] Vgl. Riggenbach, Einleitung XXII ff. und Bullinger, I, S. 154.

[3] Pfarrer in Bülach; bei Kappel gefallen (Bullinger, III, S. 154. Joh. Hallerus, „Tigurinus" Indices, S. 190; der andere Sohn hieß Wolfgang.

[4] Vgl. S. 73 ff.

[5] Vgl. Platter, S. 111 und Schreiber, I, S. 208.

um das teure Evangelium zu lernen, zu lehren und zu bewahren. Meine Frau aber empfing sie niemals verdrießlich, sondern kam ihnen stets freundlich entgegen. — Unser erster Tischgenosse war Heinr. Billing, aber nur 6 Monate. Im Herbste hörte er von einer wiederholten Ueberschwemmung in Basel und kehrte deshalb zu seinen Eltern zurück. Der zweite war Lucius Pludentinus,[1] ein frommer, gelehrter Mann; er wohnte ein Jahr bei uns. Dann kam Peter Fleck,[2] der fast zwei Jahre blieb, bis er ein Weib nahm, mit der er in seine Heimat zurückging. Dort, in der Nähe von Trier, sind beide kinderlos gestorben.

Ich war in der Kutte und, abgesehen von einigem Baargeld, aller Mittel entblößt in Zürich angekommen. Der Genuß der Dompfründe, d. h. der damit verbundenen Feldfrüchte sollte zwar nach dem mir wohlwollenden Beschlusse der Domherren an Johanni beginnen. Aber bis dahin hatten die Erben Jak. Ceporins[3] den Genuß der Früchte, und ich konnte vor Herbst, wo das Getreide und der Wein verteilt werden, nichts erwarten. Damit ich nun nicht Mangel litte oder in Schuldenlast käme beschlossen die Herren Stiftspfleger mit Zwingli, es sollten mir für das erste Jahr durch den Herrn Probst von Embrach[4] 60 Gulden aus dem „Studentenamt"[5] zugewendet werden. Einige der Pfleger meinten freilich, man müsse von mir die Rückerstattung dieses Geldes verlangen, falls mir in Zukunft einmal das Glück des Reichtums lächle; aber die Mehrzahl dachte, das liege doch in zu weitem Feld, und so wurde nichts dergleichen bestimmt oder mir aufgebürdet. Zwingli und die Andern verhinderten es. Ich erhielt also vom Chorherrenstifte nur die üblichen Präsenzgelder[6] und hatte sonach im ersten Jahre, das, wie gesagt, an Johanni begann, keine andern Einnahmen als eben das Präsenzgeld kurz vor Anfang des Jahres 1526. Trotzdem litt ich keine Not dank jenes Zuschusses, den man mir aus dem „Studentenamt" bewilligt hatte. An Wein sollten mir 9 Eimer zufallen; ich bekam aber nur 7 und gab einen Teil davon dem Herrn Probste, der mir gleich nach meiner Ankunft Wein geliehen hatte. Von dem Korn erhielt ich außer, ich glaube, 18 Mutt, die dem Bäcker gegeben wurden, nur noch 16, die ich notgedrungen an J. Haller[7] verkaufte um je einen Gulden. Es betrug aber mein Anteil nach Ausweis der Zettel beim Kellerer 24 Mutt und beim Kämmerer 14; aber was mir Herr Widmar hätte geben sollen, habe ich nicht empfangen.[8] — In diesem Jahre beendigten wir die 5 Bücher Mosis.

1527 lasen wir der Reihe nach Josua, das Buch der Richter, Ruth, die

[1] Aus Bludenz.
[2] Siehe S. 104.
[3] Siehe S. 100, Anm. 5.
[4] Im Kanton Zürich (Amt Bülach); vgl. Bullinger, I, S. 142 und 232.
[5] «Fiscus pauperum» (vgl. Bullinger, I, S. 124).
[6] Präsentien = Zahlungen, die durch die persönliche Gegenwart des Pfründeninhabers am Ort der Pfründe täglich verdient wurden. Das andere Einkommen in Geld oder Naturalien zu bestimmten Zeiten hieß Konsolation (vgl. Herzog, XII, S. 88).
[7] Siehe o. S. 107.
[8] Die im Chronikon regelmäßig angegebenen Jahreserträge der Pfründe sind in der weiteren Uebersetzung weggelassen worden.

Bücher Samuelis und der Könige bis zum September. Am 2. September begannen wir Jesaias und endeten damit am 27. Februar des folgenden Jahres. Zwingli beteiligte sich, wie alle Andern, an diesen Vorlesungen.[1]

Am 1. Juni beschenkte mich Gottes Gnade mit einer heißersehnten Gabe durch die Geburt meines Sohnes Samuel (um 9³/₄ Uhr Vormittag). Es war der Samstag nach Christi Himmelfahrt; wir lasen damals gerade die Geschichte vom Knaben Samuel, und so gab sich der Name des Kindes von selbst, zumal seine Mutter Anna hieß und auch mein Familienname an Samuels Vater Elkana anklingt. — Möge er durch Gottes Gnade einen heiligen Wandel führen wie der Prophet Samuel! Das ist noch heute und war schon damals mein heißester Wunsch, als ich ihn vom Herrn erflehte! Nur ihm soll er dienen in aller Frömmigkeit, sei es ein langes Leben hindurch, sei es bis zu gottseligem Ende in jungen Jahren! Ja ich will nicht ablassen, den Herrn zu bitten, daß mir von diesem Sohn eine fromme Nachkommenschaft erwachse zu Gottes Ehre! Amen.

Im nämlichen Monate[2] fand das Religionsgespräch zu Baden[3] statt, wo Oekolampadius gegen Ed, Faber[4] und andre von den Schweizern[5] stark begünstigte Männer disputieren mußte. Diese Disputation wurde hernach von den Schweizern beschrieben und zu Luzern in den Druck gegeben. Auch Zwingli war eingeladen, aber in papistischer Arglist. Die Zürcher wurden gewarnt und wollten ihn nicht hinlassen. Doch traf man die Einrichtung, daß er, was den Tag über in Baden disputiert wurde, und auch etliche schon gedruckt vorliegende Einwendungen, durch Boten[6] in der Nacht zum Lesen bekam und beantwortete. Hätte Zwingli persönlich der Disputation beigewohnt, so wäre er, und um seinetwillen auch die Basler Gelehrten, ins Verderben geraten. Diese Besorgnis war damals allgemein; nur sein Fernbleiben, glaubt man, hat die braven Männer gerettet. Unter ihnen befand sich auch unser Basler Prediger Joh. Luthart von Luzern;[7] man hatte ihm s. Z. übel mitgespielt; aber er entkam aus dem Kloster. Desgleichen war der brave Berner Prediger Berthold Haller[8] in Baden zugegen. Die Herren zu Bern hatten damals Luthers Lehre abgeschworen; erst später leuchtete die Sache des Glaubens dort wieder auf mit größerer Klarheit und ohne Wanken.

---

[1] In der „Prophezei" (S. 100, Anm. 6).

[2] 21. Mai bis 8. Juni, aber erst 1526.

[3] Vgl. Quellen, S. 128 ff. und Bullinger, I, S. 348 ff.

[4] Der General-Vikar des Bischofs von Konstanz (s. S. 77, Anm. 3 und Schreiber, II, S 19.

[5] Der „Tagsatzung" (vgl. Ebrard, III, S. 88), die auch (durch Th. Murner) 1527 die Akten des Gesprächs in Luzern veröffentlichte (Basl. Chron., I, S. 407, Anm. 3).

[6] Zwei Studenten, Zimmermann und den bekannten Thomas Platter (s. Platter, S. 45 ff.; auch Ebrard, III, S. 16, Anm. 4).

[7] Siehe S. 80 ff., Anm. 4.

[8] Der Reformator Berns, geb. 1492 in Albingen bei Rottweil (Württemberg), Freund Melanchthons, studierte in Köln, kam um 1518 als Lehrer nach Bern, wurde dort 1520 Chorherr und Leutpriester, † 1536 (vgl. über ihn und die Reformation in Bern, Herzog, V, S. 479 ff.).

Unmittelbar nachher, noch im nämlichen Jahre,[1] wurde das **Berner** **Religionsgespräch** anberaumt, wozu man auch die Schweizer Bischöfe einlud; aber sie erschienen nicht. Deshalb schrieb man einen neuen Tag aus auf den 2. Jänner des folgenden Jahres 1527.

(Jahresertrag aus der Pfründe.)

In demselben Jahre begann ich den hebräischen Text erst des Jesaias und nach und nach aller Propheten, sowie der Hagiographen[2] mit Punkten und Accenten niederzuschreiben, zwei Jahre lang. unter Beifügung grammatischer Anmerkungen nach den Kommentaren der Rabbinen Salomo,[3] David Kimchi[4] und andrer, die ich besaß. Dem Wohlwollen und der eifrigen Mühewaltung des Kaufmanns Damian Irmi[5] in Basel verdankte ich auch den Erwerb einer zweiten hebräischen Bibelausgabe um 11 Gulden, mit Kommentaren zu den Propheten von den Rabbinen Aben Esra[6] und Salomon. Ebenso der Güte des H. Daniel Bomberg[7] einen eigenhändigen Brief und ein Wörterbuch, ein in Konstantinopel gedrucktes Michlol,[8] und als Beigabe einen ganz kleinen zweisprachigen Psalter mit den Sprüchen dem Hohenlied und dem Prediger.

Im Jänner 1528 fand das Religionsgespräch zu **Bern**[9] statt. Es dauerte fast den ganzen Monat. Zugegen waren **Zwingli**, **Megander**,[10] **Oekolampadius**, **Butzer**,[11] **Capito**,[12] **Ambros Blaurer**,[13] **Konrad Somius**[14]

---

[1] „Pellikan verwickelt sich hier in mehrere chronologische Widersprüche. Die Berner Disputation wurde am 17. Nov. 1527 ausgeschrieben und am 6. Januar 1528 eröffnet; dies letztere berichtet Pellikan selbst nachher richtig." Riggenbach, S. 116, Anm. 1.

[2] So heißt der 3. Teil des alten Testaments (von den Psalmen an).

[3] Siehe S. 17, Anm. 4.

[4] Siehe S. 23, Anm. 1; S. 48 und Indices, S. 354.

[5] Die Irmy waren eine angesehene Basler Familie (vgl. Basl. Chron., I. u. III). Platter erzählt (S. 50), Irmi (er fiel in der Schlacht am Zuger Berg, Bullinger, III, S. 204) habe aus Venedig hebräische Bibeln mitgebracht und an Pellikans Schüler verkauft, das Stück um eine Krone (= 46 Stüber).

[6] Spanischer Rabbine (1090—1170), s. Herzog, XII, S. 484.

[7] Drucker in Venedig (Geiger, S. 56).

[8] Geiger, S. 35.

[9] Vgl. Herzog, II, S. 81 ff. und XVIII, S. 747. — Bullinger, I, S. 395 ff.

[10] Siehe S. 103, Anm. 5.

[11] Siehe S. 70, Anm. 2.

[12] Siehe S. 43, Anm. 7.

[13] Aus dem alten Patriziergeschlecht derer von Gyrspag, geb. 1492 in Konstanz, Benediktiner in dem schwäbischen Kloster Alpirsbach, Pfarrer und Reformator in Konstanz, später, von Tübingen aus, Reformator des württembergischen Oberlandes, Dichter von Kirchenliedern, Beförderer der Reformation in Lindau und Augsburg, † 1564 in Winterthur (vgl. Herzog, II, S. 255 ff.). Er hat mit Zwick (s. Abschn. XXV) bei Froschauer 1540 ein „Nüw Gsangbüchle von vil schönen Psalmen und geistlichen liedern" herausgegeben (Beiträge, XI, S. 352).

[14] K. Som (aus Rottenacker bei Ehingen, † 1533, vgl. Quellen. S. 174 und 194 und über seine Heimreise von Bern, Bullinger, I, S. 439) hatte

aus Ulm, Althamer¹ aus Nürnberg, Bullinger² und viele andre, durchweg hochgelehrte Männer. Im Jahre darauf wurde der Bericht über die Disputation in deutscher Sprache zu Zürich gedruckt.³ Alsbald nahm auch die Reformation in dem ganzen Berner Gebiet ihren Anfang.

Nach unserer Rückkehr (am 17. Februar) machten wir uns an das Lesen des Jeremias und der Klagelieder und endeten damit am 11. Juni. Gleich am 12. Juni begannen wir darauf den Propheten Ezechiel und lasen ihn ohne Unterbrechung bis etwa Ende September; denn am 28. September ist Hosea samt den übrigen Propheten angefangen worden. Am 26. Dezember waren wir auch damit fertig, und am 28. wurde Daniel in Angriff genommen, der uns bis zum 16. Jänner 1529 beschäftigte. Nach den prophetischen Büchern las man die Psalmen; Zwingli machte den Anfang am 23. Februar; am 17. Juni kamen wir damit zu Ende. Dann folgten die Sprüche Salomonis vom 30. Juli bis zum 2. September.

Inzwischen, am 10., 11. und 12. August, wurde die zweite Zürcher Synode⁴ gehalten. Am 3. September hatten wir mit dem Prediger Salomonis begonnen; aber schon am Tage darauf reiste Zwingli auf Einladung des Landgrafen nach Marburg zum Gespräch mit den Wittenbergern. Um die Zeit der Weinlese kehrte er zurück. Es wurde ein außerordentlich saurer Wein geherbstet!⁵

Während Zwinglis Abwesenheit lasen J. Ammianus⁶ und ich, um die Studien nicht zu unterbrechen, die Genesis in 40 Lektionen bis zum 16. Kapitel. Am 8 November aber ging es wieder an den Prediger; wir hatten ihn am 23. fertig, worauf Hiob an die Reihe kam, vom 6. Dezember bis 15. Februar. — Am 1. Februar (1530) starb der berühmte, fromme Doktor Franz Zink.⁷ — Nachzutragen ist noch das Hohelied, das Zwingli am 24. November 1529 vorzulesen anfing und am 4. Dezember beendigte.

---

seinen Widersacher Eck nach Bern geladen. Eck erschien aber nicht. Im Sem.-Archiv zu Straßburg ist ein Brief Soms an Butzer erhalten (Erichson, S. 14; vgl. auch Indices, S. 154).

¹ And. Althamer, geb. 1498 zu Brenz (Württbg.), studierte in Tübingen, Leipzig und Wittenberg, wurde Diakonus an St. Sebald zu Nürnberg und Pfarrer zu Eltersdorf, 1528 Dekan und Reformator in Ansbach unter Markgraf Georg von Brandenburg, der ihn 1541 zum General-Superintendenten in Jägerndorf (Schlesien) ernannte, wo er 1564 starb (vgl. Herzog, I, S. 265; Indices, S. 53, 94 u. a.).

² Ueber Bullinger s. Abschn. XXIV.

³ Siehe Riggenbach, S. 117, Anm. 1. — Die Akten des Gesprächs befinden sich im Berner Staatsarchiv. — Ueber die Reformation in Bern vgl. auch Berns Geschichte von Fr. v. Mülinen, Bern 1891. S. 111 ff.

⁴ Die Zürcher Synode war aus sämmtlichen Geistlichen des Kantons, Abgeordneten der Gemeinden und Regierungsvertretern zusammengesetzt. Der Vorsitzende führte (nach Zwinglis Tod) den Titel „Antistes" (vgl. Herzog, XVIII, S. 727; Ebrard, III, S. 33; Bullinger, II, S. 3 ff.).

⁵ „Die küpfernen ror oder hanen fraas er durch!" (Bullinger, II, S. 223.)

⁶ S. 103, Anm. 3.

⁷ Diakonus in Zürich (s. Abschn. XXV).

Nach diesen Büchern wurden im Laufe des Jahres 1530 Esra, Nehemia und
Esther gelesen. Den Schluß bildeten, aber nur bis zum 20. Kapitel, die
Bücher der Chronika, die unser Zwingli, dieser Mann ruhmwürdigen Ge-
dächtnisses, durch Krieg und Tod gehindert, nicht mehr beendigen sollte. —
So viel über die gelehrten Vorlesungen Zwinglis; was er geschrieben hat, deutsch und lateinisch, liegt in seinen gedruckten Werken
zu Tage.

XXII. In Zürich.

Kostgänger. — Besuch im Basler Kloster. — Tod der Mutter. —
Zusammenkunft mit der Schwester in Basel. —
Ankunft des Neffen Konrad Wolfhart. — Mit Zwingli in Konstanz.

1528—1530.

Ich wende mich wieder zu meinen häuslichen Angelegen-
heiten. 1528 am 29.[1] nahm ich Hieron. Fricker als Tischgenossen an.
Er war der Sohn von weiland Doktor Thüring Fricker, Stadtschreiber zu
Bern,[2] und bisher bei Rhellicanus[3] gewesen. Als dieser aber mit
Megander nach Bern versetzt wurde,[4] wünschte der junge Mann bei
mir zu sein und gab dasselbe Kostgeld wie bei Rhellican: 20 Kronen.

Am 29. Mai reiste ich nach Basel, wohnte beim Bürgermeister Jak.
Meyer[5] und kehrte am 5. Juni nach Zürich zurück. Vorher, Ende
März, war Lucius Pludentinus[6] von Zürich weggezogen und noch früher
Herr Joh. Cecus mit seiner faulen, diebischen Frau. Ich hatte das arme
Ehepaar den ganzen Winter über unentgeltlich zu Gast gehabt, wie im
Sommer vorher die Witfrau, genannt das „Wyblin", die Samuels Pathin
war. So hatte ich das Haus immer voll, wie noch heute.

Während meines Aufenthaltes in Basel besuchte ich das Kloster und
fand darin nur noch wenige Brüder ohne Guardian und Prediger, ja ohne
jede Ordensregel. Sie empfingen mich beim Abendläuten und teilten ihr
Vesperbrot mit mir, so gut sie es hatten. Es war ein recht trostloser Zustand. Auch andre Brüder, die die Kutte abgelegt, kamen herbei und Martus
Heilander,[7] mit dem ich von Zürich, wo er mich besucht hatte, nach Basel
hinübergereist war. — Im August baute ich einen neuen Kochofen im Wohn-
zimmer und deckte die Gartenmauer mit breiten flachen Steinen; denn ich
hatte jetzt in Werner Steiner[8] einen Nachbarn bekommen.

An Bartholomäi (am 24. August) wurde mir eine Tochter geboren;

---

1 Die Monatsangabe fehlt.
2 Vgl. Basl. Chron., III, S. 445 und 468.
3 Später Mitarbeiter Berth. Hallers (s. S. 109, Anm. 8) in Bern.
4 Febr. 1528 (Herzog, IX, S. 246). — Megander, S. 103, Anm. 5.
5 Siehe S. 101, Anm. 2.
6 Siehe S. 108, Anm. 1.
7 Siehe S. 27, Anm. 3.
8 Von Zug nach Zürich gekommen.

ich beschloß, sie nach meiner lieben Schwester und noch lieberen Mutter Elisabeth zu nennen. Auch eine brave Schwester meines Vaters, die ich noch persönlich kannte,[1] hatte so geheißen.

(Einkommen aus der Pfründe.)

Am 23. November wurde H. Stucki unser Tischgenosse. — Am 21. Oktober entschlief in Rufach meine heißgeliebte Mutter, eine geb. Elisabeth Kleinhans.[2] Schon im Sommer vorher hatte sie mir ein Faß mit allerlei Hausrat geschickt, Zinngeschirr, Leinen und Wollzeug. Sie freute sich über meine Verehelichung; denn sie hatte allmählich begriffen, daß der Ehestand Gottes Wort und Willen gemäß sei. Dabei blieb sie immer religiös, selbst bis zum Aberglauben, aber mit wachsendem Verlangen, das Wort Gottes zu hören und im Herzen zu behalten.

Das Jahr 1529 war fast immer naß und kalt, dazu voll Unruhe wegen der fünf Kantone, die aus Mißgunst Zürich auf alle Weise reizten.[3] Die Klagen der Züricher wurden nicht gehört, weil sie mit den Bernern und Baslern allein an dem neuen Glauben hielten. So kam es zum „ersten Kappeler Krieg,"[4] der aber schon im Juni ohne Schlacht und Blutvergießen beigelegt ward. Es sollte nur das Bündnis gelöst werden, das die Urkantone mit den Feinden der Schweiz, den Herzögen von Oesterreich und Erzherzog Ferdinand,[5] geschlossen hatten.

Damals hörte ich, das Minoritenkloster in Basel sei nun völlig geräumt. Ich mußte befürchten, daß meine Bücher, die ich mir dort für viele langwierige Arbeiten von den Druckern verdient hatte,[6] in fremde Hände zerstreut würden, und ließ mir deshalb vom Züricher Rat einen Empfehlungsbrief an den Basler Rat ausfertigen, man möge doch alle Bücher der Klosterbibliothek, die ich als mein mühevoll erworbenes Eigentum und als nur meinetwegen dorthin gekommen nachweisen könne, mir aushändigen lassen, namentlich die Basler Drucke. Mit diesem Briefe reiste ich am 4. Mai nach Basel und schickte nach meiner Ankunft einen Boten zu meiner Schwester nach Rufach, daß sie zu mir nach Basel käme. Am 8. Mai traf sie auch wirklich ein, zu Fuß, und herbergte im Zirkel.[7]

Sie brachte mir 7 Goldgulden, die ihr noch die Mutter für mich gegeben hatte, und eine Krone. — Die Bücher erhielt ich und zwar zahlreicher und

---

1 In Magstadt (s. S. 4).

2 Siehe S. 5, 6 und 73.

3 Ein züricher Landpfarrer, Jak. Waizer in Schwerzenbach, der nach Oberkirch im Gaster als Prediger berufen worden war, wurde auf offner Landstraße überfallen, nach Schwyz gebracht und verbrannt (30. Mai 1529), s. Basl. Chron., I, S. 100 u. 487; Bullinger, II. S. 148.

4 Vgl. Herzog, XVIII., S. 749 ff.; Ebrard, III., S. 89 ff.; Häußer, S. 156; Platter, 56 ff.

5 Bruder Kaiser Karls V., der ihm 1530 die österreichischen Erblande übergab. (Als Kaiser Ferdinand I. 1556—64) Vgl. über seinen Bund mit den Urkantonen u. s. w. Quellen, S. 153 u. Bullinger, II, S. 48ff. u. S. 192.

6 Vgl. S. 29. — Die Bücher aus den Klosterbibliotheken wurden erst später der öffentlichen Bibliothek einverleibt, 1559 und 1592 (Wurstisen, S. 335).

7 Ad Serculum?

8

in besserm Zustand, als ich erwartet hatte, und sandte sie, eine stattliche
Kiste voll, nach Zürich. — Im Juni wurde mein Schwestersohn, Konrad [1]
zu mir geschickt, ein Knabe von ungefähr 12 Jahren; er sollte sich bei mir
in den Studien fördern. — In demselben Sommer fand auch die berühmte
Synode in Frauenfeld [2] statt. Von dort ritten die Gesandten des Züricher
Rates mit Zwingli nach Konstanz; wir wurden von den Bürgern
aufs Ehrenvollste bewirtet mit herzlicher Liebe und reichlichem Aufwand.
Auch predigte Zwingli dort an einem Sonntage. Dann fuhren wir auf
einem gemieteten Schiff nach Stein und kehrten über Winterthur
nach Zürich zurück. Am 5. September aber, wie schon erwähnt, reiste
Zwingli nach Hessen (Einkommen aus der Pfründe.) — Am 6. Februar 1530
zog H. Fricker [3] nach Bern.

XXIII. In Zürich.
Arbeit am Bibelwerk. [4]
1530.

Unser ganzer Kursus war beendet, die Bibel, 23 Bücher, durchgearbeitet. Ich wußte nun nicht recht, was weiter treiben. Auch sah ich mehr
und mehr ein, daß unsere bisherige Behandlungsweise, die vorwiegend die
grammatische Seite berücksichtigte und nur den Hauptinhalt der Kapitel
vermittelte, den Theologiestudierenden nicht genügen könne. Ich meinte
daher, man müßte fast aus jedem Kapitel und Verse etwas für die christliche Glaubens- und Sittenlehre entnehmen, damit die Zuhörer lernten, wie
die h. Schrift nützlich und lehrreich zur Erbauung der Gemeinden zu gebrauchen sei. Schon längst war es mein Wunsch gewesen, gelehrte Männer
möchten in diesem Sinne die Sache angreifen; ich hatte auch einige gebeten,
sich ernstlich daran zu machen, und wußte, daß Luther etwas Aehnliches
mit dem 2. Buche Mosis unternommen hatte, sowie Pommeran [5] mit
den Büchern Samuelis und Melanchthon mit den Sprüchen Salomonis.
Aber zu meinem Bedauern hielten sie alle gleich beim ersten Anlauf inne,
statt fortzufahren, wie sie doch so gut gekonnt hätten. Da mir nun jetzt
gerade Zeit zur Verfügung stand, fühlte ich mich unwiderstehlich getrieben,
auch einen solchen Versuch zu machen. Andre mochten dann an meiner Gabe
Geschmack gewinnen und zu Ende bringen, was ich angefangen. So ging
ich denn unter Gottes gnädigem Beistand ans Werk und begann mit dem
2. Buche Mosis. Vom 1. April an schrieb ich kurz zusammengefaßt auf
kleine Zettel, was über jedes Kapitel gesagt und gelehrt werden könne. Die

---

[1] Vgl. S. 5, Anm. 2. Er blieb drei Jahre (s. S. 132, Anm. 3).

[2] Dezember 1529 und Mai 1530 (vgl. Herzog, XVIII, S. 753).

[3] Siehe S. 112.

[4] Vgl. Riggenbach, Einleitung, XXVI ff. und weiter unten S. 120 ff.
— «Konr. Pellicani commentarii in Novum et Vetus Test.» stehen auf
dem Löwener Index (1546) und einzeln aufgezählt auf dem Pariser Index
(1543). Vgl. Indices, S. 38 und 107.

[5] Siehe S. 76, Anm. 6.

Arbeit schien mir nach Wunsch zu gedeihen; bereits vor dem 12. Mai war ich mit dem ganzen 2. Buche Mosis fertig, ohne daß in den andern Berufsarbeiten, d. h. in der Vorlesung der hebräischen Grammatik, die in jene Monate fiel, etwas vernachlässigt worden wäre. Dann machte ich mich an das schwierige 3. Buch Mosis und beendigte es in wenigen Tagen in der nämlichen Weise, so daß ich die Erklärung des vierten Buches schon am 6. Juni beginnen konnte. Das fünfte, das sog. Deuteronomium, fing ich am 14. Juli an und arbeitete es bis zum 24. August durch. Meine Schaffenslust wuchs, je mehr ich vorwärts kam, und so legte ich die Hand an die sog. vorprophetischen Bücher,[1] zunächst an das Buch Josua, das ich am 24. August begann. Es folgten vom 15. September an die Richter samt dem Büchlein Ruth, am 1. Oktober das erste und am 10. November das zweite Buch Samuelis. Das erste Buch der Könige fing ich am 2. Dezember 1530 an und das andere am 2. Jänner 1531. Als ich damit fertig war (am 2. Febr.), machte ich mich sofort (am 3. Febr.), wenngleich zagend, an die Bücher der Chronika, deren zweites ich Ende Februar vollendete. Am 1. März begann ich mit Esra und, nachdem ich Nehemia ausgelegt, bewältigte ich bis Ende März 1531 auch das Buch Esther. Mit Hilfe der Kirchenväter und unter Benutzung neuerer Schriftgelehrter, sowohl lateinischer, als jüdischer, hatte ich sonach alle Bücher behandelt, die mir einer Auslegung zu bedürfen schienen, wenn die Thaten der darin vorkommenden Personen, frommer wie gottloser, den Gläubigen nicht zum Aergernis, sondern zum Wachstum in der Erkenntnis gereichen sollten. Ich wollte damit zeigen, auf welche Weise die in der h. Schrift aufgestellten Beispiele anzuwenden seien, und glaubte, zum Verständnis der Schrift, wie es meines Erachtens den Studierenden zu eröffnen ist, das Meinige hinreichend beigetragen zu haben. Denn auch über die noch übrigen Bücher zu schreiben, schien mir unnötig, da bereits der fromme, gelehrte Oekolampadius fast sämtliche Propheten ausgelegt hatte und aus seinen Heften darüber regelmäßig in Basel las. Einiges davon war schon gedruckt zu haben, rechte Mustererklärungen! Auch Ezechiel, hieß es, und Hiob würden demnächst erscheinen. Dem noch etwas beizufügen, hielt ich also für ganz überflüssig, zumal da ich auch zweifelte, unbedingt Richtiges sagen zu können, obwohl es ja für manche Studierende zunächst gereicht hätte. Etliches schien mir zudem völlig unerklärbar und schon aus diesem Grund unnötig für das Leben. Weil jedoch im April eine kurze Ferienzeit bevorstand, die Tage der stillen Woche, kam mir der Gedanke, wenigstens mit dem Hohenliede einen Versuch zu machen. Schon während meines Aufenthaltes in Basel hatte ich nach Kräften unter Gottes Beistand gethan, was ich für notwendig hielt, und meinen Zuhörern Anmerkungen diktiert bei der Genesis, den Sprüchen und dem Prediger Salomonis. So griff ich denn jetzt, auf göttlichen Antrieb wie ich hoffe, auch zu diesem Büchlein und suchte nach seinem Sinne, lediglich mit eignem Verstand ohne fremde Hilfe. Wie es mein Brauch war, begann ich die Arbeit damit (am 4. April 1531), mir kurze Bemerkungen aufzuschreiben, und machte nach wenigen Tagen solche Fortschritte, daß ich schon am 12. April zu Ende kam. Als ich aber sah, daß mir das Verständnis dieses so schwierigen Büchleins

---

[1] ‹Priores prophetae› = Josua bis Chronika.

unter Wahrung meines Gewissens in Uebereinstimmung mit der allgemeinen
kirchlichen Auffassung glücklich gelungen sei, fing ich an, ich weiß nicht von
welchem Geiste, wenn nicht dem der Frömmigkeit und der Wissenschaft getrieben, aus den umfangreichen Kommentaren Oekolampads, des
h. Hieronymus und einiger andern so kurz als möglich die Haupt-
gedanken zusammenzufassen. Dabei wurden auch die jüdischen Rabbinen heran-
gezogen, soweit sie mir außer David Kimchi zur Hand waren, nämlich Salomon, und Abraham Aben Esra.[1] Am 14. April 1531 begann ich diesen
Versuch einer möglichst einfachen und klaren Zusammenfassung mit Jesaias.
Und ohne Unterbrechung ging es damit so glücklich vorwärts, daß dieser
bescheidene Handkommentar zu Jesaias, so wie er ist, am 4. Juni
fertig war. Als ich sah, daß mir die Sache nicht übel gelinge, schritt ich
weiter und machte mich an den Propheten Jeremias, den ich am 5. Juni
begann und samt den Klageliedern am 14. vollendete. Hernach wagte ich
mich auch an Ezechiel (am 5. Juli) und kam bis zum 39. Kapitel. Die
Schwierigkeit der folgenden erschreckte mich derart, daß ich, übrigens nach
dem Beispiele früherer Schriftforscher, davon abstand, den Geist zu versuchen,
und dafür Hand und Kopf zur Auslegung Daniels wandte. Ich begann
damit am 24. August und legte schon am 8. September die Feder nieder.
Die zwölf kleinen Propheten hatte ich schon früher, jedenfalls vor
dem 22. Juli, angefangen und am 23. August beendigt. Nun blieb nur
noch das schwere Buch Hiob; mit seiner Auslegung begann ich am 9. September 1531 und kam dann unter Gottes gnädigem Beistand am letzten September mit dem ganzen Werke zum Abschluß. Den Psalter hatte ich schon
längst, 1524 in Basel, kurz ausgelegt. Er wurde mir damals gestohlen,
abgeschrieben und, ohne mein Wissen, in Straßburg gedruckt.[2] Inzwischen
hatte ich in Zürich das Buch durchgesehen, verbessert und neu in den Druck
gegeben, vor damals schon zwei Jahren.

Während ich mich aber auf diese Weise in aller Stille beschäftigte, wurden
meine fleißigen Studien doch in engerem Kreise ruchbar, und so erfuhr auch
unser Buchdrucker Christoph Froschauer von meinem Schaffen und
daß Darstellung und Einleitung schon so gut wie fertig vorlägen. Er war
mir ohnehin befreundet und bat mich nun inständig, ihm irgend eines der
biblischen Bücher zur Herausgabe zu überlassen und dadurch den Studierenden
vielleicht Verlangen auch nach den übrigen zu erwecken. Und doch hatte ich,
um die Wahrheit zu gestehen, von Anfang an Alles ziemlich sorglos niedergeschrieben, wie es mir in die Feder kam, weil ich eben (Gott ist mein
Zeuge!) ursprünglich nur den Gedanken hegte, die Arbeit solle einmal nach
meinem Tod oder auch noch zu meinen Lebzeiten in die Hand eines unserer
Studierenden kommen. Hatten wir doch viele junge Leute, die zu den besten
Hoffnungen berechtigten und tüchtige Lateiner waren! Solch einer, meinte
ich, werde wohl einmal bei Gelegenheit den von mir gelieferten heiligen
Wissensstoff feilen und in gelehrtere Form bringen, wenn ihn die Veröffent-
lichung gut dünke, sei es unter seinem Namen oder gar keinem, wenigstens

[1] Siehe S. 158, Anm. 1.
[2] 1527 bei Wolf Köpfel, der noch überdieß die Dreistigkeit hatte, vor
— unbefugtem Nachdruck zu warnen! (Vgl. Riggenbach, S. 122, Anm. 2.)

nicht unter dem meinigen. Denn (Gott ist mein Zeuge!) mir lag nichts anderes im Sinn, als die immer weitere Verbreitung der Ehre Gottes, eines lebendigen fruchtbringenden Glaubens und des lauteren göttlichen Wortes! Weil man aber so sehr in mich drang, doch auf der Stelle eines der Bücher herauszugeben, und wäre es auch das kleinste, so wählte ich das Büchlein Ruth,[1] die Arbeit weniger Tage, und übergab es, noch etwas verbessert, dem Drucker schon für die nächste Septembermesse, um den Bibelfreunden die Lust am Lesen zu vermehren und das Verständnis zu erleichtern. Unser Zwingli erfuhr, was vorgehe, bewunderte die Arbeit und billigte ihr Erscheinen. Es war ein Werkchen von zwei Bogen und wurde (noch im September) auch nur in 800 Abzügen gedruckt und verbreitet.

XXIV. In Zürich.

Zwinglis Tod. — Joh. Heinr. Bullinger. — Theodor Bibliander. — Leo Judä. — Pellikans eigene Arbeiten (Fortsetzung des Bibelwerks). — Lob der deutschen Sprache.

Bald darauf wollte der Herr unsere Kirche in seine heilsame Zucht nehmen. Am 11. Oktober um die fünfte Stunde sahen sich die Züricher, die an nichts dergleichen gedacht hatten, plötzlich genötigt auszurücken. Sie stiegen über das Gebirg und gerieten, zwei Meilen von der Stadt, in einen unsicheren Kampf. Ihren nicht ganz 2000 Mann standen 8000 Feinde gegenüber, die sich drei Tage lang dort zusammengezogen hatten. Aber der Sieg war auch für sie blutig genug. Auf unsrer Seite blieben die besten Männer, doch nicht in so großer Zahl, wie die Feinde später geprahlt[1] haben. Auch Zwingli erlag damals dem Leibe nach[3] und mit ihm manch trefflicher, gelehrter Mann, den die Pflicht, Vaterstadt, Wahrheit und Kirche zu verteidigen, in die gemeinsame Gefahr getrieben hatte. Aber ihr Blut ist nicht umsonst geflossen! Die Freiheit der Vaterstadt und die Wahrheit des Christenglaubens erlitten keinen Abbruch; im Gegenteil, seit dieser Unglückszeit gewann Alles mehr Festigkeit und besseren Fortgang, wie es durch Gottes Gnade heute offen zu Tage liegt! Denn noch stehet die Züricher Kirche und hat seither in Glauben und Sitten, in Wissenschaft und bürgerlicher Wohlfahrt solche Fortschritte gemacht, daß sie, was Einfluß und Glauben anlangt, niemals mächtiger dastand! Was erreichte die Keckheit der Feinde? Gewiß nichts von Alledem, was sie zu erreichen hofften! Einige, die uns Hilfe versprachen, dann aber sich säumig gezeigt hatten, mußten freilich Schaden leiden, und Andern, die treulos waren, gereichte eben ihre Treulosigkeit zum Nachteil. Aber die Züricher Kirche stand seitdem nur desto fester, und durch Gottes

---

[1] «Explicatio brevis, simplex et canonica libelli Ruth autore Conrado Pellicano,» sowie sein «Psalterium» stehen auf dem englischen Index von 1526—1555 (vgl. Indices. S. 8).

[2] 512 Züricher sind bei Kappel gefallen (vgl. Bullinger, III, S. 158 u. Platter, S. 78 ff.).

[3] Zwinglis Leichnam wurde geviertteilt und verbrannt (vgl. Quellen, S. 183 ff. und Bullinger, III, S. 167 ff.).

Güte gediehen seine Verehrung und die Frucht des göttlichen Wortes mit der Zeit noch mehr als zuvor! Doppelt und dreifach wuchsen der Eifer, das Wort Gottes zu hören, und der Geist des Gebetes und kirchlicher Zucht, soweit diese bei einem so leichtlebigen, um nicht zu sagen, leichtsinnigen Völklein durchführbar ist! Und durch Gottes Gnade und Barmherzigkeit fügte es sich auch, daß für den einen Huldreich Zwingli, für seinen Glauben, für seine zum Heil der Kirche mit Gerechtigkeit gepaarte Klugheit, der Züricher Kirche in Wort und Vorbild ein doppelt herrlicher Ersatz aus Gottes milder Hand geschenkt ward! Bisher hatte Zwingli allein den Gelehrten täglich die Schrift vorgelesen und dem Volke gepredigt, nicht ohne Unterbrechung, weil ihm ja auch Andres oblag. Und jetzt trat, dank der Fürsorge des Herrn für uns, an Zwinglis Stelle auf den theologischen Lehrstuhl Theodor Bibliander,[1] ein Meister der biblischen Sprachen, auf dem weiten Gebiete der Wissenschaften bewandert, ebenso beredt als fromm, was Alles die gesegnete Frucht seiner Nachtwachen schon heute bezeugt und immerdar bezeugen wird! Und für das andre, noch wichtigere Amt Zwinglis, für seine bischöfliche Thätigkeit in der Züricher Kirche, schenkte uns Gottes Gnade einen körperlich rüstigen, vortrefflichen, frommen, gelehrten, treuen, gewissenhaften Mann und unvergleichlichen Prediger in Heinrich Bullinger,[2] der durch die Verkündigung des Evangeliums in der Heimat, wie durch seine Schriften draußen in der gesamten Christenheit als ein wahrhaft gottbegnadeter, mit den reichsten Gaben ausgestatteter Mensch gilt! Neben ihm wirkten zum Segen der Züricher Kirche, zur Ehre Gottes und zum Heil der Seelen noch einige andere Männer von hervorragender Frömmigkeit und Gelehrsamkeit, wie Leo Judae[3] und Erasmus Fabricius.[4] Sie hatten, je gefahrvoller die Lage war, mit desto größerer Treue, Tapferkeit, Standhaftigkeit und Wachsamkeit am Steuer der Kirche ausgehalten, als tapfere Streiter Christi, bis Gottes Güte der Kirche mit jenen beiden Leuchten zur Hilfe kam. Und das geschah bald nach dem Blutbad bei Kappel. Denn H. Bullinger wurde schon im November durch rechtmäßige Wahl der evangelische Bischof von Zürich, und ebenso übernahm Th. Bibliander, den Bitten der Brüder nur mit Widerstreben willfahrend, im Dezember Zwinglis Nachfolge

---

[1] (Buchmann) aus Bischofszell im Thurgau, war zuerst Gehilfe und Kostgänger (Platter, S. 49) des Mykonius (s. S. 103, Anm. 2) an der Münsterschule. Er besaß große Kenntnisse im Hebräischen und in den verwandten Mundarten. † 1564 an der Pest (vgl. Herzog, II, S. 218).

[2] Geb. 1504 zu Bremgarten (Bern), wo sein Vater Leutpriester war. Von seinem 12. Jahre an besuchte er die Schule in Emmerich (Cleve) und 1518—1522 das collegium Bursae Montis in Köln. In die Heimat zurückgekehrt, wurde er Lehrer an der Klosterschule der Konventualen in Kappel bei Bremgarten und bald der Reformator des Klosters. 1527 kam er nach Zürich; 1529 wurde er Pfarrer in Bremgarten und 1531 Zwinglis Nachfolger, der erste „Antistes" (vgl. S. 111, Anm. 4) der Züricher Kirche. † 1575 (vgl. Herzog, II, S. 442 ff.).

[3] Siehe S. 103, Anm. 1.

[4] (S. 130 wird er E. Faber genannt. So auch bei Bullinger, I, S. 11.) Dr. Erasmus Schmidt ging später nach Reichenweier, wo er 4½ Jahre blieb und die Reformation einführte (Röhrich, II, S. 227). Sein Nachfolger als Oberpfarrer von Reichenweier-Horburg war Math. Erb (vgl. S. 151, Anm. 3).

in den kirchlich-theologischen Vorlesungen. Zunächst fuhr er im 2. Buche der Chronika fort, wo Zwingli stehen geblieben war, und wurde Ende des Jahres 1531 damit fertig. Am 11. Januar 1532 begann hierauf der kaum 22 oder 23jährige Mann den Propheten Jesaias. Die Zuhörer bewunderten nicht wenig den großen Fleiß des Vorlesers, der vorher immer die Schriften aller Kirchenväter, alter wie neuerer, zu Rate zog, sowie die jüdischen Rabbinen, deren jeden er las und verstand besser als irgend ein Jude in ganz Deutschland. Die außerordentlichen Fortschritte des emsigen Mannes in der Schriftforschung wurden denn auch zu seiner Ehre mit jedem Tag sichtbarer. Wäre nicht ein gewisses Stocken beim Sprechen gewesen (die Folge seiner jugendlichen Scheu angesichts einer so zahlreichen Zuhörerschaft, die zum Teil aus gründlich gelehrten Greisen bestand), so hätte er gar nichts zu wünschen übrig gelassen. Bis auf den heutigen Tag hat er diese anspruchslose Bescheidenheit nicht ablegen können, er, der Allen genug thut, nur sich selbst nicht! — So fuhr er fleißig fort in seiner Auslegung des Jesaias (nach meinen Aufzeichnungen waren es 111 Vorlesungen) und kam damit am 13. Juli zu Ende.

Damit ihr, meine lieben Söhne, euch ein Beispiel nehmt am Eifer dieses Mannes, ihn bewundert, ihm nachahmt, um auch einmal, wenn es Gottes Wille ist, mit gleicher Unermüdlichkeit Christo und der Kirche Gottes nach Kräften zu dienen, wie wir heute, so stehe ich nicht an, euch unsere Studien auch in der folgenden Zeit aufzuzählen. Nicht geschieht das irgendwie zu unserem Selbstlob; alle gute Gabe kommt ja von oben herab, von dem Vater des Lichtes. Haben wir Gutes gethan, so verdanken wir es nicht uns, sondern dem Verdienste Christi und der Gnade Gottes gegen die heilige Gemeinde seiner Auserwählten, die nicht nur in Zürich, sondern allenthalben auf dem Erdkreise gegründet ist. Aber ihr Zwei sollt, wenn ihr am Leben bleibt, in der Lage sein, unsern Feinden Antwort zu geben. Sie nennen uns Ketzer oder mit sonst einem schimpflichen Titel, sagen, wir seien aufgeblasene Menschen oder schwindelten, ich weiß nicht wie, der Welt eitel Trug vor! Und doch begehren gerade wir nichts eifriger, als die Betrüger der Welt zu entlarven oder zu mahnen, daß sie ehrlich verfahren, und die übrigen Katholiken zu warnen vor der Frechheit unsrer Schmäher, damit sie nicht wieder abfallen von der Wahrheit! Denn nur die Wahrheit samt christlicher Frömmigkeit suchen wir der Welt zu empfehlen und zwar (deß sind wir uns bewußt!) in lauterer Einfalt und Bescheidenheit! Ja, ich bezeuge: Bis auf den heutigen Tag sind diese Tugenden samt völliger Eintracht in Gottes Wort lebendig bei allen Dienern unserer Kirche!

Den Jesaias hatte unser Theodor mit bestem Erfolg erklärt und ging nun fleißig an Jeremias. Am 12. August 1532 begann er damit und schloß den Propheten genau nach 100 und die Klagelieder nach 9 Vorlesungen am 8. Februar 1533. Noch in diesem Monate fing er Ezechiel an und beendete ihn rund in 100 Vorlesungen bis Ende Juni. Am letzten kamen die 12 kleinen Propheten an die Reihe bis zum St. Nikolaustag im Dezember 1533. Mit Daniel begann er bereits am 8. Dezember und beschloß ihn am 12. Februar 1534. In demselben Monate, am 25., nahm er die Psalmen in Angriff und beendigte sie ohne Unterbrechung in 147 Vorlesungen. Nach dem Psalter legte er die Hand an die Genesis, am 10. November 1534, und beendigte sie sechs Tage vor Pfingsten im Jahre

1535. Den Exodus fing er am 20. Mai an und schloß damit im Dezember; dann folgten Leviticus, Numeri und Deuteronomium. Das Buch Josua begann er am 27. November 1536, die Richter am 15. Februar 1537 (Ende: am 8. Mai), Ruth am 11. Mai (Ende: am 29. desselben Monats), das 1. Buch Samuelis am 30. Mai, das zweite am letzten September (Ende: 7. Januar 1538), das dritte am 8. Januar, das vierte am 23. März, Esra am 12. Juni und Nehemia am 1. August (in 17 Vorlesungen); auf das Buch Esther verwendete er 14 Lektionen (Schluß am 5. September 1538). Nach diesen Büchern fing er eine neue Reihe an. Am 9. September 1538 begann er mit dem Prediger Salomonis (33 Vorlesungen, Schluß am 7. November), am 8. November mit dem Hohenlied (23 Lektionen, Schluß am 6. Dezember) und am 11. Dezember mit den Sprüchen (Schluß am 22. März 1539). Hiob fing er am 26. März an und endigte damit am 10. Juli. Es war dies das letzte Buch seiner ersten Vorlesungsreihe, die er 1532 begonnen hatte. — Aus diesen Angaben mag man den Fleiß und die Fortschritte einer Schule sehen, deren Gleichen man anderswo nicht so leicht finden wird. — Die zweite Reihe fing er wieder nicht mit der Genesis an, sondern wie die erste mit Jesaias und zwar unter gleich glücklichem Stern am 11. August 1539.

Ich für meine Person hatte inzwischen wohl oder übel meine Kommentare für mich und die jüngern Studierenden der Theologie vollendet und glaubte aufs Neue, das Ergebnis meiner Studien damit abgeschlossen zu haben. Höchstens daran dachte ich, sie einmal dir, mein Sohn, wenn du am Leben bliebest, oder meinem Neffen Konrad mitzuteilen. Ihr solltet sie gebrauchen und theologisch ausarbeiten; ich freute mich des Gedankens, sie euch und Andern als mein kostbarstes Vermächtnis zu hinterlassen. Aber siehe, da begannen auch schon wieder Drucker und Verleger in mich zu dringen, dem Geschmacke der Studierenden, die an dem Büchlein Ruth Gefallen fänden und nun Weiteres begehrten, entgegenzukommen. Ich solle Aehnliches veröffentlichen, meine Handschriften noch einmal durchsehen, und so rasch als möglich, druckfertig machen, vor Allem die fünf Bücher Mosis. Nach diesen verlangten nämlich die Studierenden besonders, und um so mehr drängten die Buchhändler. — Ich konnte mich der Erkenntnis nicht verschließen, daß einfache, anspruchlose Schriften auch den Beifall einfacher und mittelmäßig gelehrter Leute finden würden; ich wußte: einfacher, glanzloser lateinischer Stil verträgt sich recht wohl mit dem einfältigen, klaren Stile des heiligen Geistes; ich erwog: die mittelmäßigen Köpfe, deren Bedürfnissen du entsprechen sollst, sind immer zahlreicher als die hervorragenden Gelehrten, diese werden sich doch nicht herbeilassen, deine Arbeit zu lesen; sie bedürfen ihrer nicht und für sie ist sie in der That auch nicht geschrieben. — So fing ich denn an, nur die gemeinsame Erbauung einfältig frommer Leute ins Auge zu fassen und zu erwägen, was ihnen für eine Frucht aus meiner Arbeit erwachsen könnte. Hatte ich mich doch eigentlich auch allein zu diesem Zwecke seit mehr als 30 Jahren so vielen unbeschreiblichen Mühen unterzogen und, um die h. Schrift besser zu verstehen, großen, ja übermäßigen Fleiß auf Erlernung des Hebräischen verwendet! Von solchen Gedanken geleitet und (wie Gott weiß, der Zeuge meines Gewissens!) einzig in der Absicht, das klare Verständnis des Wortes Gottes zu fördern, ließ ich mich bewegen, meinem Freunde Froschauer zu willfahren, der mir ohnehin wohlgesinnt war. Zunächst also machte ich mich an die Genesis. Sie lag in derselben schriftlichen Fassung vor, in der ich sie einst als ordentlicher Professor der Theologie in Basel meinen Zuhörern gelesen hatte. Natürlich nahm ich nun auch die andern Ausleger zur Hilfe, alte und neuere, deren Studien seitdem im Druck erschienen waren. Namentlich Chrysostomus, Melanchthon und Zwingli benützte ich fleißig, um die Lücken meiner Genesis auszufüllen. Dabei blieb ich so knapp als möglich, und so gelang es mir, schon für die nächste Frankfurter Messe die zwei ersten Bogen (den Anfang der Genesis) einzelnen Studierenden und Buchhändlern zugänglich zu machen. Und während die Genesis sich im Satze befand, schrieb ich die vier andern Bücher Mosis, die vorher ziemlich oberflächlich behandelt worden waren, neu ab, verbesserte die Fehler und brachte das Werk in die Form, worin es jetzt vorliegt. Etwa nach 6 Monaten war der erste Band des Kommentars fertig. Und da der Verleger wegen des zweiten drängte, der sämtliche geschichtliche Bücher enthält, so stellte ich auch diesen fertig mit vieler Mühe. Denn einerseits mußte ich den ganzen biblischen Text nach dem wahren hebräischen Sinn verbessern, wo etwas ausgelassen war, oder durch Schuld der Abschreiber ein Fehler sich eingeschlichen hatte, und andrerseits wollte ich doch auch die angenommene kirchliche Uebersetzung beibehalten, soferne sie nicht durchaus eine Aenderung zu bedürfen schien, ohne deshalb natürlich offenkundige Irrtümer zu vertuschen. Der erste Band war im August 1532 fertig geworden; im März des folgenden Jahres erschien der zweite, noch in dem nämlichen Jahre, wieder im August, der dritte und 1534 im März der vierte Band.

Einige gelehrte und fromme Männer, die die Arbeit sahen und lasen, baten mich dringend, doch nicht abzulassen und auch die übrigen biblischen Bücher zu behandeln. Diese seien, wenngleich nicht kanonisch, so doch im kirchlichen Gebrauche. Namentlich über den Tobias müsse ich schreiben; er sei nach ihrer Meinung ein vorzügliches Muster aller christlichen Tugenden. Da mir die nötige Muße zu solchem Versuche zu Gebote stand, willigte ich ein und brachte, was mir der Herr gab, nach dem bescheidenen Maß meines Geistes und Stiles mit so viel Glück zu Papier, daß ich ohne große Mühe damit fertig wurde. Mußte ich doch meine Aufmerksamkeit dabei eigentlich nur auf die Abrundung des Restes meiner Arbeit lenken, um dadurch die Wünsche vieler frommer Seelen und nicht zum Mindesten auch einen eigenen Herzenswunsch zu erfüllen! Und die angewandte Mühe reut mich nicht, obgleich ich weiß, daß das Werk in vielen Punkten mangelhaft ist; wo und wie, werden berufene Leser selbst herausfinden. 1534 war es in der heute vorliegenden Gestalt fertig.

Hieran schloß sich die Anlegung eines Inhaltsverzeichnisses zum ganzen Bibelwerk, weil einige klagten, es fehlten in meinen Kommentaren die Beweis- und Parallelstellen. Eine solche besondere Beigabe hielt ich der Kürze halber für notwendig; denn sonst wäre die Zahl der Bände, die ohnehin schon groß und teuer genug waren, ins Unendliche gewachsen. Im Jahre 1535 wurde ich auch mit dieser Arbeit fertig. Der Verleger gab sie aber erst später in den Druck; zunächst drängte er mich auf alle Weise und so sehr er konnte, auch über das neue Testament zu schreiben und so mein Bibelwerk zu vollenden. Ich ließ mich leicht erbitten, weil ich glaubte, ich hätte da nur die besseren Schriften Andrer zu vergleichen und zusammenzufaffen, damit der Lefer etwas Aehnliches kurz in einem Bande finde, was schon, freilich beffer und ausführlicher, in vielen zerftreut vorhanden war. Das galt namentlich von den Evangelien und der Apostelgeschichte; bei ihnen handelte es sich hauptsächlich um Richtigstellung des Grundtextes. Damit beschäftigte ich mich im Jahre 1536.

Zu den Episteln war ein vollständiger Kommentar Bullingers erschienen, und ich dachte nicht im Entferntesten daran, dieser trefflichen Arbeit meinerseits noch etwas folgen zu laffen. Aber auch hier siegte zulegt das freundschaftliche Drängen des Buchhändlers, der sich nicht ausreden ließ. daß sehr viele an meinen Arbeiten Freude hätten und nach mehr Verlangen trügen. Ueber dem Lesen des Einfachen würden sie gewiß die guten Schriften Anderer nicht vernachläffigen. So vollendete ich auch diesen Teil der Arbeit bis 1838 oder 39. Für die Offenbarung Johannis aber reichte mein Mut und das Vertrauen auf meinen Geift und meine Gelehrfamkeit so wenig aus, daß es mir gar nicht in den Sinn kam, darüber zu schreiben. Dagegen gefiel mir sehr, was Sebastian Meyer[1] über sie geschrieben hatte, und ich freute mich, seine Arbeit der Vollständigkeit halber meinem Kommentar einverleiben zu dürfen. Trotzdem schrieb ich später auch über die Apokalypse und zwar in deutscher Sprache, als es sich um die Auslegung des neuen Testaments von Erasmus handelte. Unser Leo Judä hatte seine glän= zenden Paraphrasen[2] überfetzt, und der Buchhändler wünschte die Beifügung meiner Arbeit. Sie war in sehr kurzer Zeit entstanden und eigentlich eher übereilt zu nennen, als überlegt, aber gereut hat sie mich doch auch nicht, obgleich sie ungenügend war.

Während ich mich so beschäftigte, fing ich aber auch wieder an, fleißig den Vorlesungen Biblianders beizuwohnen, seit er das Buch Josua behandelte, d. h. seit Dezember 1536. Eiligst brachte ich seinen Vortrag von A bis Z zu Papier und schrieb dann zu Hause sofort sorgfältiger und lesbarer ins Reine, was ich in Haft hingeworfen oder daneben im Gedächtnis behalten hatte. Das that ich vom ersten Tage an aufs Sorgfältigste, wie aus meinen Aufzeichnungen (auf fast 200 Blättern) zu erfehen ift, die mir wertvoller find, als alle Schätze von Gold und Edelstein! Täglich verwendete ich seit jener Zeit ein bis zwei Stunden auf diese Arbeit und nahm so nach und nach das Buch Josua durch, die Richter, Ruth, die Könige, Esra, Nehemia, Efther, Jesaias, Jeremias, Ezechiel, die 12 kleinen Propheten, Daniel, den Prediger,

---

[1] „Seb. Meyer, der Berner Reformator, hatte an Pellikan das Manu= skript eines Kommentars zur Apokalypse geschickt. Dieser, den Grundsätzen der Meyer'schen Exegese im Wesentlichen zustimmend und froh nicht selbst an das heikle Geschäft gehen zu müffen, gab die Arbeit des Freundes leicht über= arbeitet in die Froschauer'sche Presse" (Riggenbach, S. 131, Anm. 3 und Bullinger, I, S. 393). — Seb. Meyer, Dr. theol. und Lesemeister im Berner Franziskanerklofter (Konventualen) wurde der Mitarbeiter Berthold Hallers (f. S. 109, Anm. 8). Er hatte im Orden eine angesehene Stellung; noch 1516 war er Vertreter des Provinzials der Konventualen auf einem General= kapitel (Eubel, II, Anm. 427). 1524 war er noch „Predicant zun Barfußen" in Strafsburg. Er war aus Neuenburg am Rhein gebürtig (vgl. Röhrich, I, S. 269).

[2] Umschreibungen des Bibelworts. Die Paraphrasen (vgl. Herzog, IV, S. 115) des Erasmus waren sehr verbreitet (vgl. S. 75 und 128).

das Hohelied, die Sprüche, den Psalter und die Bücher der Chronika. Auch für die Genesis legte ich mir eine Sammlung an aus meinen und Andrer Manuskripten, aber nach den Eintragungen, die Biblianer beim eignen Lesen überall in seiner Handbibel gemacht hatte, um sich durch solch einmalige Arbeit für später Erleichterung zu verschaffen. So schrieb ich mir auch Worterklärungen zum 2. 3. und 4. Buch Mosis auf; nur das Deuteronomium fehlt. Aber ich hatte auch zu diesem Buch Aufzeichnungen gemacht und zwar aus dem Munde Bullingers, der zwei Jahre lang sehr gelehrte und wirksame Predigten darüber gehalten hat. Diese regelmäßig fortgesetzten Sammlungen fallen in die Zeit von 1536 bis gegen Ende 1543, wo Biblianer, von dem Wunsche beseelt, außerhalb des Rahmens unsrer Schule den Zeitbedürfnissen zu dienen, sich zurückzog, um über die Offenbarung Johannis zu lesen. Etwa Anfang Dezember begann er diese Vorlesung, und ich hoffe, sie wird demnächst der christlichen Welt im Druck geboten werden; es ist ein überaus bewunderungswürdiges Werk!

Auch was außer dem schon Angeführten sonst noch an wissenschaftlichen Arbeiten von mir vorhanden ist, will ich jetzt aufschreiben, liebe Söhne, aber nicht bloß als ein totes Beispiel. Wenn ihr dereinst zu urteilsfesten Männern herangewachsen seid, sollt ihr sie vielmehr selbst benutzen oder gar ausarbeiten für den Nutzen der Gläubigen. Meinethalben mögt ihr sie auch durch den Druck verbreiten, falls nicht schon Besseres der Art veröffentlicht ist. Glaubt ihr dagegen, daß Andre sie geringschätzen würden, so könnt ihr sie, wie gesagt, auch ja nur für euch selbst gebrauchen.[1]

Da ist zunächst meine Uebersetzung der Bibel aus dem Chaldäischen ins Lateinische zu nennen. Sie umfaßt Moses, die geschichtlichen Bücher von Josua bis zur Chronika und die Propheten sammt den rabbinischen Kommentaren von Onkelos, Jonathan[2] und A. (auch zu dem Hohenlied, dem Prediger und den Klageliedern) sowie die beiden Thargums[3] zum Buch Esther, das den Juden so ausnehmend gefällt, ja sogar den Thargum von Jerusalem zu den 5 Büchern Mosis.

Außerdem übersetzte ich einige Werkchen oder Hauptstücke aus dem Talmud[4] sowie die ausgezeichnete Grammatik des Punktators Rabbi Moses, die Jedem der hebräisch schreiben und unpunktierte Schrift genau lesen will, zur Erkenntnis der Ursachen und Regeln der Punktation dienlich ist.

Auch schrieb ich in jener Zeit zum Gebrauch für Gelehrte und Ungelehrte, Prediger und Laien, eine deutsche christliche Auslegung zu den 5 Büchern

---

[1] „All" diese Manuskripte werden in Zürich aufbewahrt. Sal. Heß hat ein Verzeichnis dieser Zeugen „eines schreibseligen Lebens", oder, um mehr als Heß zu sagen, eines unermüdlichen Sammelfleißes angelegt." (Riggenbach, S. 132, Anm.)

[2] Siehe S 18, Anm. 1.

[3] Unter dem Namen Thargumim werden die chaldäischen Uebersetzungen und Paraphrasen des alten Testamentes zusammengefaßt. Die beiden ältesten sind von Onkelos (zum Pentateuch) und von Jonathan (zu den Propheten).

[4] Die hier im Text folgende Aufzählung der einzelnen Arbeiten aus dem Gebiete der rabbinischen Litteratur ist in der Uebersetzung weggelassen worden. Am Rande steht: „Dies mit Hilfe Michaels Adam," s. S. 136, Anm. 8 u. S. 160.

Mofis, zu Josua, den Richtern, Ruth, Samuel und Maleachi, schließlich auch zu den Propheten Jesaias und Jeremias, um die Juden recht gründlich zu widerlegen.[1] Im Anschluß hieran übertrug ich das prächtige Buch von Ludwig Vives,[2] seine lateinische Disputation mit den Juden, ins Deutsche, so gut ich vermochte; ihr sollt es in Zukunft einmal verbessern.

Auch des Aristoteles Ethik habe ich aus dem Lateinischen ins Deutsche übersetzt so verständlich als möglich; ebenso seine rhetorischen Bücher (1541), seine politischen (1542), seine ökonomischen (noch 1541), kleine Beiträge zur Sittenlehre,[3] die Abhandlung über Länge und Kürze des Lebens (1542 im September), über Schlafen und Wachen, über das Träumen, über die Bedeutung der Träume, über Jugend, Alter und Tod (sämtlich auch im September 1542), das erste Buch der Physik (im Oktober; das zweite wurde nicht fertig) und die Paraphrase zu des Aristoteles Buch von Himmel und Erde. — Von früher ist noch zu erwähnen die Uebersetzung des 3. 4. und 5. Buches von Ciceros quaestiones Tusculanae,[4] die ich für meinen Sohn verdeutscht habe. Desgleichen übertrug ich das 3. Buch des Nik. Cusanus[5] «de catholica concordantia» ins Deutsche und brachte in zehn Tagen (April 43) eine wörtliche Uebersetzung des Psalters aus dem Lateinischen zu Stande.

All diese Schriften, mein Samuel (du weißt es als Augenzeuge), habe ich nur deshalb verdeutscht, um dir das Verständnis der Moralphilosophie des Aristoteles (worüber damals gelesen wurde) und Ciceros zu erleichtern. Man sollte dabei nicht mehr so viel Zeit und saure Arbeit an den griechischen Urtext wenden, sondern einsehen, daß sie allen verständigen Jünglingen ebenso klar, ja durchaus klar und in kürzerer Frist übermittelt werden könne. Dadurch gewönne dann die Jugend auch Zeit zur Betreibung der Hauptstudien, der h. christlichen Glaubenslehre, des Naturrechtes und des römischen Rechtes,

---

[1] Vgl. S. 23 ff.

[2] Ludw. de Vives, geb. 1492 zu Valencia, berühmter Humanist, Feind der Scholastiker (vgl. Tribbech., S. 144), † 1540 zu Brügge, ohne protestantisch geworden zu sein (Herzog, XVII, S. 237 ff.). Seine sämmtlichen Werke (2 Foliobände) erschienen zuerst in Basel (1555).

[3] Die Uebersetzungen aus Aristoteles und Cicero, zwei starke Quartbände, sind auf der Kantonsbibliothek in Zürich erhalten. Die «parva moralia» nennt Pellikan im Vorwort: „das beste und allernützlichste, so gefunden wird in allen büchern Aristotelis" und von den „Oekonom." sagt er: „Dises büchlein solln in sunderheit wissen und gläsen haben die jungen Burgersün, ee sy fromen nämen 2c" (s. Riggenbach, S. 134, Anm. 2).

[4] Fünf Bücher ethischen Inhalts (Tusculum, das Landgut Ciceros) vgl. Teuffel 186, 8.

[5] Nik. Krebs von Cues an der Mosel, geb. 1401, ursprünglich Jurist (1424 Dr. jur. in Padua), dann Theologe, 1430 Dekan des St. Florinstiftes in Koblenz, dann Probst in Münster-Mayfeld und zuletzt Archidiakon und Protonotar in Lüttich. Als solcher wohnte er dem Baseler Konzil bei. 1434 vollendete er sein Werk «de catholica concordantia», worin er die Schenkung Konstantins für erfunden erklärte und die Konzilien über den Papst stellte. Später änderte er seine Ansichten, wurde gut päpstlich und deshalb 1448 von Nikolaus V. zum Kardinal und 1450 zum Bischof von Brixen ernannt. † 1464. Auf dem Index von 1580 steht: «Nic. Cusani decretum est per congregationem comburendum esse librum de concordantia.» Vgl. Herzog, III, S. 211 ff.; Janssen, I, S. 3 ff.; Tribbech., S. 77 ff.

der Naturgeschichte seit Plinius, sowie der Völker- und Staatengeschichte. Oder sollte man die notwendige und nützliche Kenntnis von alledem ohne große Mühe nicht in Deutschland ebenso gut anbauen können, wie vor Alters in Griechenland, das in diesen Stücken als so wohlunterrichtet galt, obgleich es sich nur seiner nationalen Sprache bediente? So wollten auch die Römer die griechischen Schulmeister und Grammatiker lieber aus der Stadt vertreiben,[1] als das Reich durch viele Sprachen verwirren lassen, und sorgten statt dessen dafür, daß gute griechische oder andre ausländische Schriften, die den Bürgern noch unbekannt waren, mit größter Gewissenhaftigkeit in die Landessprache übersetzt würden. Sie sahen . eben ein, dies sei der kürzeste Weg, um die Unwissenheit zu bannen, die als Barbarei galt, was sie thatsächlich auch war. Denn nicht um irgend einer Sprache willen verdient ein Volk barbarisch genannt zu werden, sondern nur, wenn es stumpfsinnig und unwissend ist in Sachen der göttlichen, der natürlichen und der Moralphilosophie. Diese Wissenschaften aber kann man in der deutschen Sprache, der edelsten und reichsten von allen, ebenso deutlich überliefern und ebenso klar auffassen, als in irgend einer andern, auch der griechischen, die für wortreicher gehalten wird als die lateinische. Wenn ihr also einmal Philosophie lehren wollt, werdet ihr in der Lage sein, diese Aristotelika klar vorzutragen und euch auch verpflichtet fühlen, die weit handlicheren neuen Lehrbücher über das Gesamtgebiet der Philosophie in deutsche Sprache zu kleiden aus Liebe zum Vaterland! Das ist wahre, Gott wohlgefällige Frömmigkeit und auch ein Gottesdienst, wenn man dabei nur den Glauben an Gott und die Lehrsätze der Kirche nicht vernachlässigt! So haben es in unsrer Zeit einige fromme Männer angefangen und durchgeführt, während hoffärtige, ruhmredige Sprachhelden nicht zehn Worte schreiben können, ohne drei Worte griechisch einzuflechten und als elftes ein hebräisches dreinzugeben![2] Da wäre es wahrhaftig noch viel richtiger und notwendiger, die Sprache der Türken zu lernen, die uns leider ohnehin immer näher rücken! Wir könnten sie dann vielleicht durch Worte der Belehrung für die christliche Wahrheit empfänglich und menschlicher machen, anstatt sie mit unsrer übertriebenen Eitelkeit nur vor den Kopf zu stoßen! Und was mangelt unsern deutschen Gemeinden an der Erkenntnis der Wahrheit auch ohne Latein und Griechisch? Nun fast seit 30 Jahren werden sie in deutscher Sprache durch fromme, getreue Prediger unterrichtet, die es kluger Weise vorzogen, in der Kirche Deutschlands deutsch zu sprechen, und in dieser Sprache auch Alles lehren können, was zur Frömmigkeit und christlichen Zucht gehört, wie denn thatsächlich in unserer deutschen

---

[1] Vgl. Teuffel, S. 141.

[2] Pellikan stand mit diesen Anschauungen in Zürich nicht allein. Joh. Stumpf (s. S. 131, Anm. 8) schreibt z. B. in seiner Schweizer Chronik (1548): „Altdeutscher Namen hat man eine große zal; werdend auch noch bey den alten Kirchenbüchern und brieffen erfunden. Und ist wunder, daß die löblich Teütsch nation sich also gar on alle ursach auff frömbde unbekannte ja unverstendige Latinische, Hebraische, Griechische und ander außlendischer nation nammen hat lassen vertrucken und abweysen" (vgl. die Bestrebungen der Sprachgesellschaften des 17. Jahrh. von H. Schultz, Göttingen 1888, S. 131).

Kirche alle kirchlichen Lehren aufs Klarste vorgetragen und ausgelegt werden! Moses redet jetzt vernehmlich zu unserm Volk; Bürger und Frauen, Jünglinge und Mädchen verstehen ihn weit besser, als noch unlängst Pariser Doktoren und Mönche, obgleich sie Scotisten hießen und Thomisten![1] Und so reden auch die Propheten und Christus und die Evangelisten und Apostel nur deutsch mit unserm Volke und es gibt keine noch so dunkle Stelle im biblischen Kanon, die nicht von unserm Bullinger im hellsten Lichte und mit Segen vorgetragen und vom Volke verstanden würde! Er, der nach unsres Zwinglis Tod diesem Gottesmanne nachfolgte als Lehrer der Kirche, beherrscht alle heiligen Sprachen aufs Gründlichste, und dennoch bedient er sich immer nur der allgemeinen Volkssprache, ja sogar der Mundart nach dem Vorbild eines Chrysostomus, eines Gregors, eines Augustinus. So hat er, nun bereits seit 12 Jahren, mit größtem Erfolg und, ohne daß je ein Wort der Klage aus dem Kreise seiner Zuhörer laut geworden wäre, nicht nur über das ganze Neue Testament gepredigt, Evangelien und apostolische Schriften, sondern auch über die Bücher Mosis und fast den gesamten heiligen Kanon des alten Bundes, und zwar mit größerer Anschaulichkeit der Lehrmeinungen und Hauptdogmen, als es je seit Gründung der Pariser Universität ein Doktor auf dem Katheder vermochte! Das werden selbst gelehrte Männer nicht ableugnen wollen! Und dabei hörte dieser treue Mann, der gelehrte Bischof unsrer Züricher Kirche, nicht auf, sein Wissen noch zu erweitern. Wie Zwingli und Leo Judä, versäumte er niemals eine Vorlesung unsres Biblianders, auch nicht als dieser zum zweiten Mal die kanonischen Schriften durchnahm, obgleich er nach meinem Urteil in der Art des Vortrages, an überzeugender Kraft, Lehrbefähigung, Sprachfertigkeit und Beredsamkeit allen Andern überlegen ist! Ja, dieser Bullinger! Anerkannte Bücher auf allen theologischen Gebieten, darunter ein vollständiger Kommentar über das ganze Neue Testament sind von ihm erschienen,[2] und dabei predigt er noch dem Volk unsrer Züricher Kirche so gemeinverständlich und kraftvoll, daß ich nie seinesgleichen gehört habe! Ihr wißt es ja beide, wie er predigte, und sollt es nicht vergessen, sondern zur Verteidigung unsrer Kirche Zeugnis dafür ablegen! Im Jahre 1532 predigte er über den Brief Pauli an die Hebräer, über die zwei Petribriefe, sowie über das Johannesevangelium, Alles lauter, klar und faßlich. Im folgenden Jahre über die Apostelgeschichte, den Römerbrief, die zwei Korintherbriefe und die Briefe an die Galater und Epheser. 1534 behandelte er ähnlich die Propheten Amos, Jonas, Habakuk und Zephanjah von der Kanzel und zwar so zweckmäßig, als hätte der Herr diese Propheten geradezu leibhaftig zu den Zürichern gesandt, so daß auch der gemeine Mann niemals klagen konnte, es sei in der Kirche je ein fruchtloses, unverständliches Wort geredet worden! Aber auch die Briefe an die Philipper und Kolosser, die zwei an die Thessalonicher und die Briefe an

Timotheus, Titus und Philemon legte er seinen Predigten zu Grund und im Jahre 1535 das Matthäusevangelium und die Propheten Obadja, Sacharja, Haggai und Maleachi. Wer kennt in allen Zeiten einen Mann, der über diese biblischen Bücher so faßlich gepredigt hätte, so ohne jede Ermüdung der Gemeinde, auch des gewöhnlichen Volks, daß man, wie es hier der Fall war, in zehn Jahren nicht zehn Männer sah, die vor dem Schlusse der Predigt die Kirche verlassen hätten? — 1536 predigte er über die Genesis und das Lukasevangelium samt Hosea und Joel; 1537 und 38 über das Johannesevangelium und den Exodus, 1539 und 40 bis ins Jahr 41 zum zweiten Mal über den Hebräerbrief, sowie über die katholischen [1] Briefe St. Johannis, über das Markusevangelium und das ganze Deuteronomium auch an den Sonntagen unter großer Aufmerksamkeit und zum Segen der Gemeinde. Die Predigten über das Deuteronomium habe ich aus seinem Munde nachgeschrieben und nichts ausgelassen, soweit ich folgen konnte. 1541 predigte er wieder über die beiden Petribriefe, an den sechs Wochentagen aber über Josua und die Richter und gegenwärtig (ich schreibe das Ende 1543) an den Sonntagen über das erste Buch Samuelis und das Lukasevangelium. All das ist durch diesen herrlichen Lehrer unsrer Kirche im Laufe von 12 Jahren gepredigt worden! — Seine täglichen Predigten zerfallen in vier gewöhnliche Wochenpredigten und fünf andre im Anschluß an die Vorlesungen [2] Biblianders, wobei dem Volk in der Kirche so ziemlich das Gleiche vorgetragen und ausgelegt wird, was wir in der Stunde vorher in unsrer theologischen Schule aus Biblianders Mund gehört haben. Zwischen Vorlesung und Predigt darf aber keine Pause sein, und deshalb weicht man zuweilen von der Ordnung ab. Ueber das eine oder andre Buch, z. B. den Prediger, das Hohelied, wird dem Volke nicht gepredigt, wenn die Auslegung andrer Bücher, ganz abgesehen von den Ferien, hinter den Fortschritten der Schule zurückblieb.

An dieser Predigtarbeit beteiligte sich, unentgeltlich und ohne irgend eine Belohnung anzunehmen, auch Leo Judä seligen Andenkens. Ebenso hat er, schier 20 Jahre lang, in der Hauptkirche gepredigt, ohne dazu verpflichtet zu sein, da er Pfarrer von St. Peter [3] war. Wie überaus mannigfaltig und segensreich dieser Mann gewirkt hat durch Predigten, Schreiben und Uebersetzen aus dem Lateinischen ins Deutsche und aus dem Deutschen ins Lateinische, das bezeugt außer dem in beiden Sprachen verfaßten Katechismus [4] die stattliche Reihe seiner Schriften. Dabei war er fast 20 Jahre lang Richter und Beisitzer im Konsistorium für Kirchenzucht und Ehesachen. [5]

---

[1] Die drei Briefe St. Johannis tragen in den meisten Handschriften die Ueberschrift: 1. 2. 3. katholischer Brief, weil sie nicht an bestimmte Gemeinden, sondern an die ganze Christenheit gerichtet zu sein scheinen.

[2] Vgl. S. 100, Anm. 6.

[3] An ihr wirkte Lavater († 1805) 23 Jahre.

[4] Judä Katechismus (mit Vorwort von Bullinger) erschien am 3. Januar 1534. (Neueste mir bekannte Ausgabe: 1836 in Winterthur bei Steiner.)

[5] Das „Chor- und Ehegericht" bestand aus vier Ratsherren und zwei Geistlichen (Herzog, XVIII, S. 727).

Ich schreibe das nicht ohne Absicht, liebe Söhne, sondern wünsche vielmehr, ihr möchtet euch an all diesen Männern ein Beispiel nehmen und gegebenen Falles, wie es sich ziemt für die Guten, bereit sein zu ebenso treuem Thun, möchtet eure Vaterstadt, in der ihr erzogen seid, von Herzen lieb haben und tapfer ihren ehrlichen Namen verteidigen, zumal da sie, ich weiß nicht warum, von Etlichen gehaßt, ja fälschlich als ein Rest von Ketzern und Schwarmgeistern verschrieen und auch sonst, wer weiß mit was für schändlichen Schmähreden, aufs Gemeinste offen verleumdet wird!

Außerdem machte ich noch mehrere Inhaltsverzeichnisse zu Werken, die in Zürich gedruckt wurden, nämlich zu Bullingers Epistelkommentar, zu Vadians [1] biblischer Geographie und zu seiner Aphorismensammlung, die er mir gewidmet hat. Die Bibel Münsters [2] verglich ich Wort für Wort mit der hebräischen, weil man ihn zu Basel verhindert hatte, dies selbst fortzusetzen, eine Folge des Brotneides der dortigen Buchdrucker auf Froschauer. Ebenso verglich ich Leo Judäs und Biblianders Bibel [3] vor der Drucklegung Wort für Wort mit dem Grundtexte, damit nichts übersehen würde, und später noch einmal vor der zweiten Ausgabe. Auch die Paraphrasen [4] des Erasmus von Rotterdam über das Neue Testament teilte ich ein nach den Kapitelabschnitten (so sind sie im Druck erschienen), fügte ein langes, genaues Inhaltsverzeichnis bei und sogar, damit die Auslegung des Neuen Testamentes nicht lückenhaft sei, noch eine deutsche Erklärung der Apokalypse. Desgleichen schrieb ich ein umfangreiches Inhaltsverzeichnis zu Stobäus. [5] Auch einen vierfachen Katalog der Züricher Bibliothek habe ich angelegt. Der erste, rot gebunden, giebt die Namen der Verfasser in alphabetischer Reihenfolge, der zweite, in Schwarz, die Bücher und Handschriften, d. h. ihren Inhalt mit der Platznummer zur leichteren Auffindung; der dritte enthält ein nach Stoffen geordnetes Verzeichnis: Theologika, Philosophika, Juristika, Historika, sowie die Sprachen: Latein, Griechisch, Hebräisch und Deutsch; für den vierten habe ich über 400 loci communes hervorragender Schriftsteller gesammelt, aus allen möglichen Büchern zum großen Vorteil unserer Studierenden. [6]

In einen Pariser hebräischen Druck trug ich für mich und meinen Sohn die lateinischen Uebersetzungen Biblianders oder Leo Judäs ein zu Jesaias, Jeremias und den 12 kleinen Propheten.

---

[1] Vadianus (Joachim von der Watt) geb. 1484 in St. Gallen, aus reichem altadeligem Haus, Humanist, poeta laureatus (1514, wohl wegen seines Gedichtes auf die Kaiser Friedrich III. und Max; 1516 war er Rektor in Wien, Amoen. S. 412 ff.), Bürgermeister und Reformator seiner Vaterstadt. † 1551 (Wedel, S. 160; Riggenbach, S. 138, Anm. 2 und 3). Seine Bücher stehen auf dem Index (Alemannia, II, S. 50 ff., VIII, S. 272).

[2] Der bekannte Verfasser der Kosmographie (s. S. 39, Anm. 4) hat das alte Testament ins Lateinische übersetzt.

[3] Eine Uebersetzung ins Lateinische (s. Riggenbach, S. 139, Anm. 2).

[4] Vgl. S. 122, Anm. 2.

[5] Griechischer Dichter um 500 n. Chr. aus Stobi in Macedonien (vgl. Riggenbach, S. 139, Anm. 4).

[6] Mit dieser Bibliothekarsarbeit hatte Pellikan nach Zwinglis Tod begonnen (vgl. Riggenbach, S. 140, Anm. 1).

Das chaldäische Wörterbuch von Xantes Pagninus,[1] zu Rom oder Avignon gedruckt, das mir Bonifacius Amerbach[2] aus Avignon als Geschenk sandte, und meine alte Talmudabschrift gab ich an Münster mit dem Ersuchen, die beiden Bücher in einen Band zu vereinigen. Er hat das schließlich auch gethan und in Basel die Drucklegung besorgt.[3]

Die einst von mir zusammengestellte hebräische Grammatik,[4] nebst Wörterbuch, schrieb ich eigenhändig ab für meinen lieben Karthäuserfreund Gregor Reisch,[5] von dem schon früher einige Male die Rede war.

Durch meinen alten Markus Heilander[6] betrieb ich auch die Vollendung der hebräischen Konkordanz[7] mit beigefügter Vulgata. Markus verkaufte die drei großen Bände dieses recht nützlichen Werkes mit meiner Zustimmung zum Druck an Froben; aber es ist bis heute liegen geblieben, weil es für den Drucker außergewöhnlich mühsam und kostspielig wäre. Auch war Seb. Gryphius in Lyon mit seiner schönen Ausgabe von Pagnins «Thesaurus»[8] Froben zuvorgekommen und deshalb zu fürchten, daß dadurch unsrer Konkordanz der Weg erschwert würde. Zudem hatte Bibliander eine noch ausführlichere Konkordanz in Aussicht gestellt und schon zum Drucke bereitet. Bis heute ist freilich auch sie noch nicht ans Licht gekommen; man kann nur hoffen, daß sie doch endlich einmal und dann recht schnell veröffentlicht werde.

XXV. In Zürich.

Lob der Zürcher Gelehrten und Reformationsmänner. — Rückblick auf häusliche Erlebnisse. — Ermahnung an Samuel (1533). — Reise nach Straßburg und Besuch in Rufach. — Tod der Gattin (1536).

Aber ich will jetzt zu meinen häuslichen Angelegenheiten zurückkehren; denn es wird dir einmal lieb sein, gerade hierüber etwas zu wissen, wie auch mir selbst die Erinnerung daran lieb ist und ich niemals die Uebersülle göttlicher Wohlthaten vergessen werde.

Ich fange wieder mit der Zeit deiner Geburt[9] an; es war das

---

[1] Santis Pagnini von Lucca (vgl. Wurstisen, S. 168 u. Indices, S. 71). Er gab 1530 in Venedig den Koran arabisch heraus (Beiträge, IX, S. 293).

[2] Siehe S. 28, Anm. 4. Bonifacius Amerbach (geb. 1496), war in Schlettstadt auf der Schule, wurde in Avignon Dr. jur. und später ein berühmter Professor der Rechte in Basel (vgl. Thommen, S. 143 ff. und Schreiber, II, S. 323 ff.).

[3] Siehe Geiger, Studien der hebräischen Sprache, S. 85.

[4] Siehe S. 23 ff. u. S. 24, Anm. 1. (Dort lies Bresch statt Brusch.)

[5] Siehe S. 23, Anm. 2.

[6] Siehe S. 27, Anm. 3.

[7] Riggenbach, S. 140, Anm. 5.

[8] Thesaurus linguae (hebraicae) Sanctis Pagnini. Das Buch steht auf dem Index von 1596 «donec expurgatur» (Indices, S. 576). Vgl. o. Anm. 1.

[9] Siehe S. 109.

Jahr 1527. Das darauffolgende, gleich zu Anfang berühmt durch die Berner Disputation,[1] ist das Geburtsjahr deiner Schwester Elisabeth.

Das Jahr 1529 brachte den ersten Kappeler Krieg[2] und 1531 den zweiten,[3] der uns durch schmerzliche Verluste Kummer machte, aber dank Gottes Gnade doch nicht so verderblich geworden ist, wie unsere Feinde gewünscht hätten. Denn an Zwinglis Stelle erweckte der Herr, wie schon gesagt, seiner Kirche eine ganze Reihe vortrefflicher, hochgelehrter Männer und neben diesen noch viele andre, die durch eigene Schriften oder durch Werke ihrer Schüler einen Namen besitzen, so daß du nicht leicht in Deutschland eine Stadt findest, wo so gedeihliche Fortschritte in den edeln Wissenschaften gemacht werden, wie man es bis heute in Zürich[4] sehen darf und hoffentlich auch in Zukunft halten wird!

Es freut mich, dies hier anzumerken zur ewigen Ehre unsrer Kirche! Ihr und die Nachkommen sollt es wissen, welche und was für Männer die Kirche zu Zürich reformiert haben, und daß man hoffen kann, sie werde durch Gottes Gnade und gütige Vorsehung in diesem Stande auch erhalten bleiben, wenngleich nicht ohne Anfechtungen!

Unser aller Vorkämpfer, unser Herzog, tapfer in Wort und That, unvergleichlich in Fleiß und Standhaftigkeit war Huldreich Zwingli. Ihm trat Leo Judä an die Seite und Doktor Heinrich Engelhart,[5] Erasmus Faber,[6] Jakob Ceporinus,[7] Felix Frei[8] (früher Schulmann, nachher und bis heute Studien- und Dompropst), Kaspar Megander[9] und Oswald Myconius,[10] auch Andreas Karlstadt[11] einige Jahre (bis er mit Myconius, nach Oekolampads Heimgang, nach Basel[12] berufen wurde), ferner Joh. Jak. Ammau und Rud. Collinus,[13] die für Latein und Griechisch bestellt waren, wie ich für das Hebräische, der Diakonus Doktor Seb. Hofmeister,[14] der

---

[1] Siehe S. 110.

[2] Siehe S. 113.

[3] Siehe S. 117.

[4] Zürich hatte in der Reformationszeit etwa 8000 Einwohner.

[5] Pfarrer am Frauenmünster (Bullinger, I, S. 77 und 109 u. a.).

[6] Siehe S. 118, Anm. 4.

[7] Siehe S. 100, Anm. 5.

[8] Vgl. Bullinger, I, S. 11.

[9] Siehe S. 103, Anm. 5.

[10] Siehe S. 103, Anm. 2.

[11] Andreas Rudolf Bodenstein aus Karlstadt in Franken, der bekannte unruhige Kopf und Charakter (vgl. Herzog, VII, S. 395 ff.; Jansen, II, S. 212 ff., 373 ff., 547 ff.; Thommen, S. 107 und 319—21; Wurstisen, S. 262 und 275). Er starb in Basel 1541 und liegt in St. Peter begraben.

[12] Karlstadt wurde nicht Oekolampads, sondern Phrygios (Seidenstickers) Nachfolger als Pfarrer an St. Peter und auf dem ältestam. Lehrstuhl. Phrygio war aus Schlettstadt (vgl. Thommen, S. 99 ff.; Schmidt, I, S. 86 und 96 und Eubel, I, S. 89).

[13] Siehe S. 103, Anm. 4 (vgl. Platter, S. 50 ff.).

[14] Seb. Hofmeister, gen. Wagner („Doktor Baschion"), geb. 1476 in Schaffhausen; Franziskaner (Konventuale), studierte in Paris (vgl. S. 54)

Diakonus Nik. Baling,[1] Leo Judäs Diakonus Nik. Zehner und Franz Zink,[2] gleichfalls Diakonus. Ihnen folgten unsre Lehrer Heinrich Bullinger und Theodor Bibliander, ferner Otto Werdmüller[3] und Leo Judäs Nachfolger Rudolf Gualter,[4] Doktor Konrad Geßner,[5] unser städtischer Oberarzt, die Doktoren Christoph und Konrad Klauser,[6] Diethelm Faber, Peter Cholinus,[7] Joh. Stumpf,[8] Joh. Rhellican,[9] Georg Binder,[10] Joh. Fries,[11] Benedikt Evander u. s. w. Fast sie alle sind durch fromme, nutzbringende Schriften bekannt, die bei dem unermüdlichen Christoph Froschauer erschienen, dem ehrenfesten, zuverlässigen Manne, dem sorgfältigen, wohlerfahrenen Verleger! Seine Werke loben den Meister, wie er es verdient! Und nicht zu übergehen, vielmehr ewigen Lobes bei den Zürichern würdig ist auch Magister Peter Fabri, mehrere Jahre lang der einzige Korrektor in der Setzerei, ein Muster von Sorgfalt in allen Sprachen, wie es die von ihm durchgesehenen Werke sattsam bezeugen. — Und nun trete eine andere Stadt auf, aus der mehr gelehrte Schriftsteller, mehr nützliche Bücher hervorgingen! Dabei habe ich Joachim Vadian[12] von St. Gallen gar nicht mitgerechnet, diesen gelehrten, beredten, frommen Mann, der Doktor der Arzneikunde ist, gekrönter Dichter und dazu noch eifrig und wohlbeschlagen in der Theologie! Er wird es sich gewiß gerne gefallen lassen, unter die Gelehrten der Kirche von Zürich gezählt zu werden. Hat er sich doch eine Züricherin[13] zur Frau genommen, auch die erwähnten Zürcher Gelehrten zum großen Teil selbst herangebildet in treuem Unterricht und sich als unermüdlicher Verteidiger unsrer Lehre erwiesen, als ihr Förderer und Vorkämpfer! Ewig werden die Zürcher seinem Namen ein treues Andenken bewahren!

und schloß sich als Lesemeister in Zürich an Zwingli an; er ist der Reformator Schaffhausens; † 1533 als Pfarrer in Zofingen (Herzog, VI, S. 197; auch Eubel, I, S. 84).

[1] Später anscheinend Pfarrer in Brugg (Aargau), s. S. 152 (vgl. Indices, S. 274 u. a.).

[2] † 1530 (s. S. 111 und Bullinger, I, S. 83).

[3] Kam 1538 als Professor nach Basel, lehrte aber schon 1540 nach Zürich zurück (Thommen, S. 388).

[4] Der Schwiegersohn und erste Herausgeber der gesammelten Werke Zwinglis (s. S. 143) vgl. Platter, S. 35.

[5] Vgl. Indices, S. 101 u. a. — Pellikan an Fries (1536): „Von Geßners Begabung verspreche ich mir viel in der Heilkunde." Sonst war er kein Freund der Aerzte (vgl. Riggenbach, S. 142, Anm. 3).

[6] Konrad Klauser (Indices, S. 322). Christoph Klauser wurde der Schwiegervater Samuels (s. S. 161).

[7] † 2. Dezember 1542 (vgl. S. 144 und Indices, S. 275 u. a.).

[8] Stumpf (schweiz. Geschichtsschreiber) hat die Akten des Konstanzer Konzils herausgegeben (vgl. S. 125, Anm. 2) „Beschreibung des Konzils" 1541. Er ist „zu Straßburg präceptor gsin secundae classis" (Platter, S. 11; Indic., S. 415 u. a.).

[9] Siehe S. 112, Anm. 3. (Indices, S. 277 u. a.)

[10] Der Lehrer Konrad Wolfharts (s. u.). (Otto Binder, ein eifriger Zwinglianer, aus Börsch, war der Reformator Mülhausens i. E.)

[11] Pellikans Schwager.

[12] Siehe S. 128, Anm. 1.

[13] Eine Grebel (Bullinger, I, S. 184).

Es ist mir eine Freude, meinen Lieben das mitzuteilen, dir mein Samuel, und Euch, meinen Schwestersöhnen, Konrad[1] und Theobald![2] Du, Konrad sollst es nicht bereuen, drei Jahre in Zürich auf der Schule[3] gewesen zu sein, obgleich du zu jung warst, so daß man mir sogar vorwarf, du hättest hier unter Binder[4] Vernachlässigung erfahren. Aber nein, du bist ganz ein Mann geworden, wie ich ihn mir immer gewünscht habe, und ich brauche mich deiner in keiner Hinsicht zu schämen!

Und du, mein Sohn Samuel, sollst beim Lesen dieser Zeilen nicht etwa stolz werden auf Landsleute und Vaterstadt, sondern vielmehr Gottes Gnade anrufen, seinen heiligen Geist erflehen zur Erlangung des rechten Sinnes und dann alle Kraft anspannen, um mit vollem Eifer auch etwas beizutragen zum Glanze des Vaterlands, zur Gewinnung einer ansehnlichen Frucht der Frömmigkeit für die Gläubigen daheim und anderwärts, und dies Alles zum Preise und Ruhme des Herrn unsres Gottes!

O mein Sohn, ich kann dir die Freude kaum ausdrücken, die ich heute empfand, als mir, während ich dies schrieb, ein Brief Konrads aus Basel[5] zukam, worin er (es ist sein zweiter) unter Anderem sagt: „Ich hoffe, dein Samuel wird keineswegs aus der Art schlagen, an Charakter und Gelehrsamkeit seinem Vater nichts nachgeben, ja dich wohl noch weit übertreffen, weil er die ersten Jahre seiner Jugend nicht fruchtlos hinlebt. Er macht ausgezeichnete Fortschritte im Griechischen, in der Mathematik und einigen anderen Fächern." — Das haben die Mutter und ich mit Freuden vernommen, und ich bitte den Herrn, daß du so weiterschreiten möchtest in der Wahrheit und mit frommen Fleiße zum Ziele gelangen! Ich mußte, was ich an Wissen und Sitten nach Art der Zeit, in die meine Jugend fiel, gelernt hatte, zum größten Teil förmlich wieder verlernen! Du wirst also wahrhaftig wenig Lob verdienen, wenn du mich nicht weit überholst! Kamst du doch in einer glücklicheren Zeit auf die Welt und fandest Bücher und Lehrer so vorzüglicher Art, daß du nur zu lernen brauchst, was bleibenden Wert hat! Aber Eines wünsche und mahne ich: glaube nicht, es sei schon genug, die Sprachen zu kennen, Lateinisch und Griechisch. Nein, du mußt auch lesen, ununterbrochen und aufmerksam, und zwar die besten Schriftsteller, mußt über das Gelesene nachdenken und beim Lesen erwägen, wozu und wann es dir dienen könne! Glaube auch nicht, um irgend welcher Gelehrsamkeit willen besser zu sein, wenn Dir nicht gleichzeitig dein Gewissen bezeugt, daß du dadurch auch demütiger wurdest und eifriger in Frömmigkeit und wahrer Religion! Denn nur so wirst du zunehmen im Glauben an Gott und in der Liebe zum Nächsten, nicht zu deiner, sondern zu Gottes

---

[1] Siehe S. 5, Anm. 2.

[2] Vgl. S. 6. — Pellikan lernte ihn erst später kennen, 1536 in Ensisheim, auf der Heimreise von Straßburg (vgl. S. 134).

[3] 1529—32 (vgl. S. 114).

[4] Siehe o. S. 131, Anm. 10.

[5] Konrad Wolfhart und Joh. Fries, Pellikans Schwager (s. S. 135), wohnten lange Zeit im Augustinerkloster zu Basel (s. S. 144) und hier stand Samuel unter der Beiden Obhut. Der Vater versäumte nicht, über die Erziehung seines Sohnes öfters Instruktionen zu schicken." (Riggenbach, S. 143, Anm.)

Ehre; nur so wirst du ein Leben führen, das nicht ohne gesegnete Frucht bleibt, ob dir nun, wie mein sorgendes Herz es von Gottes Güte erbittet, viele Tage beschieden sind oder nur eine kurze Spanne Zeit auf dieser Welt, wo die Bosheit vielleicht doch ihren Sinn ändern wird. Das Gleiche wünsche ich deinen Brüdern, meinen zwei Neffen, die mir lieb sind wie Söhne!

Aber ich wollte ja auf die häuslichen Dinge zu sprechen kommen. Nun, mein lieber Konrad, ich kann mich augenblicklich, so beim Schreiben, in der That nicht entsinnen, in welchem Jahre man dich zu mir schickte und wann du wieder fortgingst.[1] Ich weiß nur, du warst drei Jahre bei uns. Einmal (ich glaube im ersten Jahr) ist wohl auch deinethalben dein Vater[2] zu mir gekommen, als ich in Urdorf[3] im Bade war, und hat sich dort einige Tage bei mir aufgehalten. Dagegen finde ich unter meinen Aufzeichnungen, daß meine Schwester, deine Mutter, 1532 am 6. Juni hier eintraf und einige Tage hernach mit meiner lieben Frau und andern ehrbaren Hausmüttern verabredeter Maßen ins Bad reiste. Sie brauchten miteinander die Quellen in Baden, und ich bin am 23. Juni auch hingereist, um der Schwester Lebewohl zu sagen und meine Frau zu besuchen.

(Einkommen aus der Pfründe.) — In dem nämlichen Jahre, am 10. Juni, kamen zwei vornehme Tischgenossen aus Bern in unser Haus, Georg Wingartner und Joh. Steiger, Stiefsöhne Johanns zu Lauff, der auch der Stiefvater Hieronymus Frickers[4] war. — 1533, am 23. Februar, kam ein großer Schneefall, dann kalte Regenschauer, Donner und Blitz. Ein ungeheurer Nachteulenschwarm setzte sich auf unsere Hauptkirche. — Im April kehrten die zwei Berner heim, angenehme gute Jünglinge; sie haben uns reichlich bezahlt, mehr, als sie schuldig waren. — (Jahresertrag der Pfründe.) Am 24. Oktober wurde Jak. Röust, des Bürgermeisters[5] Sohn, unser Tischgenosse; er blieb zwei Jahre.

Am 26. Februar 1534 wurde Stephan Wylli aus Chur unser Tischgenosse (für 25 Gulden); hernach oder richtiger: schon vom 18. an begann auch Konrad Klauser[6] unsern Tisch zu teilen.

Am 12. Oktober drei Erdstöße. — (Einkommen aus der Pfründe.)

Am 3. März 1535 hielt ich mit Froschauer Abrechnung. Er hatte für meine Arbeiten 744 Bogen[7] in Ansatz gebracht, schätzte mein Guthaben hierfür auf 186 Gulden und gab mir 100 Gulden in Kronen. Für Bücher war ich ihm seit meiner Ankunft in Zürich noch 44 Gulden schuldig; fünf Gulden hatte er von Froben erhalten; zieht man diese Beträge auf beiden Seiten ab, so schuldete er mir also noch rund 50 Gulden. Zwanzig hat er an Fries gegeben; ich erhielt sie durch Rüschler;[8] den Rest ist er mir bis heute schuldig geblieben. Aber er gab später im Verlauf mehrerer Jahre nach und nach

---

[1] Vgl. S. 132, Anm. 3 und S. 114.
[2] Siehe S. 41.
[3] Nahe bei Zürich.
[4] Siehe S. 112 und 114.
[5] Siehe S. 138, Anm. 5 und Bullinger, I, S. 96.
[6] Siehe S. 131, Anm. 6.
[7] Folia vgl. S. 146.
[8] Vgl. Bullinger, I, S. 141.

etwa 23 Gulden an Konrad Wolfhart. — (Einkommen aus der Pfründe.) —
Am 22. Juli wurde mein Töchterchen Anna geboren; sie starb aber schon
am 10. September.

Am 1. Jänner 1536 (es war ihr Todesjahr!) gab mir deine liebe
Mutter als Neujahrsgeschenk zwei silberne Becher, die sie von dem Gelde
Froschauers hatte machen lassen.

Um das Fest Johannis des Täufers ging ich zur Messe nach Zurzach,[1]
von dort zu Schiff nach Basel und weiter zu längerem Aufenthalt nach
Straßburg, wo ich eine überaus ehrenvolle Aufnahme fand. Butzer,[2]
Capito[3] und Zwick[4] kamen gerade in diesen Tagen mit etlichen Artikeln
aus Wittenberg zurück, die keinen Beifall fanden und von den Unsrigen
auch nicht angenommen wurden, weil sie unhaltbar waren.[5] Ich kehrte über
Rufach heim und übernachtete dort bei meiner Schwester mit Heinrich
Billing[6] und Joh. Fries, die sich mir in Basel angeschlossen hatten. In
ihrer Begleitung ging ich auch nach Basel zurück und zwar über Ensisheim, wo ich Theobald, den andern Sohn meiner Schwester, begrüßte,
den ich noch nicht kannte. — Von den Basler Druckern wurde mir viel
Ehre erwiesen, ebenso von den Brüdern, die einst im Kloster meine Untergebenen gewesen waren. Ich frühstückte mit ihnen und ihren Frauen in der
„Blume“.[7] Den Rest des Heimweges nach Zürich legte ich zu Pferde zurück.

Am 18. August kamen zwei Engländer zu uns ins Haus, Joh.
Buttler und Wilhelm Udroff,[8] denen sich bald ein dritter (er hieß gleichfalls
Wilhelm) zugesellte. — Den ganzen Sommer über litt meine herzliebe Frau,
Anna Fries,[9] an Engbrüstigkeit. Das Uebel verschlimmerte sich mehr und
mehr; gegen Ende der Weinlese mußte sie sich legen; es währte 14 Tage.
Aber je schwächer sie wurde, um so weniger scheute sie den Tod; ihr Herz
blieb heiter trotz zunehmender Atemnot bis zum Tage Simonis und Judä
der auf einen Sonnabend fiel. Auch an diesem Tage war sie immer noch

---

[1] Vgl. Beiträge, IX, S. 83 ff.

[2] Siehe S. 70, Anm. 2. Butzer war seit 1524 Pfarrer an St. Aurelien.
Er vermittelte in den Abendmahlsstreitigkeiten, der „erste Unionsmann“. Nach
dem Interim (1548) mußte er aus Straßburg weichen und ging nach England (vgl. Scherer, S. 178 ff. und Erichson, Martin Butzer, Straßburg 1891
bei Heitz).

[3] Siehe S. 43, Anm. 7.

[4] Joh. Zwick, um 1496 in Konstanz geboren, Dichter geistlicher Lieder,
der Reformator seiner Vaterstadt, die hernach unter österreichischer Herrschaft
wieder katholisch wurde. Er † 1542 in Bischofszell (Thurgau), wohin er sich
zur Seelsorge der Pestkranken begeben hatte, vgl. S. 144 (vgl. Herzog, XVIII,
S. 692 ff.; auch Beiträge, IX, S. 352 ff. und 424 ff.).

[5] Vgl. Riggenbach, Einleitung, XXXV ff.

[6] Siehe S. 104.

[7] „Herberg zem Blumen,“ Urk.-Buch der Landschaft Basel, II, S. 860;
der Gasthof zur Blume besteht noch, Schwanengasse Nr. 6 (Basl. Chr., II,
S. 287). — Bei dieser Gelegenheit verständigte sich auch Pellikan mit Erasmus wieder (vgl. Riggenbach, S. 148, Anm. 2).

[8] W. Udroff hat später aus London über den Gang der Reformation
in England an Pellikan geschrieben (Riggenbach, S. 148, Anm. 3).

[9] Siehe S. 73 ff.

leiblich gutes Mutes, bald liegend, bald sitzend. Aber um 3 Uhr, eine Weile nachdem die Mägde sie aufgerichtet, hauchte sie mit einem letzten freundlichen Blick auf mich ihre Seele aus, im Herrn entschlafend, wie Niemand bezweifeln konnte. War sie doch so freigebig gegen die Armen gewesen und friedliebend mit allen Nachbarn! Viele Thränen wurden um sie geweint, und ein großes Gefolge geleitete sie zu Grabe. Ich entließ sofort alle unsre Kostgänger und führte einsam und betrübt das Hauswesen kümmerlich weiter.

Du, Samuel, warst damals in Basel bei dem Oheim Fries[1] (seit dem Feste Johannis des Täufers). Die Mutter hatte dich mit Schmerzen ziehen sehen trotz ihrer Einwilligung. Aber hernach ergriff sie heiße Sehnsucht nach dir, bis sie, an deiner und ihres Bruders Ankunft verzweifelnd, die müden Augen schloß!

XXVI. In Zürich.

Zweite Ehe (1537). — Kurze
Aufzeichnungen zur Familien-, Orts- und Zeitgeschichte (1537—1541).

Viele Freunde redeten mir zu, mich wieder zu verehelichen und nannten mir viele Namen im Scherz und im Ernst.[2] Da geschah es mit Gottes Fügung nach vier Monaten, am 16. Januar 1537 (gerade am Morgen dieses Tages hatte ich mich lebhaft mit dem Gedanken beschäftigt, aber auch den Entschluß gefaßt, keinesfalls vor Ablauf eines halben Jahres oder noch längerer Zeit den Schritt zu thun), daß Herr Rudolf Dumysen um den Abend zu mir kam und mir von einer Dienerin reiferen Alters zu sprechen anhob, die vortrefflich im Haushalt geschult und deshalb ihrer Herrschaft, seinen Schwestern, außerordentlich wert sei; sie diene schon über 18 Jahre bei ihnen Die müsse ich heiraten; das wäre sein treugemeinter, herzlicher Rat. Nun hatte ich sie aber niemals gesehen, und sie mich auch nicht; doch kannte sie mich dem Namen nach, und mit meiner Frau war sie persönlich vor zwei Jahren in Baden[3] in nähere Beziehung getreten. Da ich nun so viel Gutes von ihr hörte, beschloß ich, auch bei Andern Erkundigungen über ihren Charakter einzuziehen. Herr Rudolf richtete es ein, daß ich sie in seinem Hause zu Gesicht bekam. Sie war eben mit dem Waschen des Leinenzeugs ihrer Herrin beschäftigt: die Persönlichkeit gefiel mir, aber im Grunde bewegte mich doch nur ihr guter Ruf, daß ich auf die Wünsche

---

[1] Siehe S. 132, Anm. 5.

[2] Am 23. Dezember 1536 schrieb Pellikan an seinen Schwager Fries nach Basel: „Ueber 20 Frauen werden mir angeboten, schriftlich und mündlich, aus der Nähe und aus der Ferne, junge und alte, reiche und arme! Was bin ich doch für ein schöner und glücklicher Mann!" Uebrigens begreife er nicht, weshalb man ihm von einer zweiten Ehe abraten könnte. Er sei in allen irdischen Sachen unerfahren, habe stets nur der Wissenschaft gelebt und geriete ohne Hausfrau jedesfalls in große Not, da selbst seine häusliche Anna, die so wenig auf ihren Leib gewendet, aus allen Einkünften kaum etwas für die Nachkommenschaft habe zurücklegen können (Riggenbach).

[3] Siehe S. 133.

des Herrn Rudolf[1] einging. Er besorgte Alles, und schon am 20. Januar, am Sebastianstag, einem Sonnabend, wurde ich mit ihr in der Kirche das erstemal aufgeboten, nachdem ich sie, wie gesagt, nur ein einziges Mal gesehen hatte.

Wohl kaum jemals ist eine Hochzeit unter so allgemeinem Beifall und so vielen Glückwünschen gefeiert worden! Alle gönnten mir die tüchtige Hausfrau, und ihr gönnte man mich als Ehemann; nun sei für uns beide gesorgt, hieß es (auch bei ihren bisherigen Gönnern), und wirklich hat sich das durch Gottes Gnade bis heute an uns Zweien bewährt, so daß ich auch für die Zukunft auf den Herrn vertraue in unerschütterlicher Hoffnung!

Auch du, mein Sohn, hast oft genug erfahren, was an ihr ist! Sie, die mir dient wie eine Magd, mich liebt wie eine Schwester und mit Sorgfalt umgibt wie eine Tochter, sie liebt auch dich und die Deinen, springt dir bei, erzeigt dir Gutes, so sehr sie vermag, beweist ihre herzliche Zuneigung mehr durch Thaten, als durch Worte, ganz als ob sie selbst dich unter dem Herzen getragen hätte, und kennt nur ein Anliegen, nämlich Alles, was dich angeht, eher zu besorgen, als ihr Eignes! Du weißt das aus Erfahrung; aber schon am ersten Tage gab der Herr die Gnade, daß auch dein Schwesterlein, mein liebes Töchterchen Elisabeth, mit großer Liebe der neuen Mutter entgegenkam, die dann das Kind so schön erzog und gut in den Kleidern hielt. Du erinnerst dich auch, als du gegen Ostern desselben Jahres in Begleitung des Oheims Fries heimkehrtest, warst du ihr bald mit der gleichen Liebe zugethan, wie die Schwester. Denn sie liebte ja auch euch beide aufs Zärtlichste und unterließ nicht das Geringste von Alledem, was einer treuen Mutter geziemt. Euer und mein Wohl war immer ihre einzige und wichtigste Sorge.[2]

Nun kehrten die beiden Engländer[3] an meinen Tisch zurück; sie haben mir aber auch diesmal kein Glück gebracht. Kurz nach ihrem Eintritt im Sommer vorher hatte ich meine liebe Frau verloren, und jetzt, da sie wiederkamen, starb mir, am 7. Juli, mein liebes Töchterlein![4] Wir betteten sie (ein kleiner Trost in unserem Schmerz!) an der Seite ihrer Mutter zur Erde. — Die Engländer blieben noch bis zum Herbst; dann gingen sie nach Genf. Dagegen sind Stephan Willy[5] und Konrad Suter[6] fast zwei Jahre bei uns gewesen. 1538 trat Konr. Klauser[7] wieder ein, und gegen Pfingsten kam Michael Adam[8] dazu, ein getaufter Jude, der auf meinen Rat Leo Judäs deutsche Bibel[9] mit ihm zu berichtigen anfing; er blieb bis nach Weih-

---

[1] Rud. Dumysen, „Predikant am Frauenmünster" (Bullinger, III, S. 328).

[2] Sie hieß Elsa Kalb und wird auf einer alten Stammtafel barbata virago genannt (Riggenbach, S. 184, Anm.).

[3] Siehe o. S. 134.

[4] Geb. am 24. August 1528 (s. S. 112).

[5] Aus Chur (s. S. 133).

[6] Von Mur (Bullinger, I, S. 98).

[7] Siehe S. 131 und 133.

[8] Er hatte Pellikan früher bei den talmudischen Studien geholfen (vgl. S. 123 Anm. 4 und S. 160).

[9] Die deutsche Bibelübersetzung Judäs war 1524—1529 bei Froschauer erschienen. 1531, 1536 u. 1540 erschienen ebenda neue Ausgaben (Froschauerbibel).

nachten. In jenem Winter lebten auch Stephan Willy und Joh. Risenstein bei uns; sie waren vor der Pest[1] entflohen. — (Ertrag aus der Pfründe.)

Anfang 1539 heiratete Mich. Adam,[2] ebenso Joh. Fries und sein Bruder Bartholomäus. Ich bat Fries in Basel, meinen Sohn Samuel als Kostgänger anzunehmen, zu seiner weiteren Ausbildung im Griechischen und Lateinischen. — Am St. Johannistag kam Bruder Joh. Luthart[3] mit seinen zwei Söhnen Christoph und Israel. Ich nahm Israel zu mir (er ist noch heute bei uns), und der Pfarrer in Kloten[4] Christoph. — Gegen den Herbst kamen Buttler,[5] Risenstein und Joh. Cellarius,[6] weil in Basel wieder einmal die Pest herrschte; Buttler fühlte sich schwach, bis er auch die — Magd ansteckte!

Um den St. Gallustag bekam ich unser Nennchen. Damit erfüllte sich der Wunsch meiner Frau, eine Tochter an Stelle meiner verstorbenen Elisabeth zu haben. — (Ertrag aus der Pfründe.)

1540 wurde der Magd Genovefa gekündigt und die Adelheid angenommen; auch kehrte Samuel ins Elternhaus unter die väterliche Obhut zurück. Ende Februar gingen Risenstein und der Frankfurter J. Cellarius weg. Ich unterrichtete meinen Sohn in der Dialektik, Rhetorik, Arithmetik, Geometrie und Astronomie.[7] — Gegen Pfingsten kam Bruder Joh. Luthart, seine Söhne zu besuchen. Ich ging mit ihm nach Baden, wegen des Ritters Herrn Joh. Bock,[8] der mit Gattin und Familie dort die Kur gebrauchte. Es war ein sehr heißer Sommer;[9] der Wein gedieh überall auf das Beste; auch in Zürich gab es viel und von großer Güte. (Ertrag aus der Pfründe.)

Im Januar 1541 war das Religionsgespräch in Worms;[10] mein Konrad Wolfhart hat beigewohnt. Im Februar lasen wir die aufgenommenen Verhandlungen, die uns Grynäus[11] von Worms geschickt hatte.

---

[1] Aus Basel (s. u.). Dort herrschte die Pest vom 10. Aug. 1538 bis in den Sommer 1539 (Basl. Chron., I, S. 156).

[2] Eine reiche Witwe (s. S. 160).

[3] Sein alter Freund, der frühere Klosterprediger (s. S. 80, Anm. 4).

[4] Kanton Zürich (Amt Bülach).

[5] Einer der Engländer (s. o. S. 136 und 133).

[6] Ein Frankfurter (s. u.).

[7] Vgl. S. 15 und 27 ff.

[8] Pellikans Gastfreund von Straßburg (s. S. 51). Ein Ritter Hans Bock war wiederholt (1519, 1539, 1541) Stättmeister.

[9] Vgl. Basl. Chron., I, S. 160.

[10] Zwischen Katholiken (Eck) und Protestanten (Melanchthon), von Kaiser Karl V. veranstaltet, da er sein Konzil erreichen konnte. Calvin und Sturm waren aus Straßburg zugegen. Das Religionsgespräch wurde bald nach Regensburg verlegt, wo der Reichstag beisammen war. Es blieb erfolglos (Ebrard, III, S. 133 ff; Jansen, III, S. 427; Wedel, S. 133).

[11] Simon Grynaeus, geb. 1493 in Vehringen (Hohenzollern), in Basel Nachfolger des Erasmus in der griechischen Professur, war in Worms der einzige Abgesandte der Schweizer. Basel hatte ihn auf Bitten Straßburgs geschickt. Der junge Wolfhart war nur sein Begleiter nach Worms. — Grynaeus † 1541 an der Pest und ruht in den Kreuzgängen neben Oekolampadius (vgl. über ihn Thommen, S. 109 ff.) Er hat Th. Platter

— Die Akten des Konstanzer Konzils von Joh. Stumpf[1] erschienen im Druck. — Am 4. März nahm Joh. Jak. Escher den Tisch bei uns, am 28. Christoph Froschauer der Jüngere.

Am Ostertage versah ich zum ersten Male den Dienst am Tische des Herrn, indem ich statt des kranken Herrn Probstes die Epistel las.

Im April erhielten wir Briefe vom Regensburger Reichstag.[2] — Luther hat Schreckliches gegen Heinrich von Braunschweig[3] geschrieben; ich habe mir das Lesenswerte ausgezogen und ins Lateinische übersetzt.

Am 9. Mai reiste ich mit meiner Frau und den erholungsbedürftigen Knaben nach Baden. Am 30. besuchten mich dort meine Herren und die Brüder aus Zürich: H. Bullinger, Leo Judä, Erasm. Faber, Joh. Jak. Ammianus, Rud. Collinus, O. Werdmüller, Werner Steiner,[4] Nik. Wyß und Chr. Froschauer. Am ersten Abend waren sie meine Gäste; aber Tags darauf luden sie selbst alle Zürcher, die hier badeten, im Ganzen 53 Personen, zum Mittagessen ein, und die Zürcher Badegäste erwiderten es durch eine Abendmahlzeit im Gasthaus zum Löwen. Am dritten Tage kehrten sie nach Zürich zurück; ich folgte am 4. Juni.

Bürgermeister Röust[5] beschenkte mich mit einem halben Hammel. — Am 12. Juni begann das schwere Leiden Steiners, das fast zwei Jahre bis zu seinem Tode dauerte. — In der Nacht des 27. litt ich an einer Kolik; es war aber ein Mittel zur Hand, und ich kam glücklich durch. — Am 7. Juli las ich die Regensburger[6] Akten; Rudolf Gualter[7] hatte sie mitgebracht. — Am 17. Juli verschied Sim. Grynaeus.[8] — Ende Juli brach die Pest auch bei uns aus und dauerte bis Anfang März. — Im August las Samuel mit mir Homers Ilias, alle Gesänge. — Am 1. September kam Delauus aus Passau,[9] um mit uns zu disputieren. Wir standen ihm Red und Antwort; befriedigt reiste er nach Konstanz weiter.

1541 erlangte ich das Züricher Bürgerrecht und wurde mit folgenden Worten eingeschrieben: „Herr Conradt Pellikan ist umb das er hye Zürich der christenlichen Kilchen und gemeyner Statt XV Jar mit höchstem

geraten Lehrer zu werden („Es ist kein göttlicher Amt; ich mecht ouch nit lieber sin, wenn ich nur nit ein Ding zwei mall müßte sagen!" Platter, S. 99) und ist später sein Gevatter geworden (Platter, S. 122 ff.).

[1] Siehe S. 131, Anm. 8.

[2] Ebrard, III, S. 136; Häuser, S. 213; Jansen, III, S. 445 ff.

[3] Herzog Heinrich der Jüngere von Wolffenbüttel (1514—68) war ein heftiger Gegner der Reformation. Die betreffende Schrift Luthers trägt den Titel „Wider Hanswurst" (vgl. Häuser, S. 218 und Jansen, III S. 485).

[4] Pellikans Nachbar (s. S. 112, Anm. 8 und S. 144).

[5] Diethelm Röust (s. S. 214). Sein Sohn hatte den Tisch bei Pellikan (s. S. 133).

[6] Des Regensburger Religionsgesprächs (s. o. Anm. 2).

[7] Siehe S. 131, Anm. 4.

[8] In Basel (s. S. 137, Anm. 11) und Basl. Chron., I, S. 162.

[9] „Joh. Delauus Batav." (aus Passau oder Padua?) steht mit seinen sämtlichen Schriften auf dem päpstlichen Index von 1590 (Indices, S. 266 u. a.).

Flyß gedienet und sich Ehrbarlich und wol in synem Stand getragen hat,
von minen Herren uß Gnaden umb dryg Rynisch Gulbin[1] zum Burger uff=
genommen, die hat er bezalt und den Bürger Eyd geschworen Mittwuchs
Sant Matheus Tag anno 1541." — (Ertrag aus der Pfründe.)

XXVII. Pellikan und der Bischof Erasmus von Straßburg.

1542.

Zu Neujahr 1542 erhielt ich ein überaus wertvolles Geschenk, die
sämtlichen Werke des Erasmus von Rotterdam. Der getreue Vollzieher
seines letzten Willens,[2] der treffliche Doktor Bonifacius Amerbach,[3] den
ich von seiner Jugend an wie einen Sohn liebte, schickte sie mir von Basel.
Es waren neun Bände. — Am gleichen Tage sandte mir Froschauer die
Bezahlung für meine deutsche Uebersetzung der Paraphrasen[4] des Erasmus,
die ich samt dem lateinischen Text und Zuthaten eigener Arbeit, sowie der
Apokalypse nebst kurzer Vorrede in den Druck gegeben hatte. Er schickte auch
vier Abzüge des Buches mit, als Dank- und Ehrengabe für Freunde, wozu
ich sie denn auch verwendet habe.

Ein Exemplar, schön mit farbigen Bildern geschmückt, saudte ich dem
neuen Bischof von Straßburg, meinem und meiner Vaterstadt Ober-
herrn,[5] zum Geschenk, mit einem Brief, worin ich ihn bat, die Gabe des
Erasmus huldreichen Sinnes anzunehmen, da er selbst den Namen Erasmus[6] Graf von Limburg führe, und auch dafür Sorge zu tragen, daß

---

[1] Der Satz für Nichtschweizer war sonst 20 Gulden (Bullinger, 1,
S. 252).

[2] Vgl. S. 134, Anm. 7 und Basl. Chron., I, S. 147.

[3] Siehe S. 129, Anm. 2.

[4] Siehe S. 122, Anm. 2.

[5] Siehe S. 3, Anm. 4.

[6] 1541—68. Unter ihm wurde (am 1. Febr. 1550) das Interim eingeführt. Die Protestanten behielten nur die fünf Kirchen: St. Thomas,
Nikolaus, Aurelien, Wilhelm und die „Predigerkirche". (Die Einkünfte
des Thomasstiftes blieben dem Rat für die Schulen.) Trotzdem war der
Bischof beliebt. In B. Herzogs Chronik heißt es von ihm: „Erasmus hat
auch dem Konzil zu Trient beygewonet und daselbsten viel guts, so zur
einigkeit gedienet, fürgewandt, daraus er ihm einen hohen Namen bei beiden
Religionsgenossen geschöpft. Er hat von Natur ein abscheuen getragen am
köstlichen hofsleben und bracht, sich mit schlechter Traktation begnügen lassen,
allen überfluß verhasset; sonderlich ist er gegen gelehrten leuten, auch armen
dürftigen reichlich gewesen, doch auch seine mangel und fehl gehabt; dann er
unehliche Kinder verlassen. Ist in Gott verschieden den 27. tag novembris
anno 68." — Vgl. auch Röhrich, III, S. 69. Er hatte in Tübingen studiert
(Röhrich, II, S. 29). Joh. Sturm (Colmarer Bibl. Nr. 1815, Chauffour)
lobt ihn in ‹de morte Erasmi episc.› (aliquot epistolae) sehr: „Viele
und große Tugenden sind mit ihm begraben worden. Wie maßvoll, wie
vorsichtig war er in der Religionsspaltung! Bei aller Verschiedenheit der
Meinungen sollten die Herzen nicht auseinandergehen und die öffentliche Ruhe

in seinem Bistume das Buch von solchen Priestern gelesen werde, die nicht
genug Latein verständen und doch ihre Gemeinden pflichtgemäß mit dem
Worte Gottes und Christi Evangelium zu weiden begehrten. Der erlauchte
Fürst nahm das Geschenk huldvoll an und ließ mir überdies einen vergoldeten Becher machen im Werte von 30 Gulden, wie man sagte. Durch
dich, mein Neffe Konrad,[1] (ihr wißt es ja beide) schickte er ihn mir zu,
und am 13. November 1542 hast du mir ihn überreicht mit folgendem
Schreiben:

„Wir, Erasmus, von Gottes Gnaden erwählter Landgraf der Kirche
von Straßburg und des Elsasses wünschen unserm gelehrten und ge-
liebten Herrn Konrad Pellikan Heil in Christo! Angenehm war und
bleibt Uns die Bezeugung deiner freundlichen Gesinnung gegen Uns, angenehm desgleichen die Gabe selbst, das Werk der Paraphrasen, sowohl um
des Gebers, als um des Verfassers Erasmus von Rotterdam willen,
dessen Andenken Uns allezeit teuer ist. Solche Schriften, wahr, klug, ruhig
und, wie man zu sagen pflegt, von erbaulicher Art, haben Unsern vollen
Beifall. Ein Gegengeschenk von gleichem Werte wie dies göttliche Werk, ist
nicht denkbar; trotzdem haben wir beschlossen, Unsern guten Willen an den
Tag zu legen, indem Wir dir diesen Becher verleihen. Er soll dir ein Zeugnis
sein Unseres Wohlwollens für deine Person, das dem fleißigen, nutz-
bringenden Verfasser eines solchen Werkes[2] immer erhalten bleiben wird.
Gehab dich wohl!

Gegeben zu Zabern im Elsaß am 30. September 1542.“

Ich habe das kostbare Geschenk, dessen sich meine Nachkommen, so Gott
will, stets dankbar erinnern werden, nicht behalten, sondern den Becher an
den Herrn Bischof zurückgeschickt. Es verlohnt sich wohl der Mühe, euerm
Gedächtnis einzuprägen, aus welchem Grunde das geschah, und deshalb
füge ich hier den Brief an, den ich bei diesem Anlaß nach Straßburg geschrieben habe. Er lautet, wie folgt:

„Dem durchlauchtigsten Fürsten und Seiner Gnaden dem hochwürdigsten
Bischof Erasmus von Straßburg wünscht sein demütiger Diener
Konrad Pellikan von Rufach Heil in Christo! — Erhabenster Fürst!
Den überaus freundlichen Brief von Deiner Hoheit Hand habe ich gelesen
und gleichzeitig den mitgeschickten Becher erhalten, dieses prächtige Zeichen
Deiner Freigebigkeit, das viel zu kostbar ist, als daß ich es durch meine be-
scheidene Gabe verdient hätte! Ich habe mich selbst lebhaft beglückwünscht,
weniger um des glänzenden Geschenkes willen, als wegen des Briefes Deiner
Hoheit, der so voll Frömmigkeit und Liebe ist! Ich sage unserm Herrn Jesus
Christus Dank, daß er Deinem Herzen die Gnadengabe verlieh, an frommen
Büchern frommes Gefallen zu finden und arme Diener Christi, mich in
Sonderheit, nicht zu verachten! Der Herr Jesus vermehre seinen guten Geist

---

nicht gestört werden.“ — Claudius Petrus Lotharingus hat ihm ein latein.
Klagegedicht (ebenda Nr. 1807) gewidmet: «In funere Rev. Princ. Ep.
Erasmi etc.» (Straßburg 1568.)

1 Wohl auf der Heimreise Konrads von Worms (vgl. S. 137, Anm. 11).

2 Vgl. S. 167, Anm. 6. — Die Paraphrasen des Erasmus stehen
schon auf dem Index der Sorbonne von 1544 (vgl. Indices, S. 100
und 132).

in Dir und erhalte Dich in voller Frische des Leibes und der Seele zu reichlichem Segen für die Gemeinden! Amen. — Ja, ich danke Dir, so sehr ich
kann, und möchte Deinem gütigen Herzen noch unendlich mehr danken für
all seinen Edelsinn, für so glänzende Freigebigkeit! Es ist mein sehnlicher
Wunsch, mich einmal wirklich um Dein Wohl verdient machen zu können!
Möge Deine Weisheit fühlen, daß die Wohlthat an keinen Unwürdigen ver-
schwendet ist! Und wenn ich trotzdem das mir wahrlich höchst liebe Geschenk
nun zurücksende, so lege das eben Deine Weisheit (darum bitte ich!) nicht
anders aus, als es geschehen muß! Wir Züricher, d. h. alle Bürger und
Eingesessenen, verpflichten uns zweimal jährlich durch feierlichen Eid, keinerlei
Geschenk, auch nicht einen Heller, von Fürsten oder Städten anzunehmen.
Wer das beschworene Gesetz übertritt, wird mit dem Schwerte bestraft. Durch
diesen gesetzlichen Eid hat unsre Obrigkeit die früher sehr verbreiteten be-
trächtlichen Geldzahlungen des Königs von Frankreich, sowie die Geschenke
des römischen Papstes, die Werbegelder von Fürsten, die Gaben von Städten
und das Reisläufen im Staate [1] ausgemerzt. Schon seit der Annahme der
Predigt des Evangeliums, also seit 20 Jahren und darüber, sind alle diese
Dinge verpönt und in Stadt wie Landschaft außer Uebung gekommen. Nun
kenne ich ja recht wohl den himmelweiten Unterschied zwischen Ehrenge-
schenken und Bestechungsgaben und zweifle auch nicht an dem Billig-
keitsgefühl unsres erlauchten Rates. Aber trotzdem wollte ich die Frage
nicht vor ihn bringen. Die Herren hätten ohne Zweifel, billig und gerecht
wie sie ausnahmslos sind, bündig anerkannt, dies Geschenk sei eine ächte
Ehrengabe Deiner Hoheit, ein glänzendes Zeugnis Deines Edelsinns, und mir
die Annahme gestattet. Es sind eben, wie gesagt, durchweg billigdenkende
und weise Männer; aber ich muß die Verleumdungen und den begehrlichen
Sinn einiger Uebelwollenden fürchten, die nach Fürstensold Hunger haben
und vielleicht, so wenig es auch zuträfe, mein Beispiel mißbrauchten, um ein
an sich vortreffliches Gesetz ungescheut mit Füßen zu treten. O, möge dein
frommer Sinn hierbei an das Wort Pauli denken: „Ich habe es alles
Macht, aber es frommet nicht Alles; darum so die Speise meinen Bruder
ärgert, wollte ich nimmermehr Fleisch essen!" Wenn ich also ein so ange-
nehmes Geschenk zurücksende, [2] so geschieht es nicht aus Geringschätzung oder
Unschicklichkeit, nicht in unhöflicher oder gar enggläubiger Gesinnung, sondern
in redlichster Absicht und aus gerechter Ursache, und ich bitte Deine Hoch-
herzigkeit, diese meine triftige, wahrhafte Entschuldigung, die kein bloßer
Vorwand ist und frei von jedem Hintergedanken, gütig anzunehmen. Dagegen
werde ich, durch die dauerndsten Bande der Liebe und Verehrung an Dich
gefesselt, nicht aufhören, ganz der deine zu sein, zumal da das fromme Werk
des Erasmus von Rotterdam seligen Andenkens Dir wohlgefiel! Auch uns
hat es gefallen, und eben deshalb wünschten wir, daß es in deutschem

---

[1] Zwingli schrieb: „Die Pensionen (Jahrgelder) sind Ursache aller Zwie-
tracht in der Eidgenossenschaft und neben den Pensionen mag kein Regiment
aufrecht bleiben," und „alle, die nicht Pensioner sind, mögen wohl leiden,
daß man Gottes Wort verkünde". (Herzog, XVIII, S. 749; Bullinger, I,
S. 5, 83, 374 ff.)
[2] Auch Bullinger hat einen von der Königin Elisabeth von England
ihm angebotenen Pokal ausgeschlagen.

Gewande von Zürich ausgehe; denn all unser Glauben und Lehren weicht in keinem Stücke von dem ab, was die apostolische Lehre überliefert und des Erasmus meisterhafte Sprache erläutert hat. So der Herr will, streben wir auch noch zu erreichen, daß das Volk der frommen Deutschen ebenso das alte Testament in gleicher Einfachheit und Klarheit lesen und verstehen könne. Niemand soll darin hinfort Unbegriffenes lesen und dadurch Anstoß nehmen an Glauben und Sitten. Den bedenklichen Schwierigkeiten, die dem Leser hier gerade begegnen, wird für Alle abgeholfen durch frommer Männer Auslegung, die über die Maßen förderlich und darum eben notwendig ist. — Dich aber, du frommer Bischof, mein erlauchtester Fürst, erhalte der Herr Jesus zur Aufrichtung seines Reiches! Die Gesamtheit der Gelehrten unsrer Zürcher Kirche hat mich beauftragt, bei dieser Gelegenheit Deiner Hoheit ihren Segensgruß beizufügen. Sie alle haben aus dem Becher der Liebe getrunken[1] und bedauern, daß ein Geschenk zurückgesandt werden muß, das auf so würdige Weise dargereicht war, in so frommer Absicht, in so weitherziger Liebe! — Gegeben zu Zürich, am 16. November 1542."

Ein ähnlich gebundenes Exemplar des Erasmus hatte ich gleichzeitig an meine Schwester nach Rufach geschickt zu ihrer Erbauung. Aber der erlauchte Fürst, der sich damals gerade in Rufach aufhielt, hatte den Wunsch, den Grafen von Eberstein[2] durch ein solches Geschenk zu ehren, und ließ deshalb meine Schwester bitten, ihm auch ihren Band gegen volle Vergütung des Preises abzutreten; sie könne ja unter allen Umständen von mir wieder einen andern bekommen. Nur ungern ließ sie sich überreden, schickte mir dann aber das Geld und erhielt später für ihr an den Fürsten gegebenes Buch ein andres von mir. — Aber auch meine Entschuldigung hat er mit großer Huld angenommen. Er lobte das Gesetz der Herren von Zürich, sprach seine Bewunderung dafür aus und lobte auch mich, weil ich einfach hätte gehorchen wollen. Gleichzeitig verordnete er, daß der Becher, der nun doch einmal für mich bestimmt gewesen sei, in den dauernden Besitz meiner lieben Angehörigen zu Rufach übergehe, und ließ ihn demgemäß meiner dort wohnhaften einzigen Schwester als Geschenk überreichen. Und zwar geschah das (ein rechter Gnadenbeweis des Herrn Bischofs Erasmus gegen die Unsrigen) in Gegenwart der Häupter der Stadt zur Ehre unsrer Familie, die nun auch für alle Zeiten das Erinnerungszeichen der Wappen des Bischofs und seines Geschlechtes bewahren wird!

Ich habe diesen Zwischenfall in meine Denkwürdigkeiten aufgenommen, obgleich ihr bereits davon wißt. Ich möchte eben, daß auch unsre Nachkommen ihn beherzigten als eine Aufmunterung, Tugend und Ehrenhaftigkeit zu üben, die schon in diesem Leben Ehre und Lohn finden bei den Ehrenhaften, nicht bloß im Himmel vor Gott und den Engeln in alle Ewigkeit!

---

[1] Qui de poculo charitatis biberant omnes etc.

[2] Ein Graf Philipp von Eberstein war Landvogt im Oberelsaß (Röhrich, III, S. 55). Ein Ludovicus ab Eberstein steht auf dem Index (Indices, S. 270).

XXVIII. In Zürich.

Krankheit. — Kurze Aufzeichnungen. — Letzter Wille. — Gelesene Bücher, besonders die kirchengeschichtlichen Schriften von Krans.

Am zweiten Tage des Jahres 1542 wurde ich sehr unpäßlich; aber nach drei Tagen genas ich. — Am 11. März begann man glücklich mit dem Drucke der Zürcher Bibel von L. Judä.[1] — Am 4. April reiste Samuel mit Israel[2] und Theobald nach Basel; ich litt an dem Tage an heftigen Nierenschmerzen. — Am 2. Ostertage versah ich den Diakonendienst beim h. Abendmahl für Mag. Erasmus. — Am 4. Mai fühlte ich mich unwohl, eine Lahmheit auf der linken Seite. Man gab mir ein Abführmittel. Hernach befiel mich auch Augenschmerz. — Am 25. Mai kaufte ich das Haus „zum Hind"[3] um 200 Gulden. 100 sollte ich innerhalb zweier Jahre erlegen, den Rest jährlich verzinsen, doch abbezahlen nach Belieben und Vermögen. — Am 19. Juni starb Leo Judä,[4] Evangelist bei St. Peter, der treue, unermüdliche Arbeiter im Weinberge des Herrn als Prediger, Schriftsteller und glücklicher Uebersetzer vieler nützlicher Bücher. An seine Stelle ward von der Gemeinde Rud. Gualter[5] gewählt, ein Mann, jung an Jahren, aber klug, gelehrt, beredt und untadelig. — Am 8. Juli starb in Basel Joh. Luthard, ein Ehrenmann durch und durch, der gute, eifrige Prediger der Basler, meines Israels Vater, mir ein Bruder und langbewährter Freund.

Ich fing an, alle Treppen in meinem Hause zu erneuern; ferner wurden hergestellt 2 Stuben, 2 Küchen mit doppeltem Rauchfang und drei Räucherkammern, ein kleiner Keller und ein Abort. Die Kosten beliefen sich für den ganzen Sommer auf etwas über 100 Gulden. Meine Frau soll eine Wohnung haben, falls sie Witwe wird, und ebenso, wenn der Herr es will, mein Sohn Samuel.

Am 3. August, etwa um 6 Uhr Früh, war das Kapitel zu Beratungen versammelt. Plötzlich verlor ich, ohne den geringsten Schmerz zu fühlen, völlig die Besinnung. Meine Gesichtsfarbe soll sich dabei kaum merklich verändert haben. Die Herren Erasmus und Collin[6] führten mich nach Haus; ich war ganz bewußtlos und erinnere mich auch an nichts mehr; doch konnte ich gut gehen, auch reden, wenigstens stellte ich allerlei Fragen. Man gab mir zu essen, schor und wusch meinen Kopf, ohne daß ich von Alledem etwas merkte, und legte mich ins Bett, daß ich schliefe. Nach ungefähr zwei Stunden erwachte ich; Bewußtsein und Gedächtnis kehrten zurück, und es fehlte mir, Gott sei Dank, nicht mehr das Mindeste. Aber was ich in den 6 Stunden vorher gesagt und gethan habe, konnte und kann ich mich durchaus nicht entsinnen. Am folgenden Tage nahm ich sofort meine Studien wieder auf.

---

[1] Siehe S. 136, Anm. 9.

[2] Luthards Sohn (s. S. 137 und Anm. 3).

[3] In der Neustadt; sehr wahrscheinlich das Haus, das heute Prof. Sal. Vögelin besitzt (Riggenbach).

[4] Siehe S. 103, Anm. 1.

[5] Siehe S. 131, Anm. 4.

[6] Erasmus Faber (S. 118, Anm. 4); Collin (S. 103, Anm. 3 und 4).

— Am 16. September hatte ich heftige Steinschmerzen, erholte mich aber. — Am 6. Oktober starb Mag. Werner Steiner[1] selig und gottergeben. — Am 17. Oktober endete die Bauerei im Haus. — Am 23. Oktober starb der gelehrte, treffliche Joh. Zwick,[2] Evangelist in Konstanz. Er hatte in dem Städtchen Bischofszell die Pestkranken tapfer mit Gottes Wort getröstet und mußte dabei sein Leben lassen, doch nur dies zeitliche, für das mein unvergleichlicher Freund, ein ächter Christ, durch seine Liebe das ewige eintauschte.

Einkommen aus der Pfründe. — Am 2. Dezember starb der gelehrte fromme Petrus Cholinus.[3] — Am 22. März 1543 reiste mein Samuel nach Basel zu seinem Oheim Konr. Wolfhart bei den Augustinern.[4] — Am 23. Februar wurde die Züricher Bibel vollendet; am 6. März begann ich den Druck durchzusehen, ob etwas fehle. — Am 6. Mai nahm ich werte Gäste auf, Wigand und Johannes Pinicius aus Hessen;[5] sie blieben den Sommer über. — Am 14. Oktober schickte ich zwei Züricher Bibeln ab, die eine an den Herrn Bischof von Straßburg[6] durch Samuel, der sie persönlich zu überreichen beabsichtigte, die andere an den Obervogt in Rufach[7] durch Quirinus. — (Ertrag aus der Pfründe.) — Am 10. Dezember begann Bibliander die Offenbarung Johannis zu lesen.

1544. Am 2. Januar habe ich an Joh. Aberhard nach Abzahlung der ersten 200 Pfund für mein Haus noch 100 Pfund gegeben statt der jährlichen Zinse von 5 Pfund. Es bleiben noch 5 Jahreszinse für 100 Pfund übrig. — In demselben Monate begann ich auch diese Hauschronik, die ich bis heute fortgeführt habe. Sie kann Nutzen schaffen und verdient, daß man ihrer gedenkt. Außer den Aufzeichnungen, die ich schon seit 1541 in ein Tagebuch eintrug,[8] über den Umfang meiner Arbeiten und die täglichen Vorkommnisse (da mit zunehmendem Alter mein Gedächtnis nachläßt) habe ich auch ein Verzeichnis aller meiner Bücher angelegt und die Werke, gebunden wie ungebunden, mit Ziffern versehen, in erster Reihe die im größten Format, dann die in Folio, hierauf die von mittlerer Größe und in Quart, und zuletzt auch die noch nicht gebundenen, große und kleine zusammen, damit nicht so leicht etwas unbemerkt verloren gehen könne. Die Bücher, die Samuel hat, sind nicht dabei; er soll sie aber auch in ähnlicher Weise bezeichnen. — Ich schreibe diese Zeilen an einem Tage, der uns eine vollständige Sonnenfinsternis brachte; doch war wenig davon zu sehen, da nebliges Wetter und Schneefall herrschte. Es war der 24. Jänner, die Stunde 9 Uhr. — Am Karlstage[9] (28. Januar) hielt Bullinger eine lateinische Rede an die Geistlichkeit, wie sich jeder Gläubige und namentlich

---

[1] Siehe S. 138, Anm. 4.

[2] Siehe S. 134, Anm. 4.

[3] Siehe S. 131 Anm. 7.

[4] Siehe S. 132, Anm. 5.

[5] Vgl. Herzog, VI, S. 33 und Ebrard, III, S. 568 (Joh. Wigandus, Indices, S. 296 und 298.)

[6] Siehe S. 139, Anm. 6.

[7] W. Böcklin, s. u. S. 151.

[8] Vgl. S. 3 und Anm. 1.

[9] Das Züricher Domherrenstift war von Karl dem Großen gestiftet worden (vgl. S. 101, Anm. 3).

ein Diener des göttlichen Wortes in unsern gefährlichen Zeitläuften verhalten müsse. Ich habe sie nachgeschrieben und ebenso andere Gelegenheitsreden Bullingers am 12. September 1543, „wie der Zorn Gottes zu versöhnen sei", von dem nämlichen Tage aus dem Jahr 1538 „über das geistliche Hirtenamt" und eine vierte vom Karlstag 1535 „über die Vorsehung Gottes". Andere sind als Vorreden hier und dort gedruckt worden.

Am 30. Jänner begann ich das Baseler Konzil von Andreas Sylvius[1] zu lesen, zwei gedruckte Bände; auch die Geschichte der zwei Kaiser Heinrich, des Vierten und des Fünften, sowie die frommen Schreiben der Waldenser[2] an den König von Ungarn und die Geschichte des Ketzerprozesses gegen Joh. von Wesel[3] in Mainz aus der Feder Wimphelings, der dabei war, aber in der Schrift seinen Namen nicht nennt. — Am 5. Februar fing ich den Briefwechsel zwischen Oekolampad und Zwingli[4] zu lesen an, ein herrliches Buch dieser erleuchteten Männer, die des ewigen Andenkens der Frommen würdig sind. Unser Bibliander hat, wahr und gelehrt wie immer, die Vorrede dazu geschrieben. — Am 4. März wurde mein letzter Wille aufgesetzt; die zwei Ratsherren J. Wegmann und J. Rhmelin waren Zeugen; am 10. März hat ihn der Zürcher Rat bestätigt. Der Hauptinhalt ist folgender: Mein Vermögen (ohne die Bücher) wird auf 600 Gulden geschätzt. Meiner Frau Elisabeth Kalb vermachte ich außer dem eingebrachten eignen Vermögen von 40 Pfund, das nach Ortsgebrauch den hinterlassenen Ehefrauen zufällt, und außer der ihr versprochenen Morgengabe von 30 Pfund, die Nutznießung eines Kapitals von 100 Gulden oder 10 Pfund jährliche Zinsen davon auf Lebenszeit. Doch soll sie auch das Kapital selbst angreifen dürfen, wenn sie ihr Witwengut verzehrt hat und offenbar am Notwendigen Mangel leidet. Desgleichen eine Wohnung in meinem Hause „zum Damhirsch". Sie soll die untere Stube haben und die Küche mit der großen Kammer und der kleineren unter der Stube, sowie die Hälfte des Kellers und des Dachbodens, und zwar ohne Miete auf Lebenszeit. Wegen meines Nachlasses soll man sie nicht amtlich zur Rede stellen, sondern einfach ihren Worten glauben; denn ich habe sie jederzeit ehrlich, treu und wahrhaft befunden. Alles Uebrige soll meinem Sohn zufallen. Stirbt er ohne Leibeserben, so hat meine Frau die Nutznießung des ganzen Vermögens auf Lebenszeit. Erst nach ihrem Tode fällt es an meine weiteren Erben. Aber den zwei armen Kindern Israel[5] und Anna,[6] die

---

[1] De conc. Basiliensi. Das Buch kam auf den Index; das hinderte aber nicht, daß der Verfasser später selbst Papst wurde (Pius II. 1458—64). Vgl. über ihn Herzog, XI, S. 699 ff.; Ebrard, II, S. 395 ff.; Indices, S. 252.

[2] Vgl. Ebrard, II, S. 442, Anm. 2. — ‹Valdensium conf. et apol. fidei ad Vladislaum regem Ungariae (Indices, S. 204).

[3] Joh. von Wesel (J. Ruchrath aus Oberwesel), geb. um 1410, „Vorläufer der Reformation," schrieb gegen den Ablaß (Tribbech., S. 241) u. a. und wurde in einem großes Aufsehen erregenden Prozeß als Greis (1479) zum Widerruf gezwungen und zu klösterlicher Haft verurteilt (vgl. Ebrard, II, S. 496; Jansen, I, S. 599 ff.; Schmidt, I, S. 128 und 347).

[4] In Folio, Basel 1536.

[5] Luthards Sohn, vgl. 143.

[6] Wohl der Ersatz für das gestorbene Töchterchen Anna (s. S. 134).

wir um des Herrn Willen aufgezogen, soll gleich nach meinem Ableben eine
Gabe von 20 Pfund und 30 Pfund geschenkt werden. Bleibt meiner Frau
von dem Ihrigen oder dem von mir Geerbten etwas übrig, so kann sie es
sterbend ihren Verwandten oder Wohlthätern übergeben; sonst und in jeder
Beziehung ist mein Sohn ihr Erbe. Ich behielt mir jedoch vor, alle diese
Bestimmungen abändern zu können. Gegeben im Jahr 1544.

Am 13. März begann ich meinen deutschen Kommentar zu Jesaias
durchzusehen und schrieb das Vorwort dazu, um ihn für alle Fälle druckfertig
zu haben. Am 23. war ich damit zu Ende. — Am 19. März hielt ich
Abrechnung mit Froschauer[1] vom Jahre 1535 an. Für Bücher, die
ich und mein Sohn bekommen oder die ich verschenkt hatte, schuldete ich ihm
67 Gulden; er dagegen mir ebensoviel für die Kommentare und andere
Arbeiten. Die Rechnung glich sich also aus; ich blieb weder ihm, noch er
mir etwas schuldig. — Am 18. März erhielt ich aus Rom die Nachricht,
der römische Antichrist,[2] der König von Frankreich und die Venetianer
hätten den Seeräuber Barbarossa[3] gegen den Kaiser nach Italien gerufen.
Dieser Barbarossa bekam vom König der Franzosen Toulon geschenkt, und
es treiben dort die Türken Sodomiterei mit den Unsrigen![4] Auch hat der
Papst einen Korsen, den Befehlshaber seiner Flotte, abgesetzt, weil er die
Türken gebrandschatzt hatte: er wollte ihn auch ins Gefängnis werfen; aber
der Korse verließ die Flotte rechtzeitig und flüchtete sich nach Civitavechia.

In diesen Tagen vollendete Bullinger seine Erwiderung auf das
Buch von Joh. Cochläus[5] über das kanonische Ansehen der h. Schrift.[6]
Ich legte das Verzeichnis dazu an. Das Büchlein enthält sehr viel Beachtenswertes. — Dieser Tage las ich den ersten Band der Werke Zwinglis;[7]
ich lege auch für dieses Heiligtum ein umfangreiches, aber zweckmäßiges
Inhaltsverzeichnis an.

Anfang April las ich in drei Tagen das Buch Saxonia von Albert
Kranz.[8] Der gelehrte und sprachgewandte Verfasser hat, wie mir scheint,
nur in Einem Stücke gefehlt. Als papsttreuer Geistlicher glaubt er, gegen

---

[1] Vgl. S. 133.

[2] Papst Paul III., 1534—49.

[3] Scherredin Barbarossa, den Karl V. durch die Eroberung von Tunis
gedemütigt hatte.

[4] Vgl. Jansen III, S. 507.

[5] Joh. Cochläus (Dobeneck) aus Wendelstein bei Nürnberg, Theologe,
† 1552, eifriger papistischer Schriftsteller (vgl. Herzog, II, S. 768; Jansen,
II, S. 282 ff.; Quellen, S. 797 und Basl. Chron., I, S. 392).

[6] Siehe Indices, S. 56

[7] Siehe S. 131, Anm. 4. Sie erschienen, 4 Bde in Quart, 1545 in
Zürich.

[8] Saxoniae libri XIII (deutsch von Bas. Faber, Leipzig 1563 und 82).
— A. Kranz, um 1450 in Hamburg geboren, Theologe, Jurist, Syndikus
seiner Vaterstadt und Dechant, hat sich namentlich als Forscher in der älteren
Kirchengeschichte Norddeutschlands und Slandinaviens verdient gemacht.
† 7. Dez. 1517. Als er kurz vor seinem Tode Luthers Thesen gelesen, rief
er aus: „Du sagst die Wahrheit, guter Bruder, wirst aber nichts ausrichten;
geh also in Deine Zelle und sprich: Gott, erbarme Dich mein!" (Vgl.
Herzog, VIII, S. 49 ff. und Wedel, S. 53).

Papst und Bischöfe nur ganz vorsichtig und andeutungsweise schreiben zu
dürfen, obgleich er von ihrer Verderbtheit überzeugt ist. An Sachen des
Glaubens und der biblischen Wahrheit wagt er nicht zu rühren, um nicht
durch die Exkommunikation ausgestoßen zu werden, oder weil sein Gewissen
im Glauben an die Autorität der antichristlichen Papstkirche gefangen ist.
Während des Lesens ersah ich, daß er auch über Dänemark, Wandalien, [1]
Norwegen, Schweden, sowie eine Chronik seiner Vaterstadt Hamburg [2]
geschrieben hat, dieses Buch unter dem Titel „Metropolis". Alles in Allem
lernte ich durch das Lesen der Saxonia die folgenden Sätze: Der Papst
wußte seit tausend Jahren nicht, daß der wahre Gottesdienst Glaube, Liebe
und Hoffnung ist. Dafür kümmerte er sich allezeit mit herzlichstem Eifer um
Hoffart, Ehrgeiz, Reichtum, Macht, Weltregierung und römisches Reich. Dies
Ziel suchte er überall immer kühner, nicht durch Gewalt, aber durch List zu
erreichen. Er geizte nach der höchsten Ehre und mühte sich, sie den weltlichen
Obrigkeiten zu entwinden. Das erlangte er durch Lug und Trug, Schlauheit,
Fälschung des Wortes Gottes, Aufreizung und Bewaffnung des Aberglaubens,
Ruchlosigkeiten jeder Art. In allen Stücken machte er sich zum Gegenteile
Christi, in der Kirche sitzend wie ihr Gott. [3] Er ist ihr Haupt und König,
der Herr der Welt, spottet im Grunde des ganzen katholischen Bekenntnisses
und verkauft die Sakramente, die er nur eingesetzt hat zu seinem Vorteil,
zu Ueppigkeit und Hoffart. Nichts gilt als heilig bei ihm und den Seinen,
als was ihm Nutzen und Ruhm bringt. Seiner Lehre, seinem Vorbilde sind
an ihrem Teil alle Bischöfe, Priester und Mönche gefolgt. Die gesamte
Klerisei ruhte nicht, bis ihr Abgott in allen Stücken die Oberhand hatte.
Stark durch Reichtum und Macht verachteten sie Gottes Wort, Propheten und
Apostel und thaten, wo sie nur konnten, zum Besten ihrer Zunft dem ge-
meinen Menschenverstande frevelhaft Gewalt an. Die besten und frömmsten
Kaiser sind von den Päpsten durch Heuchelei und betrügerische Schliche hin-
tergangen und auf Grund falscher Dogmen ihrer Herrschaftsrechte beraubt
worden. Auch das Erbteil der Witwen fiel ihrer Schlauheit zur Beute. An
die Stelle der wichtigsten geistlichen Pflichten setzten sie Reliquien von Heiligen,
Ablässe, Weihungen. Wer nicht in allen Stücken gehorchte, den zwang man
durch Bannflüche. Je frömmer treue Knechte Gottes Christo und der Wahrheit dienten, desto mehr wurden sie unterdrückt von gottlosen Päpsten und
erreichten nur, daß man sie für alberne dumme Deutsche erklärte und
auslachte. Mit Hilfe frommer Kaiser haben sie hartnäckige Kriege geführt
um das Patrimonium Petri, und zum Dank den kaiserlichen Investituren,
Wahlen, Rechten und Hoheiten die Anerkennung versagt. Widersprach einer
dem Papste in irgend einer Sache, so wurde er in den Bann gethan. Ansehen und Gehorsam untergrub man durch ungerechte Entbindung von der
Eidespflicht. Nur um seine Macht zu mehren, reizte der Papst so oft die
christlichen Völker gegen die Türken auf, und zahllos sind die Heere, die er

---

[1] Vandalia sive de Wandalorum origine (deutsch, Lübeck, 1600).

[2] Die „Metropolis" (12 Bücher) behandelt die Geschichte der nord-
deutschen (niedersächsischen) Sprengel. Die historiae seu chronicae Alberti
Krantii Hamburgensis stehen auf dem Index von 1596 «nisi corrigantur»
(Indices, S. 216 und 539)

[3] Vgl. Tribbech., S. 84.

wegen des unseligen Judenlandes [1] ins Verderben geschickt hat. Der Glaube (untersuchen wir nicht, was für einer!) wurde nicht durch Predigt des Evangeliums, sondern mit Waffengewalt ausgebreitet. Die ritterlichsten Kaiser unterlagen dem bloßen Bannstrahl des Papstes. Als einzige und größte Ketzerei galt es, etwas wider den Papst zu lehren oder zu denken. Zum Kampfe gegen solche Männer und fromme Kaiser wurden christliche Krieger vom Papste mit dem Kreuze bezeichnet, zu solchen Zwecken wagte man vom deutschen Klerus den Zehnten zu fordern. Wenn der Papst es nicht will, ist überhaupt der Klerus dem Kaiser nichts schuldig, obschon er allein vom Kaiser belehnt wird. Von der Predigt des Wortes Gottes und des Evangeliums verlautet keine Silbe in der ganzen Geschichte des Papsttums und wo, wie in Lithauen, die Mönche wenig ausrichten, da greift man zu den Waffen, aber nicht, um die Menschen durch Glauben und Liebe Christo, sondern um sie dem Papst zu unterwerfen Gewinnes halber. Ebenso behaupten Bischöfe und Mönche, die von Lug und Trug sich bereichert haben, ihren Platz durch Mißbrauch des Bannes. Bischöfe gebahren sich in Wehr und Waffen als Heerführer, werden Verräter an ihren Fürsten, Räuber und Unterdrücker der Völker, und das Alles um die Gunst ihres obersten Pontifer. Mit dem Papst verschworene Bischöfe wurden Ratgeber der Kaiser und dadurch die Urheber verderblichster Streithändel. Um des Papstes willen fallen die Bischöfe, gleichviel aus welcher Ursache, vom Kaiser ab, wegen des Papstes zetteln sie Kriege an. Kurz, nicht eine Spur des Reiches Christi tritt in der Papstkirche zu Tage; vielmehr hat im römischen Papsttum der Satan das Hauptgebiet seiner Macht, und fromme Fürsten sind allein durch ihr bischen Glauben und Gottesfurcht vor ihm bewahrt geblieben. Was sie gesündigt, fällt dem Rat und Beispiel ihrer Bischöfe zur Last; sie selbst sind zum großen Teil entschuldigt, weil sie es nicht besser wissen konnten. Der Seelenfeind überredete sie, bis zum letzten Stündlein den Worten in Glauben und Sitten entarteter Menschen Vertrauen zu schenken. Der einzige Grund von alledem ist die Vernachläßigung des Wortes Gottes und Ungehorsam dagegen. — Ich habe dies eigentlich erst recht aus dieser und andern geschichtlichen Schriften gelernt; bis heute fanden sie bei der Welt nur wenig Glauben, aber später wird es ihr auch durch die Erfahrung bewiesen werden.

XXIX. In Zürich.

Gäste. — Reise nach Rufach. — Ehrenvolle Aufnahme dort und in Basel.
1544.

Am 14. April (2. Ostertag) wurde eine Schlacht [2] geliefert zwischen den Kaiserlichen (Spaniern, Deutschen, Italienern) und den Franzosen, mit denen die Schweizer verbündet waren. Diesen fiel der Sieg zu. 1600 Feinde

---

[1] Pellikan wollte nie für einen „Judäisten" gelten, „obgleich oder vielmehr gerade weil er ein so gründlicher Kenner und großer Verehrer des alten Testamentes war" (vgl. Riggenbach, S. 160, Anm. und Geiger, S. 15).

[2] Bei Cerisoles in Piemont. Der französische General Graf Enguien verdankte den Sieg hauptsächlich seinen Schweizern.

blieben; viele deutsche Landsknechte wurden gefangen genommen und von den Schweizern freundschaftlich behandelt. Die spanischen Gefangenen verkaufte man an die Flotten. — Mittlerweile hielt der Kaiser einen Reichstag in Speier ab und hörte dort schwere Klagen von Fürsten und Städten wider Herzog Heinrich von Braunschweig[1] und den Bischof von Konstanz, der auch Bischof von Lund[2] heißt.

Auf der Heimreise von Rom kehrten zwei Flamländer bei mir ein, Cornelius Gualter und Georg Cassander.[3] Sie hatten acht Monate dort zugebracht, waren gelehrte Männer und Liebhaber von Altertümern, und berichteten, man habe in den Grundmauern der Peterskirche ein Grab geöffnet und darin die Leichen zweier Jungfrauen gefunden mit kostbaren Kleidern und Schmuckgegenständen, Gold und Edelsteine, Reife und Ringe, in einem Gesamtwerte von 1200 Dukaten und darüber. Die eine war eine Tochter des Honorius, die andre die Braut Stichilos,[4] was man aus den Inschriften der Ringe sah.

Am 13. Juni wurde ein gelehrter ungarischer[5] Edelmann aus Ofen mein Gast, Namens Josephus. Seine Eltern waren aus Pest nach Karschowen ausgewandert, ehe die Türken Ofen[6] einnahmen. Er hatte fünf Jahre in Wittenberg Theologie und schöne Wissenschaften studiert und wollte vor der Heimkehr in sein Vaterland die Kirchen Deutschlands besuchen und deutsche Gelehrte kennen lernen. So war er auch über Speier, wo der Kaiser Reichstag hielt, nach Straßburg gekommen und hatte sich einige Tage mit den dortigen Brüdern besprochen, namentlich mit Butzer über die Sakramentsfrage. Dieser setzte ihm seine Meinung vom h. Abendmahl schriftlich auf; ich machte mir davon in Butzers „Anmerkungen zu den vier Evangelien" eine Abschrift. Er drückt sich hier deutlicher aus, als anderwärts, aber völlig kann ich es doch nicht verstehen. Mein Gast hörte nun auch unsere Ansicht und unsern Glauben in diesem Punkte, las Zwinglis und Oekolampads Briefwechsel und Andres von ihnen und zog erbaut weiter mit dem Versprechen, uns zu schreiben, und der Versicherung, die Straßburger Kirche und die unsrige seien ihm in

---

[1] Siehe S. 138, Anm. 3. — „Im Reichstagsabschied (10. Juni 1544) wurde der katholische Standpunkt nahezu aufgegeben. Das rechte Mittel zur Hebung der Religionsspaltung sei ein gemeines christliches freies Konzil in deutscher Nation." (Janssen, III, 515 ff.; vgl. Häuser 222.)

[2] ‹qui est et Lundensis dictus.› Lund in Schweden. ‹Joannes a Weze, Archiepiscopus Lundensis in regno Daniae et episc. Constantiensis› erhielt von Karl V. für geleistete Dienste die Abtei Waldsassen. † 1548 auf dem Reichstag zu Augsburg (Brusch, S. 50 u. 264). — „Joh. V. Edler von Weza, aus dem Jülichschen, Erzbischof von Lund und Suffragan zu Roschild in Dänemark" (Eiselein, Geschichte von Konstanz, S. 241.)

[3] Georgii Cassandri Hymni eccl. (Indices, S. 56.)

[4] Vgl. Wedel, S. 142. — Der tapfere Feldherr Stilicho, vandalischer Abkunft, der Verteidiger des sinkenden weströmischen Reiches gegen Alarich, war zuerst mit einer Nichte des Kaisers Theodosius, dann mit einer Tochter des Kaisers Honorius vermählt. Honorius ließ ihn in Ravenna ermorden 408.

[5] Ueber die Reformation in Ungarn vgl. Herzog, XVI, S. 641 ff.

[6] 1541; vgl. Wedel, S. 136. — Karschowen = Landschaft in Samaiten (Lithauen).

Lehre, Sitten und Gebräuchen vor andern lieb. Rudolf Gualter, ich, der junge Zwingli,[1] Bibliander und Froschauer gaben ihm bis Konstanz das Geleite. Mich ermüdete das Reiten über die Maßen; doch kam ich bis Winterthur, wurde dort von den Brüdern freundlichst aufgenommen und kehrte, um schlimmere Folgen zu vermeiden, am 23. Juni nach Zürich zurück.

Am 25. desselben Monats heiratete mein Neffe Konr. Wolfhart die Schwester Joh. Oporins,[2] Christiana, eine schöne, kluge, tüchtige Witwe. Die Hochzeit wurde ohne Gepränge in Basel gefeiert, weil er damals schon Dialektik und Rhetorik dort las[3] und probeweise Prediger in Arlesheim[4] war.

Im Juli revidierte und korrigierte ich, was ich deutsch über das alte Testament geschrieben hatte, die 5 Bücher Mosis, Josua bis Chronika, Jesaias und Jeremias.

Am 29. Juli fuhr ich, rasch entschlossen, zu Schiff nach Basel. Am ersten Tage kamen wir bis Baden, am folgenden, durch Nebel aufgehalten, bis Laufenburg. Das Schiff konnte an dem Tage nicht mehr über die Stromschnellen gebracht werden; deshalb legten wir den Weg zu Fuß zurück, ich, meine Frau und Valentin Boltz.[5] Der Zufall oder richtiger Gottes Wille hatte uns in Zürich diesen Landsmann zugeführt; uns beide beseelte der Wunsch, die gemeinsame Heimat zu besuchen. So kamen wir noch an diesem Tage bis Mumpf und am letzten Juli nach Basel, nachdem wir vorher in Augst Mittag gemacht hatten. Im Hause meines Konrads speisten Oporinus, nebst Frau, und der Diakon Benediktus Schirmeister von Mönchenstein mit mir zu Abend. Tags darauf kam Theobald Wolfhart, von Samuel gerufen; wir aßen zusammen, wurden von vielen Freunden begrüßt und wanderten dann zu Fuß bis Habsheim weiter. Am folgenden Tage machten wir in Enisheim Mittag und kamen Samstag, den 2. August, in Rufach an. Schwester und Schwager freuten sich, als ich mit meiner Frau bei ihnen eintrat. Die Nachbarn liefen herzu und brachten allerlei schöne Sachen zum Essen und Trinken nach Landesbrauch. Valentin Boltz aber reiste nach Kaysersberg weiter, um dort seine Mutter zu besuchen.

---

[1] Des Reformators Sohn (Ulrich).

[2] Berühmter Baseler Buchdrucker; er liegt neben Grynaeus (s. S. 137, Anm. 11) in den Kreuzgängen begraben (Wurstisen, S. 169). Seine Schwester Christiana war in erster Ehe mit dem Kürschner Leonhard Zwinger verheiratet gewesen (Thommen, S. 241). Oporinus (Herbster) war ursprünglich Schulmeister und konnte hebräisch; Thomas Platter trat später in sein Druckereigeschäft ein (Platter, S. 54 ff. u. a.). 1538 wurde er Professor des Griechischen an der Universität (Thommen, S. 356).

[3] Am Pädagogium, s. S. 5, Anm. 2 (vgl. Platter, S. 83 und 171).

[4] Bei Basel.

[5] Aus Rufach (vgl. über ihn Erichson, S. 16 ff.). Er sollte in Kaysersberg Pfarrer werden, die Sache zerschlug sich aber. Später wurde er Spitalprediger in Basel. Boltz ist auch bekannt als Dramatiker d. h. als Verfasser geistlicher Schauspiele ("Pauli Bekehrung", vgl. Platter, S. 144). Auf der Colmarer Bibliothek (Chauffour, S. 2949) befindet sich von ihm: Senecae gsprächbüchlin in zierliche sprüch und figuren gestellt, Basel 1652.

Am 3. August (es war der erste Sonntag im Monat) bildeten zu Mittag und am Abend fröhliche Freunde unsern schönsten Tafelschmuck. Vor dem Mittagessen besuchte ich das Minoritenkloster. Der Guardian ließ sich nicht sehen; ich sprach aber mit zwei Brüdern und kehrte dann mit meinem Sohn und Theobald zu den Meinigen zurück. Tags darauf gaben die Väter der Stadt mit dem bischöflichen Obervogte Herrn Wilhelm Böcklin,[1] mir zu Ehren, ein Mittag- und Abendessen im Amtshause. Böcklins erster Amts-schreiber heißt Martin Mittersbach; beide sind sehr gelehrte und feine Männer. Nach dem Mittagsmahle besuchte ich alle neuen und alten Zimmer im Schloß[2] mit Genehmigung des genannten obersten Beamten. Auch der Stadtschreiber war dabei; seine Frau gehörte zur Verwandtschaft als Tochter eines Bruders von Schwager Theobald. Am 5. August lud uns der Obervogt Böcklin zu Tische; wir speisten mit dem edeln Herrn im Schloß, ich, meine Schwester, mein Sohn und mein Schwager. Jetzt kehrte auch Valentin von Kaysers-berg zurück: mit ihm kam Math. Erb,[3] Evangelist in Reichenweier, sowie Doktor Nikolaus Regius[4] aus Hunaweier und der Schulmeister von Kaysersberg.[5] Nachdem wir uns drei Stunden mit ihnen unterhalten hatten, folgten sie einer Einladung der Ratsherren zum Mittagessen im Amtshaus und kehrten dann wieder heim. Es sind treffliche Männer und in Sachen des Glaubens und der Liebe ganz unsrer Meinung. — Auch eine hochbejahrte Frau, Namens Barbara Häßler, besuchte mich; sie kam mit einem kleinen Geschenk und wollte mich sprechen. Wie von Gott selbst ge-lehrt und ihm gewiß lieb und wert, bekannte sie, schlicht und fromm und ihres religiösen Standpunktes sicher, ihren heiligen Glauben und erzählte, was sie einst um dieses Glaubens willen von der Obrigkeit gelitten, wie sie ihn mutig verteidigt habe und doch der Hand des Henkers entronnen sei. Sie war aus dem Münsterthale gebürtig und mit meiner Schwester nahe befreundet. — An dem gleichen Tage speisten ich und Valentin wieder mit den Herren und dem Edelmann Böcklin im Amtshaus; aber obgleich wir noch eine Menge Einladungen hatten, die dringlichsten von Peter Fischer und Peter Zau und ihren Frauen, ließen wir uns doch nicht länger halten, sondern brachen am andern Morgen nach einem kurzen Regenschauer in der Frühe auf. Zu Ensisheim aßen wir zu Mittag; in Sierenz über-nachteten wir.

Am folgenden Tage speisten wir in Basel bei meinem Konrad und Abends bei Oporinus in seinem eigenen Hause. Am 8. August war ich

---

[1] Die Böcklin waren ein Straßburger Geschlecht (vgl. S. 144, Anm. 7). Der bischöfliche Vogt hatte das Recht, allen Sitzungen des Rates beizuwohnen und sie zu leiten. Der Rat bestand aus dem Schultheiß und 15 Mitgliedern: 5 Ratsherren führten nach ihren besonderen Amtsverrichtungen die Titel: Bürgermeister, Gewerfer, Ungelter, Kirchenpfleger, Spitalpfleger (Schöpflin).

[2] Die Isenburg (s. die Abbildung in Münsters Komogr. III, c. 129).

[3] Der zweite evangelische Oberpfarrer in Reichenweier (aus Ettlingen in Baden), wirkte dort 24 Jahre, † in Rappoltsweiler 1571 (Röhrich, II, S. 227, 278 und III, S. 219). Vgl. S. 118, Anm. 4 (Indices, S. 298).

[4] Nik. König (Röhrich, II, S. 262). «N. Koningus» (Indices, S. 298).

[5] Wolfang Adler; er benutzte in der Schule Luthers Katechismus (Erichson) s. o. S. 150, Anm. 5).

vom Rat, von der Universität und den Buchdruckern zu einem stattlichen Mittagsmahle geladen im Zunfthause zum Schlüssel.[1] Zugegen waren die Ratsherren Adalbert Meier[2] und Theodor Brand,[3] der Alt-Bürgermeister Marx Heidelin[4] und der regierende Bürgermeister Blasius Schölli,[5] der Aeltere, samt vielen Ratsherren, sowie Mykonius,[6] Wolfgang Wyssenburger,[7] Amerbach,[8] Oswald Ber,[9] Seb. Münster mit den übrigen Doktoren und die Buchdrucker, die Malvasier und köstlichen griechischen Wein spendeten. Es waren sechs Tafeln gedeckt; trotzdem mußten einige Gäste fortgehen, weil bei dem großen Zudrange kein Platz mehr war. Gegen das Ende der Mahlzeit erklärten die Bürgermeister, niemand brauche etwas zu zahlen; der Stadtsäckel werde zu meiner und der Züricher Ehre für Alles aufkommen. Es war das eine seltene Gnade von den Herren, und in dieser Gesinnung entließen sie mich auch freundlich. — An demselben Tage hatte ich noch ein gleich stattliches Abendessen bei Doktor Bonifacius Amerbach, ich, meine Frau und Valentin mit Konrad nebst Frau. — Am neunten zogen wir in aller Frühe von Basel aus: Mittag in Rheinfelden, Nachtquartier in Frick. Sonntag, den 10. August, speisten wir im Sternen zu Brugg. Nach Tisch hatte ich dort eine Zusammenkunft mit Doktor Hartmann von Hallwyl[10] und Nik. Baling.[11] Nach Besichtigung des ehemaligen Klarissenklosters in Königsfelden,[12] wo wir auch ehrenvoll auf-

---

[1] Zunfthaus der Kaufleute (vgl. Beiträge, IX, S. 89, Anm. 2).

[2] Unter ihm als Bürgermeister erschienen 1539 die Statuten der neuen Universität (Thommen, S. 325). Er war vierzehnmal Bürgermeister und † 1548 (Wurstisen, S. 224 und 362).

[3] † 1558 und in St. Theodor (Kleinbasel) begraben. Er war sehr beliebt (Wurstisen, S. 379; auch Platter, S. 102 ff.)

[4] 1540 Zunftmeister (Basl. Chron., I, S. 159).

[5] 1556 als Zunftmeister „wegen argwon, das er übel den Herren hus gehalten, abgesetzt (Platter, S. 264). Ist das Blasius Schölli „der Aeltere"?

[6] Siehe S. 103, Anm. 2.

[7] Geb. 1496 in Basel, 1520 Lehrer der Mathematik an der Universität, später Theologe, las 1522 als Prediger an der Spitalkirche die Messe deutsch, schloß sich an Oekolampad an, war mehrmals Rektor der Universität und † 1575 (Thommen, S. 114; Wurstisen, S. 261).

[8] Siehe S. 129, Anm. 2.

[9] Geb. 1482 zu Brixen in Tirol, 1509 Lehrer an der lateinischen Schule in Schlettstadt, später Mediziner, Professor und Stadtarzt in Basel, † 1567 (Thommen, S. 212 u. a.), 1532 u. a., 1532 war er Rektor der neugestalteten Universität (Wurstisen, S. 325 ff.) Bei ihm als Dekan der medizinischen Fakultät hat Felix Platter 1557 promoviert (Platter, S. 305 ff. u. a.)

[10] Siehe Riggenbach, S. 165, Anm. 1 und Geiger, S. 111. — Ein Hans von Hallwyl war der Sieger von Murten; ein Hartm. von Hallwyl war Domherr in Basel um 1470 (Basl. Chron., II und III). Ein Thüring von Hallwyl um 1464 Landvogt im Ober-Elsaß (Berler, S. 69). Die Hallwyl sind ein Aargauer Geschlecht (vgl. Beiträge, IX, S. 255).

[11] Siehe S. 131, Anm. 1.

[12] Siehe Eubel, I, S. 81. Das Kloster wurde von der Königin Agnes gegründet an der Stelle, wo Johannes Parricida 1308 ihren Gemahl Albrecht ermordet hatte. Nach der Aufhebung (1528) wurde es ein Spital; der Chor der Kirche dient noch heute zum Gottesdienst.

genommen wurden, wanderten wir über Birmensdorf nach Dietilon
weiter und kamen am Morgen des 11. mit Valentin nach Hause. Schon
Tags darauf eilte er mit einem verwandten Knaben, Joh. Canzler, an den
eigenen Herd nach Schwanden, im Kanton Glarus.

Während meines Aufenthaltes in Rufach zeichnete ich mir nach einer
alten Inschrift im Chore der Kirche zur Erinnerung auf, daß im Jahre 1309
eine Judenverbrennung stattgefunden, und daß man 1338 die Juden in Rufach
getötet habe.[1] Ebenso schrieb ich mir auf, daß die Ummauerung der Stadt
1380 unter dem Straßburger Bischofe Friedrich von Blankenheim erfolgt sei.
Das verkünden der Nachwelt Inschriften an der St. Valentinskirche[2] und in
der Stadtmauer. — Die Eltern meines Schwagers Theobald Wolfhart, der
aus Gebweiler gebürtig war und mit meiner Schwester Elisabeth Pellikan
Söhne gezeugt hat, sind einst Bürger in Vilsed gewesen, wie aus ihren
von dort erlangten Geburts- und Geschlechtszeugnissen hervorgeht. Der
Vater Konrads und Theobalds Wolfhart wird in diesen Schriftstücken unter
dem Jahre 1442 als Wolfard Ruch aufgeführt, woraus man schließen darf,
daß Wolfhart (lateinisch Bonaventura) ursprünglich nicht Familienname war,
sondern Eigenname. Vilsed ist ein Städtchen im Bistume Bamberg,
nicht weit von Amberg und dem Böhmer Wald. Ich hielt es für zweckmäßig, für die Angehörigen der Söhne meiner Schwester, Konrads und
Theobalds Wolfhart, dies beizufügen, damit man wisse, Wolfhart war der
Eigenname deines Vaters oder Großvaters (wie Bonaventura oder Eusta-
chius), während der Familien- oder Geschlechtsname (es gibt vielleicht noch
einige dieses Namens) Ruch = Placenta lautete. — Die Kosten der ganzen
Reise beliefen sich auf 6 Kronen.

XXX. In Zürich.

Gäste. — Arbeiten. — Verheiratung Samuels u. a.
1544—1556.

Am 18. August empfing ich als liebe Gäste den Doktor Münsinger[3]
mit einem andern Freiburger und den Probst Enno Frysius aus Emden,
der mir hochwillkommne neue oder richtiger: gute alte Nachrichten mitbrachte
von meinem alten polnischen Freund aus der Baseler Zeit, dem Herrn
Baron Johannes a Lasko.[4] Seit 20 Jahren hatte ich nichts von ihm

---

[1] Schöpflin hat die Inschriften noch gelesen; sie sind nicht mehr zu finden
(Kraus, II, S. 577).

[2] Die St. Valentinskirche steht nicht mehr; sie lag an der Isenburg.

[3] Joachim Mynsingerus, Jurist, war 1543, 1546 und 1548 Rektor der
Universität in Freiburg (Amoen., S. 10), vgl. Wedel, S. 44. — Er hat
tapfer seinen Rock und Bart gegen eine neue Freiburger Kleiderordnung verteidigt (Schreiber, II, S. 86 ff., 360 und I, S. 231).

[4] Joh. a Lasco (Lasky), polnischer Edelmann, geb. 1499 in Warschau,
Probst in Gnesen, wo er für kirchliche Reform im Sinne des Erasmus
wirkte, gab 1537 seine Pfründen auf, ging nach Deutschland und wurde der
Reformator Ostfrieslands (Herzog, IV, S. 611 ff.). Durch das Interim
verdrängt, zog er 1553 nach London, aber schon 1556 kam er zurück und

gehört. Bei dieser Gelegenheit schrieb ich auch einige tröstliche Zeilen an die ehemalige Frau Aebtissin von Gnadenthal, Anna Beyer, Edle von Bobmann, die jetzt in Freiburg bei St. Klara wohnt. — Damals las ich einige Schriften des Postellus;[1] sie sind nicht überall ganz aufrichtig. Später hörte ich, er sei nach Rom gekommen und ein unglücklicher Mönch geworden. — Ferner las ich Osianders[2] „Speculum" und seine „Konjekturen" (beide Schriften kamen mir ziemlich gleichzeitig zu), sowie den feinen und sehr gelehrten Brief Rudolf Gualters an Tillmann[3] in Bern über das h. Abendmahl.

Am 1. September hatte ich zwei Franzosen zu Gast, Anton Alphatius und Joh. Borel aus Grenoble, ausgezeichnete, gelehrte, treffliche Männer und bestens unterrichtet in Sachen des Glaubens. Sie erzählten auch von ihren vielen frommen Studien bei zahlreichen hervorragenden Männern dort. — Um jene Zeit habe ich auch das Verzeichnis der wichtigsten Stoffe zum 2. Bande der Werke Zwinglis angelegt.

Weitere liebe Gäste kamen mir aus Basel: der Diakon bei St. Leonhard Alex. Ryschacher und mit ihm Severinus, der Sohn meines alten Freundes Cosmus,[4] sowie Joh. Lepusculus.[5]

Ich machte auch den Versuch, für junge deutsche Bürgersöhne eine für alle, die ihren Verstand gebrauchen wollen, leicht faßbare deutsche Logik zu schreiben; sie kann ihnen ebenso nützlich sein, wie einst Römern und Griechen ihre lateinische und griechische Logik. Es erübrigt nur noch, sie sorgfältig ins Reine zu schreiben und abzurunden. — An drei Tagen las ich Cuspinians[6] Kaisergeschichte.

Ein hochwillkommener Gast war uns der Friese Doktor Albert Hardenberg,[7] dem wir vier Tage lang Liebe und Gastfreundschaft erwiesen,

---

wurde in Frankfurt (vgl. Herzog, IV, S. 462 ff.) Prediger der wallonischen Flüchtlingsgemeinde. † 1560 in Polen, wo er noch für den Frieden unter den zerstreuten lutherischen, reformierten und böhmischen Gemeinden erfolgreich gewirkt hat (Herzog, VIII, S. 204 ff.). 1525 hatte Lasco Erasmus in Basel besucht.

[1] Guil. Postellus Barentonius steht mit seinen sämtlichen Schriften auf dem päpstlichen Index von 1590 (Indices, S. 216, 483 u. a.). — Vgl. Geiger, S. 119; Tribbech.. S. 85 ff. und 133.

[2] Andreas Osiander (Hosemann), geb. 1498 in Gunzenhausen, Pfarrer an St. Lorenz in Nürnberg, † 1552 in Königsberg i. Pr., wohin ihn (nach dem Interim) 1549 Herzog Albrecht gerufen hatte.

[3] Bernhard Tillmann, Professor der Theologie in Bern.

[4] Cosmos = Welti (Riggenbach). — Ein Ryschacher war der Schwiegersohn des Bürgermeisters Meier (Platter, S. 161).

[5] Wohl ein Sohn von Seb. Lepusculus, Münsters Nachfolger in Basel (Thommen, S. 358).

[6] Humanist in Wien (Joh. Spießhammer), s. Jansen, I, S. 126; Amoen., S. 418; Indices, S. 164.

[7] A. Hardenberg, geb. 1510 in Hardenberg (Holland), befreundete sich auf der Hochschule in Löwen mit a Lasco (s. o.) reiste 1543 nach Wittenberg, von wo ihn Melanchthon 1544 dem reformationsfreundlichen Erzbischof von Köln, Hermann Grafen von Wied, empfahl. Im Auftrage des letzteren hat er die Reise in die Schweiz gemacht. 1547 Domprediger in Bremen. † 1574 als Superintendent in Emden. (Ueber die Reformation in Friesland vgl. Herzog, IV, S. 609 ff.).

einmal auch (am 25. August) durch ein gemeinsames Mahl mit den übrigen Gelehrten. Am 29. ist er abgereist.

Am 1. Oktober kehrte Christoph Froschauer von einer Reise nach Friesland zurück und brachte mir und den Andern von dort einen sehr erfreulichen Brief von Joh. a Lasko. Es hieß darin, er habe gehört, ich sei gestorben, und mich deshalb längst tot geglaubt; um so mehr freue es ihn jetzt, daß ich noch am Leben sei. — Auch ein Gast kam aus Friesland an für zehn Monate, Herr Gerhard zum Camph aus Emden, ein frommer, gelehrter junger Edelmann, ein Muster von Biederkeit und voll Eifers für die Ehre Gottes.

Ein weiterer Gast war der italienische Minorit Hieronymus Mariano.[1] Er zeigte sich wohlunterrichtet im wahren Glauben und erzählte mir von vielen Minoritenmagistern in Italien, die das Evangelium Christi treu und gründlich predigten, soweit sie's vermöchten. Als solche nannte er einen Benedetto in Locarno,[2] der Professor in Bologna gewesen, ferner einen andern Professor, den Mailänder Montalcinus,[3] der vor Gericht gestellt worden sei, weil er für die Wahrheit geschrieben habe, und noch gefangen liege, sodann einen Franziskus, gleichfalls von Mailand, früher Lektor der Theologie in Paris, und seinen Gefährten Markus Antonius von Varese,[4] auch einen Julius von Brescia[5] einen Hieronymus von Genua, einen Hieronymus von Ferrara, einen Alexander aus Padua, der gleichfalls wegen Verkündigung der Wahrheit im Kerker gehalten werde, einen Bonaventura von Pieve di Sacco,[6] einen Pasquillus von Benedig, einen Gallathens von Benedig,[7] einen Augustinus von Ogeria und einen Baptista von Mailand. Der Bruder berichtete auch, der General des Gesamtordens, Magister Bonaventura Custazaia, habe kraft seines Amtes und auf Befehl des Papstes verboten, daß bei den Studien der Minoriten die h. Schrift gelesen werde; sie dürften nur Scotus lesen! Gleichzeitig versicherte er aber auch, daß trotzdem ein gewisser Julius von Verona in Pavia herrliche Vorlesungen über die Bibel halte.

Sebastian Franks[8] deutsche Sprichwörter habe ich in eine andre, bequemere Ordnung gebracht; Froschauer druckte sie.

---

[1] „Girolamo Mariano, Guardian eines Klosters bei Mailand, flüchtete 1544 zunächst nach Mendrisio, dann nach Zürich und zwar direkt zu Pellikan" (Riggenbach, S. 167, Anm. 1).

[2] Siehe F. Meyer, die evangelische Gemeinde in Locarno, Bd. I, S. 33 (Riggenbach). Vgl. auch Ebrard, III, S. 446.

[3] Wahrscheinlich Giovanni Mollio von Montalcino, Franziskaner, Professor in Bologna, Prediger in Neapel, † 1553 in Rom auf dem Scheiterhaufen (vgl. über ihn und die reform. Bewegung in Italien, Herzog, VII, S. 99 ff. und Ebrard, III, S. 432 ff.) oder Fra Ambrogio aus Mailand (vgl. Riggenbach, S. 167, Anm. 4 und 5).

[4] Varese (Barizia) bei Como (in der Nähe die Wallfahrt Madonna del Monte).

[5] Riggenbach, S. 167, Anm. 6.

[6] Ebenda S. 168, Anm. 1.

[7] Starb in Benedig nach 11 jähriger Haft (Riggenbach, S. 168, Anm. 2).

[8] Sprichwörter Gemeiner Tütscher Nation, erstlich durch Seb. Frank gesammlet, nunmlich aber in tommliche Ordnung gestellt und gebessert, II, Zürich

Am 27. Oktober begann **Bibliander**, nachdem er fast das ganze Jahr über die Apokalypse ausgelegt hatte, mit größter Sorgfalt und Gelehrsamkeit die **Genesis** zu lesen zum großen Nutzen seiner Schüler. Namentlich von Rud. Gualter schrieb ich mir Manches davon genauer ab für den Unterricht andrer Brüder, denen derartige Studien mitzuteilen sind. — Die hebräischen Anmerkungen aus der rabbinischen Litteratur, besonders belehrende Stellen über Grammatik, schrieb ich in einen Kommentar zusammen, aber nur zur **Genesis**.

Mit Wohlgefallen habe ich die Reformation des **Erzbischofs von Köln**[1] gelesen, ein **deutsches** Buch, und möchte, daß alle andern Bischöfe es auch so anfingen. Manches steht freilich noch auf ziemlich schwachem Fuß; aber das ist durch die Zeitumstände und für den Anfang zu entschuldigen. In Sachen des Abendmahls habe ich nichts gefunden, was mir mißfallen hätte; offenbar ist dabei Philipp **Melanchthons** klarer Geist von Einfluß gewesen, aber auch die fleißigen Untersuchungen **Butzers** mit den ihnen eigentümlichen Dunkelheiten.

Im Sommer hatte ich einige **Schaffhauser** als Gäste und Tischgenossen, zuerst Joh. Joachim. Er ist ein unklarer Kopf, aber brav und gelehrt. Nach Monatsfrist folgte ihm seine Frau, die ich gleichfalls aufnahm. Dann kam der junge Joh. Frank, sowie Bartholomäus, der Sohn des Wirtes zur Krone, ferner Joh. Kaspar Altorff, dessen Vater mir einen Lachs schenkte, Heinr. Rater, Konr. Borer und Jak. von **Cham**,[2] der schon früher längere Zeit mein Schüler und Kostgänger gewesen war. — Heinr. Bullingers Antwort an **Cochläus**[3] habe ich eingehend gelesen.

Am 4. Dezember starb der **Bürgermeister von Zürich.**[4] Dieser ausgezeichnete Mann war der Nachfolger seines Vaters und seines Großvaters und hat die Stadt 20 Jahre lang in vollster Eintracht mit Klugheit regiert. Er förderte eifrig Glauben und Sitten und schützte nach Kräften die Lehrer des Evangeliums. Sein Sohn Jakob Röust ist zwei Jahre mein Schüler und Tischgenosse gewesen. Zum Nachfolger wurde später Herr Joh. Rud. **Lavater**[5] gewählt, ein kluger, hochherziger Mann. Zur Feier der Wahl veranstaltete man ein großartiges Festessen im Rathause.

1545. — Seb. Frank, geb. um 1500 in Donauwörth, war um 1527 in Nürnberg, wo er eine Beghin heiratete und zu Althamer (s. S. 111 Anm. 1) in Beziehung trat, ging 1531 nach **Straßburg** (vgl. Röhrich, II, S. 75), wo er die erste Weltgeschichte in **deutscher** Sprache schrieb. † 1545 als Buchdrucker in Basel (vgl. Brümmer, Dichter-Lexikon, I, S. 203).

[1] Vgl. o. S. 154, Anm. 7. Der Reformationsentwurf ist von Butzer und Melanchthon verfaßt 1543. Vgl. über den Erzbischof Hermann (1515—1546) und seine reform. Bestrebungen Ebrard, III, S. 138 ff. und Jansen, III, S. 503 ff. Ueber die Thätigkeit Butzers dabei Röhrich, II, S. 171 ff. Das Buch steht auf dem Index (Indices, S. 277).

[2] Die Cham waren ein Zürcher Geschlecht. Der S. 161 erwähnte Feldhauptmann Bernhard von Cham ist wahrscheinlich der Vater dieses Schülers.

[3] Siehe S. 146, Anm. 5.

[4] Siehe S. 138, Anm. 5

[5] R. Lavater war Feldhauptmann der Züricher bei Kappel 1531 (Bullinger, III, S. 174, 238, 299 ff.). Aus derselben altzüricher Familie stammt wohl der berühmte Joh. Kaspar Lavater, dessen Vater auch Ratsherr war.

In diesem Monate schrieb ich die Abhandlungen des Herrn a Lasco[1] und des Scholarchen und Magisters Doktor Regen aus Groningen in Friesland über die Sakramente ab, zwei Denkmäler trefflicher, gelehrter Männer, die mit unsrer Lehre in allen Stücken übereinstimmen und nicht mit der lutherischen. — In diesen Monaten galt der Weizen 5 Züricher Pfund, und das lange Zeit, zur größten Bedrängnis der Armen.

Von Markus Crodel[2] erhielt ich das Buch Luthers über die Genesis und Andres mit einem Briefe voll Bitterkeit. Ich habe ihm ganz höflich geantwortet. — 1544 waren vier Finsternisse, eine vollständige Sonnenfinsternis, die man jedoch wegen Bewölkung nicht deutlich beobachten konnte, und drei Mondfinsternisse. So viele gleichzeitige Erscheinungen in Einem Jahre sind vor Alters im Jahre des Herrn 808 in den Zeiten Karls des Großen und unter Papst Leo III vorgekommen.

In diesem Jahre tauchten in Friesland zahlreiche verderbliche Sekten auf, so die eines gewissen Menno Seymons[3] und eines Albert Peter, die mit Andern sich ins Blaue verstiegen und herabstürzten. Auch ein Schuster Namens Hermon wurde genannt. Andere Sekten hießen Davidianer,[4] Logisten, Libertiner, Quintinianer, Frankonianer u. s. w.

In diesem und in dem Jahre vorher schickte ich an meinen Sohn Samuel nach Basel für die Zeit, die er dort bei Konr. Wolfhart lebte, 15 Gulden durch Bebel,[5] 7 Kronen durch Jakob Wirz,[6] 12 Kronen durch Froschauer, je 6 Kronen durch Lindauer und Konr. Suter,[7] (4 Kronen gab ihm die Mutter bei ihrer Anwesenheit) und noch einmal 10 Kronen durch Suter.

Am 6. Januar 1545 kam dann Samuel Pellikan endlich von Basel wieder heim. — Am Karlstage[8] hielt Biblianer eine Rede über die Halsstarrigkeit. — Auf das Buch Luthers[9] gegen uns ließ Bullinger eine deutsche Erwiderung[10] drucken, die Gualter ins Lateinische übersetzte. Auch wurde eine Verteidigung der im Laufe der letzten vier Jahre gedruckten Bücher Zwinglis beigefügt.

Am 11. Februar trat mein Schwestersohn Konr. Wolfhart sein Amt an als erwählter Diakon bei St. Leonhard in Basel.

Anfang Februar kam Joh. Ewig Perennius aus Beuren, ein gelehrter Mann und trefflicher Dichter. Er verweilte vier Wochen umsonst bei mir, arm und kränklich. Am 3. März reiste der Gute ab und versprach Bezahlung, sobald es ihm besser ginge; aber der Tod kam ihm zuvor, und er vermochte

[1] Siehe S. 153, Anm. 4.
[2] Siehe Riggenbach, S. 169, Anm. 2.
[3] Geb. 1492 in Witmarsum (Friesland), Stifter der Baptistengemeinden. † 1561 (vgl. Herzog, IX, S. 339 ff.).
[4] Nach David Joris (vgl. Basl. Chron., I, S. 168).
[5] Heinr. Bebel, Buchdrucker in Basel (Platter, S. 105).
[6] Vgl. Bullinger, I, S. 96.
[7] Siehe S. 136, Anm. 6.
[8] Siehe S. 144, Anm. 9.
[9] „Bekenntnis vom Nachtmahl" 1544 (vgl. Bullinger, II, S. 239).
[10] Siehe Herzog, II, S. 448.

es nicht. — In diesen Tagen übersetzte ich des Rabbinen Salomon Exodus und Genesis, sowie des Rabbinen Abraham Aben Esra[1] 5 Bücher des Mosaischen Gesetzes.

Am 6. April reisten Gerhard[2] und Samuel ab, um miteinander Bern, Lausanne, Genf, Savoyen, Mailand, Bologna und Venedig zu besuchen; aber Gerhard wurde in Bern unwohl und schickte Samuel heim, der am 16. wieder eintraf. Bald nach ihm kam auch Gerhard zurück.

Am 15. April reiste Joh. Fries[3] mit den Herren v. Grebel nach Italien. Er brachte von dort alle jüdischen Bücher mit, die in Bologna und Venedig käuflich aufzutreiben waren; so eine zweite Bibelausgabe mit Kommentaren, einen doppelten vollständigen Talmud,[4] einen Maimon[5] samt einer Menge anderer Schriften im Gesamtwerte von 100 Gulden. — Auf der Rückreise von Bologna kehrten Joachim aus Hamburg und Friedrich aus Speier bei uns ein

Am 11. Mai kam Johannes Calvin[6] mit drei Gefährten (darunter zwei Söhnen des Wilh. Budaeus).[7] Er besprach mit uns die Sache der Waldenser in Frankreich, und wie man sie unterstützen könnte. Auch auf unsre Schriften an und gegen Luther kam er zu reden; und wir haben, wie er zugestand, seine, Calvins, Bedenken beseitigt. Von Melanchthon lief über Luthers und unsre Schriften ein Brief aus Wittenberg ein, sehr freundlich gehalten und uns deshalb hoch willkommen.

Am 20. Mai hatten wir Gäste aus Freiburg, den Magister Christ. Wertwin[8] von Pforzheim und den Probst Joachim Salicetus in Stein,[9]

---

[1] Aus Toledo, „der Weise," † 1167 in Rom, einer der berühmtesten jüdischen Gelehrten des Mittelalters.

[2] Gerhard zum Camph (s. S. 155 und 159).

[3] Pellikans Schwager. — «J. Frisius Helvetius Tigurinus ludi magister» (Indices, S. 161). Die Grebel waren ein Züricher Geschlecht (vgl. S. 131, Anm. 13).

[4] Der Talmud besteht aus der Mischna (Text) und der Gemara (Erklärung). In Venedig erschien von 1520 an die erste Gesamtausgabe des babylonischen und (1523) des jerusalemischen Talmuds.

[5] Moseh Ben Maimon, gew. Maimonides genannt (1135—1204), berühmter jüdischer Gelehrter aus Cordova (vgl. S. 161, Anm. 1). Hier ist wahrscheinlich sein Jugendwerk, ein arabischer Kommentar zur Mischna gemeint (vgl. Herzog, XV, S. 617).

[6] Siehe Riggenbach, S. 171, Anm. 1.

[7] W. Budé, geb. 1467 zu Paris, berühmter Philologe, † 1540, wurde nicht protestantisch, ließ sich aber auch nicht katholisch-kirchlich beerdigen. Die Familie floh später nach Genf. Einer seiner Söhne wurde dort Professor der orientalischen Sprachen, ein anderer gab die Vorlesungen Calvins über die Propheten französisch heraus (Herzog, II, S. 429).

[8] Vgl. Schreiber, II, S. 310.

[9] Salicetus = deutsch gewöhnlich: Widmann. Gemeint ist wahrscheinlich Stein am Rhein (Kanton Schaffhausen), wo ein Benediktinerkloster St. Georg gewesen ist. Den Zusatz «guardianus prope Fiesen» verstehe ich nicht recht. Die Stadt Füssen im Allgäu wird in den „Quellen" zwar immer Fießen geschrieben, aber Pellikan nennt sie anderswo (S. 57 bei Riggenbach): Fauces. Vielleicht war Salicetus aber doch Guardian in einem Kloster bei Füßen gewesen.

Guardian bei Fiesen. — In diesen Tagen übersetzte ich den Kommentar des Rabbis Levi Ben Gerson zu den Sprüchen Salomonis und den Thargum Jeruschalmi zu Moses.[1]

Am 7. Juni reiste Gerhard zum Camph ab. Ich gab dem frommen Jüngling, der in seine Heimat zurückkehren wollte, meinen Sohn Samuel als Begleiter mit. Sie gingen wegen des Herrn Vadianus[2] zuerst nach St. Gallen, kamen dann über Konstanz und Schaffhausen nach Basel und besuchten hierauf Straßburg,[3] Köln, Brabant, Holland und Friesland. — Am 22. Juli kam Doktor Gerhard Westerburg[4] mit dem polnischen Edelmann Doktor Joh. Maczinski. Gerhard gab uns mehrere von seinen Schriften zu lesen (über die Anbetung des Altarsakraments und die Heiligen); sie sind deutsch geschrieben, aber gelehrt und nützlich. Er zeigte uns auch den Aufriß einer Mühle von wunderbarer, zweckmäßiger Bauart. Der fromme, gelehrte Doktor Maczinski wurde am 23. Juli unser Tischgenosse. — Am 23. August fand im Rathaus eine öffentliche Schmauserei statt; 500 Menschen beiderlei Geschlechts verzehrten einen zum Besten gegebenen Ochsen. Dergleichen war früher nie gesehen worden.

Am 28. September kam Samuel heim mit einem Wechselfieber, das bis in den Dezember anhielt. Aber ganz hörte es auch dann nicht auf; in den Zeiten des Neumonds kehrte es immer wieder bis gegen Ostern.

Nach der Ernte machte ich mich an die Uebersetzung der von Fries mitgebrachten[5] Bücher, zunächst des Buches Eliezer „über die Wege des Lebens", des Alphabets des Sohnes Sirach u. s. w.

Vom 3. bis 6. Dezember war Konr. Wolfhart mit Joh. Oporinus[6] und Herwagen[7] bei mir zu Gast. — Am 12. vollendete unser Bibliander die Genesis; 15 Tage später begann er mit dem Exodus. — Am 21. Oktober wurde der friesische Edelmann Ludolf Maninga von Lütisberg mein Gast. Hajo Maninga von Lütisberg in Gelderland ist sein Bruder. Er reiste erst am 7. Januar ab, ohne etwas zu zahlen; denn er war ein armer Verbannter.[8]

---

[1] Uebersetzung der 5 Bücher Mosis in jerusalemischer (westaramäischer) Mundart (s. S. 123, Anm. 3 und S. 18, Anm. 1).

[2] Siehe S. 128, Anm. 1.

[3] Nach Röhrich, II, S. 167, Anm. 70 hat Samuel 1645 in Straßburg „studiert". Das ist also unrichtig.

[4] „Von dem großen Gottesdienst der löblichen Stadt Cölln von Dr. Gerh. Westerburg von Cöln," 1545 bei Wendel Rihel in Straßburg (vgl. Röhrich, II, S. 174, Anm. 84). — Westerburg war aus Köln. Er hatte im Bauernkrieg 1525 eine ähnliche Rolle wie Karlstadt gespielt (Jansen, II, S. 510 ff.).

[5] Aus Italien.

[6] Vgl. S. 150, Anm. 2.

[7] Gleichfalls ein Baseler Drucker. Th. Platter war sein Korrektor (Platter, S. 83). Er hatte auch in Straßburg eine Druckerei (Röhrich, I, S. 121).

[8] Die Niederlande waren ein alter „ketzerischer" Boden. In den Hirschauer Annalen (s. S. 67, Anm. 4) bemerkt Trithemius zum Jahre 1230, die Ketzer versicherten, wenn von ihnen Jemand von Antwerpen nach Rom reisen wolle, könne er überall bei Leuten seines Glaubens übernachten; überall fände er Häuser, die durch ein geheimes Zeichen verrieten, daß Gesinnungsgenossen darin wohnten (Eubel, II, Anm. 155). — Die Auswanderungen

1546. Nachdem die hebräischen und talmudischen Bücher meines lieben Fries gebunden und geordnet, sowie ein kleines Verzeichnis all seiner hebräischen Bücher angelegt war, begann ich hauptsächlich einige Stücke aus dem Talmud durchzusehen und zu vergleichen, die ich schon längst (i. J. 1538) aus dem zweiten und ersten Traktat übersetzt hatte. Der erste Traktat war mir damals von dem spitzbübischen Sohn eines noch spitzbübischeren Juden aus Bremgarten gebracht worden. Der Mann gab sich für einen Arzt aus, überließ mir den erwähnten talmudischen Codex und erhielt dagegen von mir zwei oder drei kleinere hebräische Bücher, die er in die Herberge zum roten Haus mit sich nahm. Schließlich machte er wegen liederlicher Schulden meine Bücher zu Geld und ließ mir das talmudische Buch. Da erschien der Spitzbube von Vater und forderte von mir den Codex heraus; er gehöre nicht seinem Sohne, sondern ihm! Ich wollte mit dem Menschen wegen eines Buches voll unsinniger Lehre, das mir wenig wert war, keinen Streit anfangen, gab vielmehr dem edlen Vater den Codex zurück und verlor meine Büchlein. Aber noch in demselben Jahre traf es sich, daß der getaufte Jude Michel Adam,[1] ein nicht unfrommer und ziemlich gelehrter Mann, aus Straßburg oder Konstanz zu uns kam. Ich gewährte ihm viele Monate lang unentgeltlich Gastfreundschaft, Wohnung und Kost, bis er von Froschauer eine ansehnliche Summe erhielt als Mitarbeiter Leo Judäs bei Durchsicht der deutschen Bibel. Mittlerweile führte er auch eine reiche Witwe als Frau heim. Ich ergriff die Gelegenheit, mich für den talmudischen Codex und meine Auslagen statt baarer Bezahlung schadlos zu halten, und verlangte, daß mir Adam täglich eine halbe Stunde mit mündlicher deutscher Auslegung einiger talmudischer Bücher zur Hand sei, deren Sinn ich dann lateinisch zu Papier brachte. Auf diese Weise bin ich bei vielen der schon früher angeführten Bücher verfahren. All jene talmudischen Verrücktheiten begann ich 1546 (nach fast acht Jahren, weil ich eben diese Bücher von Fries bekommen hatte) aufs neue zu vergleichen, zu korrigieren, behufs sprachlicher Uebung zu studieren und im Gedächtnis aufzufrischen. Und zwar Manches nach dem Texte nicht nur der Mischna, sondern auch der Gemara[2] des babylonischen Talmuds, den mir seiner Zeit (1538) Freund Capito[3] von Straßburg zugesandt, und woraus ich auch ziemlich viele Kapitel mit gleichem Eifer übersetzt hatte. All das verglich und verbesserte ich jetzt, da mir Gott die Gelegenheit bot durch den großen Bücherkauf meines Schwagers Fries, ohne daß ich an dergleichen gedacht oder ihn gebeten gehabt hätte. Und nachdem ich damit fertig war, machte ich mich noch emsiger an die Arbeit (wahrlich mit außerordentlichem Fleiß, der schließlich doch Alles besiegt) und übersetzte, so gut ich konnte, zuerst die Einleitung des Rabbis Mose ben Maimon[4] zum Talmud, die sogenannte „Lyra". Vom ersten

begannen besonders um 1540. Unter Karl V. sollen in 34 Jahren 30 000 „Ketzer" hingerichtet worden sein (vgl. Ebrard, III, S. 312 ff.; auch Platter, S. 141 und das lange Verzeichnis niederländischer Schriften in den Indices, S. 309 ff. u. a.).

[1] Siehe S. 123, Anm. 4 und S. 136, Anm. 8.
[2] Siehe S. 158, Anm. 4.
[3] Siehe S. 43, Anm. 7.
[4] Siehe S. 158, Anm. 5.

Moses abgesehen, ist er nach meiner Ueberzeugung weitaus der gelehrteste Jude, wie ihn denn auch heute noch alle Juden für den ersten unter den neuen Rabbinen erklären.[1] Er selbst nennt sich einen Spanier von Geburt, aber seine meisten Werke schrieb er arabisch. Er war ein Zeitgenosse von Abraham Aben Esra um 1180 und lebte also kurz nach dem Wormser Rabbi Salomo Gallus. Ich begann diese Uebersetzung am 22. Februar 1547 und vollendete sie am 3. Mai. Auch die Gemara übertrug ich, aber nicht im Zusammenhang, sondern nur auszugsweise, d. h. etliche Kapitel aus dem Buche Berachoth, sowie Einiges zu demselben Buche, behufs Studiums und Uebung der Sprache auch im Zusammenhang mit Hilfe Michel Adams. Aber schließlich wurde uns die Sache zum Ekel, und wir ließen die Arbeit liegen. Mit Adams Beistand übersetzte ich noch eine andre kurze Einführung in den Talmud von einem gewissen Rabbi Salomon,[2] den sie großartig als „Rabbinenfürsten" aufstellen und feiern. Ein Esel lobt den andern![3] — Die Geschichtsbücher des Josephus[4] habe ich ganz gelesen. — Im Oktober hielt ich einigen Studierenden Vorlesungen über die Erdkugel und die Zusammensetzung und den Gebrauch des Astrolabiums.[5] — Am 22. Dezember fragte ich für meinen Sohn Samuel bei Herrn Doktor Christoph Klauser[6] zum ersten Mal an wegen seiner Tochter Elisabeth. Er willigte bald ein; am 5. Januar 1547 wurde die Verlobung gefeiert. Der Brautvater versprach 100 Gulden für seine Tochter und ich ebensoviel für meinen Sohn, sowie eine Morgengabe von 100 Pfund. Am 13. Januar ist die Hochzeit gewesen; etwa 50 Personen waren geladen, obgleich wir die Feier möglichst zu beschränken wünschten. Die Geschenke der Gäste überstiegen 30 Gulden. — Weil Kriegsgerüchte umliefen, hoben die Züricher ein Heer aus und wählten Bernhard von Cham zum Feldhauptmann (am 22. Januar). Mann und Roß waren kriegsbereit, aber durch Gottes Gnade blieb uns der Friede erhalten. Einige kriegslustige Schreier, die gegen den Befehl des Rates auf den Krieg hinzuarbeiten versucht hatten, wurden gefangen gesetzt.

Sechs Bestimmungen oder Sitzungsbeschlüsse des Konzils in Trient[7] sind hier eingelaufen. Ich habe sie gelesen samt den absprechenden Randglossen[8] der Unsrigen.

Ich hatte heftige Schmerzen am rechten Arm und einen Hautausschlag, so daß ich arbeitsunfähig war. Dann folgten drei Tage lang heftige Steinschmerzen; am 6. Tage ging ein großer Stein mit dem Urin ab.

---

[1] Die Juden sagen: „Von Moses bis Moses erschien kein gleicher Moses" (vgl. 5. Moses, 34, 10).

[2] R. Schemuel „der Fürst", ein spanischer Talmudist aus dem 12. Jahrhundert.

[3] Die weitere Aufzählung ist hier und an andern Stellen in der Uebersetzung weggelassen oder gekürzt worden.

[4] Flavius Josephus, der bekannte jüdische Geschichtschreiber (38—93), 27 Bücher (vgl. Herzog, VII, S. 24 ff.).

[5] Siehe S. 15, Anm. 5.

[6] Siehe S. 131.

[7] Vgl. Ebrard, III, S. 143 ff. u. a.; Herzog, XVI, S. 369 ff.

[8] Annotationes in acta conc. Trid. (Indices, S. 179).

Im März las ich die Werke Tertullians,[1] sorgfältiger als früher, hierauf die Gedichte des Prudentius[2] und verglich die Uebersetzungen der Kirchenväter Augustinus, Tertullianus und Cyprianus mit der Bulgata. Meine Anmerkungen dabei machte ich in die große Pariser Ausgabe Robert Stephans.[3]

Im April besuchten meine Frau und ich die Bäder in Urdorf mit den Herren Bullinger, Abrian Fischlin und Eustachins Froschauer. — Um diese Zeit[4] (am 25. April) wurde Herzog Joh. Friedrich von Sachsen von den Kaiserlichen gefangen genommen. Er hat sich freiwillig einem Edelmanne, Namens Till von Trodt, als Gefangener gestellt; das geschah beim sogenannten Schweinartswald in der Nähe von Koßdorf.[5] — Im Juni erfrischten sich Konrad Wolfharts in Baden; ich schickte ihnen durch Samuel Fische dorthin und ließ sie einladen. Am 15. Juli kamen sie zu meiner großen Freude und mit ihnen Joh. Oporinus nebst Frau und der Herr von Stauffen. Am 19. reisten sie wieder ab, nachdem sie überall gastlichen Empfang gefunden hatten. — Am 21. August wurde ein großes eibgenöf-fisches Mittagsmahl im Rathause gehalten; die Tafeln waren prächtig geschmückt. — Am 31. August begann ich den Kommentar des Rabbis David Kimchi zu Ezechiel zu übersetzen, 20 Blätter in 20 Tagen; am 25. September wurde ich damit fertig. — Der Graf Georg von Württemberg[6] war mit seiner Familie hier und hatte zwei alte Freunde von mir bei sich, Ludwig von Reischach[7] und Joh. von Utenheim.[8] — Am 27. September begann ich die Uebersetzung des Kommentars Rabbi Levis ben Gerson zum Propheten Daniel und beendigte sie am 1. Oktober.

Am 2. Oktober kaufte ich Schwager Fries seine hebräische Bibliothek ab um 120 Gulden, die ich in Jahresfrist bezahlte, aber mit 10 Gulden Abzug, weil sehr Vieles ganz nutz- und wertlos war. Fries hatte sich eben in seiner Unkenntnis durch jüdische Arglist täuschen lassen und ohne alle Prüfung eingekauft. Ich machte mich sogleich der Uebung halber an die Uebersetzung eines Buches von Gerhard Ravenstein und zweier Bücher in gebundener und ungebundener Rede talmudischen Stils, betitelt „Wüsten-reisen". Die Verse des ersten Buches habe ich deutsch übersetzt. In zehn Tagen war die Arbeit fertig.

---

[1] Seine Werke gab Beatus Rhenanus heraus (Basel 1521).

[2] Geb. 348 in Spanien; seine Hymnen sind zum größten Teil in den kirchlichen Gebrauch gekommen. Dem evangelischen Kirchenliede „Nun laßt uns den Leib begraben" liegt z. B. eine Hymne des Prudentius zu Grunde.

[3] Stephanus (Etienne) ist der Name einer berühmten Pariser Buch-druckerfamilie. Robert Etienne hat den Ruf des Hauses begründet. Er zog 1550 nach Genf, weil er sich in Paris nicht mehr sicher fühlte, und druckte dort viele Werke Calvins (Indices, S. 95 u. a.).

[4] Schlacht bei Mühlberg, am 24. April 1547.

[5] Die Wahlstatt erstreckte sich von Koßdorf bis Falkenburg und Bayers-dorf durch die Haide hin. Trodt war ein Vertrauter des Herzogs Moritz (vgl. Becker, Weltgeschichte, Bd. 7).

[6] Bruder Herzog Ulrichs. Er hat 1538 die Reformation in den Graf-schaften Reichenweier u. Mömpelgard eingeführt (vgl. Röhrich, II, S. 227 u. 262).

[7] Platter, S. 298; vgl. Bullinger, I, S. 128.

[8] Wohl ein Verwandter des Bischofs Christoph (s. S. 37 und Anm. 2).

Vom 23. Oktober an litt ich wieder drei Tage lang heftig an Stein-schmerzen; am 6. Tage gingen zwei Steine ab; doch der Schmerz kam wieder auf vier Tage.

Am 5. November reiste Samuel zur Promotion Huldreich Zwinglis[1] nach Basel und von da nach Rufach. Am 16. kam er zurück.

1548. Am 2. Januar wurde meine Schwiegertochter schwer krank; nach 14 Tagen genas sie. — Am 18. Januar Wahl Samuels zum Colla-borator der höheren Schule.

Am 23. März war der mächtige Graf Claudius de Maure hier, Herr von Laubal in der Betragne. Er und sein Sekretär Ludw. Mercantius sind mir außerordentlich liebenswürdig begegnet und haben mir alles Gute ver-versprochen; meiner Frau schenkten sie zwei Kronen. Sie kamen aus Rom und waren trefflich unterrichtet in der wahren Religion dank der Belehrungen des Herrn Johannes Gurie, weiland Offizials des Bischofs von Rennes.[2] Er war mehrere Monate mein Tischgenosse gewesen, ein wahrhaft edler, trefflicher Mann, und hatte in seiner Heimat jenem Herrn meine Liebe und Dienstfertigkeit empfohlen.

Am 30. März erkrankte Elisabeth ernstlich an einer Art Schlagfluß; es währte 10 Tage. Am 8. August reiste sie mit Samuel ins Bad; von da an ging es immer besser bei ihnen und am 4. September kamen sie gesund wieder heim.

Am 4. September las ich dem Engländer John Hooper[3] (jetzt ist der treffliche Gelehrte Bischof) die Kommentare des Rabbi David Kimchis vor zu den 12 kleinen Propheten, durchaus unentgeltlich. — Am 8. September reiste meine Frau Elisabeth mit Margarethe Klauser ins Bad; in der Zeit kam Theobald Wolfhart mit seiner Frau und blieb vier Tage. Auf dem Heimwege gingen sie in Begleitung Samuels und seiner Frau nach Baden. Am 4. Oktober erfolgte die Rückkehr aus dem Bad.

Lälius Socinus[4] aus Siena in Italien nahm am 18. Oktober Wohnung bei mir, ein frommer, gelehrter Mann. Ebenso Johannes Spe aus Geldern und Joh. Fabri Montanus[5] und Joh. Andreas, ein junger Italiener. Lälius reiste am 25. Juni 1550 ab. — Vom 18. November an litt ich wieder sieben Tage schwer an Steinschmerzen; es gingen zwei Steine ab. — Am 12. Dezember begann ich die Uebersetzung des Rabbi Dav. Kimchis zu Josua und den Richtern, eine Arbeit von zehn Tagen.

---

[1] Der Sohn des Reformators, geb. 1528.

[2] Episcopi Rhedonensis = Rennes. Demnach ist Britannia mit Bre-tagne zu übersetzen. England nennt Pellikan a. a. O. Anglia.

[3] Der Anfänger der puritanischen Bewegung in England; er kam 1537 als Flüchtling in die Schweiz und trat besonders mit Bullinger in Verkehr; 1550 wurde er Bischof von Glocester. † 1555 unter Maria Tudor auf dem Scheiterhaufen (Herzog, VI, S. 258 und Indices, S. 21, 190 u. a.).

[4] Lelio Sozini, geb. 1525, Oheim des Faustus Socinus, des Gründers der „unitarischen Kirche" (Antitrinitarier).

[5] Joh. Fabri aus Bergheim bei Rappoltsweiler (daher „Montanus") war Leo Judäs (s. S. 103, Anm. 1) Neffe. Er hat nach Pellikans Tod die akademische Gedächtnisrede auf den Landsmann gehalten und † 1566 als Pfarrer in Chur (Riggenbach, im Vorwort S. XI). — 1537 studierte er in Straßburg (Röhrich, II, S. 167, Anm. 70). Joannis Fabricii Montani poëmata stehen auf dem Löwener Index von 1558 (Indices, S. 60).

1549. Im Januar übersetzte ich die 2 Bücher Samuelis und die 2 Bücher der Könige nach Rabbi Dav. Kimchi. Auch verglich ich noch einmal die Uebersetzung Rabbi Salomons zu den Büchern der Chronika und zu Esra. Im März Uebertragung des Kommentars Rabbi Dav. Kimchis zu Daniel, im Mai zum ganzen Psalter. Im Juni machte ich eine Abschrift und Uebersetzung von des Postellus «candelabrum».[1] — Am 22. August faßte mich das Podagra an der rechten großen Zehe.

Anfang Dezember 49 war Rob. Stephan[2] acht Tage bei mir. Als er sah, was ich bisher aus den rabbinischen Kommentaren zur h. Schrift übersetzt hatte, bat er mich bringend, die Arbeit zu Ende zu führen und nicht nur dem Sinne nach, sondern ganz wörtlich zu übersetzen, damit man die Hebraismen besser kennen lerne. Da ging ich denn sogleich wieder an die Arbeit: Jesaias, Jeremias und alle übrigen Bücher nach Rabbi Salomou und Rabbi Abr. Aben Esra und die großen und die kleinen Propheten auch nach Rabbi Dav. Kimchi.

Im Mai ging ich auf Rat der Aerzte wegen eines Steinleidens und des Podagras ins Bad; am 3. Juni kehrte ich zurück.

Am 10. August wurde der fromme Peter Paul Bergerio,[3] Bischof von Capo d'Istria, 4 Wochen mein Hausgenosse.

Am 16. Dezember schrieb mir Thomas Courteau,[4] der Gehilfe Rob. Stephans in Genf auf Geheiß seines Herrn folgende Zeilen: "Anbei erhälst du nach Gefallen 1) ein Dutzend Bibeln mit Anmerkungen in Oktav zu 28 Batzen, 2) ein Dutzend Psalter mit Anmerkungen zu 4 Batzen, 3) vier thesaurus linguae zu 28 Batzen, 4) sechs Institutionen des h. Pagninus[5] zu 13 Batzen. — Der Preis, um den du jedes Buch verkaufen kannst, ist beigeschrieben. Verfahre so, wie du in dem Briefe meines Herrn, den ich vorher abgeschickt, angewiesen wirst, d. h. du gibst dem Fuhrmann eine Krone für die Fracht (das ist der mit ihm ausgemachte Preis) und verwendest den übrigen Erlös für dich selbst."

1551. Am 22. Februar 51 schrieb mir übrigens Rob. Stephan unter Anderm: „Ich beschwöre dich, mir durch meinen Gehilfen Alles zu schicken, was du von hebräischen Kommentaren jemals übersetzt hast, und dich nicht so lange mit nochmaligem Durchlesen und Ausfeilen aller dieser Arbeiten zu plagen. Ueberlasse doch dieses Geschäft, sowie die Parallelstellen mir; ich werde Alles aufs Gewissenhafteste besorgen und unsern Fleiß doch nur dir zugutrechnen. Deine Abkürzungen kenne ich. Die von dir übersetzten Kommentare zum Hohenlied Salomonis haben mir mehr eingetragen, als die zu Josua bis Chronika. Zwar fällt es mir in meinem Alter sauer, mich mit solchen

---

[1] Siehe S. 154, Anm. 1.

[2] Siehe S. 162, Anm. 3.

[3] Geb. 1498 in Capo d'Istria, 1536 dort Bischof, päpstlicher Nuntius für Deutschland, schloß sich mit seinem Bruder Giovanni Battista, Bischof von Pola, der Reformation an, wirkte für sie lange in Graubünden und ging dann, von Herzog Christoph gerufen, nach Tübingen, wo er 1565 starb. (Vgl. Ebrard, III, S. 444 ff.; Herzog, XVII, S. 65). Jansen (III, S. 338 und 342) erwähnt des Bergerio nur als päpstlichen Legaten.

[4] Vgl. Beiträge, IX, S. 377 und 379.

[5] Siehe S. 129, Anm. 1 und 8.

Durchsichten zu beschäftigen; aber um so weniger ist mir mit nur einem Teile deiner Arbeiten gedient; ich muß entweder Alles haben oder gar nichts. Denn je nach der Nachfrage beschäftige ich mich bald mit der Genesis, bald mit den andern geschichtlichen Büchern, bald mit den Propheten oder Hiob oder den Psalmen. Inzwischen lege ich mir zurecht, was man unter deinem Namen herausgeben kann; ich möchte eben dies Alles lieber von dir bekommen, als von Seb. Münster.[1] Weil du Geld nicht willst, schicke ich dir den Thesaurus und die Kommentare des Bndäus.[2] Ich möchte haben, was du an Musculus[3] geschickt hast; wünschest du einige andere Bücher, so schreibe mir. Der Herr segne deine Familie, in Sonderheit Samuel; grüße ihn von mir! Möge er seinem Vater ähnlich werden! Ich wollte meine Söhne nach Zürich schicken; aber das rauhe Wetter hielt mich davon ab."

Am 10. April habe ich dem trefflichen, fleißigen und gelehrten königlichen[4] Buchdrucker geantwortet, wie folgt: „Ich gebe sehr gern alle meine Schriften in deine Hände. Dein sachverständiges, zuverlässiges Urteil mag darunter eine Auswahl treffen für den öffentlichen Nutzen; aber ich knüpfe eine Bedingung daran. Wenn du oder deine Söhne das Eine oder Andere davon nicht herausgeben wollen oder können, so sollen die betreffenden Schriften nach meinem Tod an meinen Sohn zurückgehen oder, falls er nicht mehr leben sollte, an die Zürcher Kirche, damit der Mann, welcher nach Gottes Willen mein Nachfolger als Professor des Hebräischen wird, sich ihrer bedienen kann. Meine große und vielfältige Mühe soll nicht verloren gehen, sondern wenigstens den Nutzen schaffen, daß sich Niemand mehr so plagen muß, wie ich mich viele Jahre lang geplagt habe ohne jede Hilfe von Lehrmeistern, einzig vom Wunsche beseelt, es möchten die Hauptschriftsteller der jüdischen Gelehrsamkeit fortan nicht nur einzelnen Gottesgelehrten, sondern allgemein bekannt werden, obgleich ja immer nur ein verhältnismäßig bescheidener Teil der jüdischen Schriften uns ohne die Schriften unserer frommen Männer viel nützen wird."

Nach Empfang all meiner ins Lateinische übersetzten Rabbinen antwortete mir Stephan am 26. April 1551 mit folgenden Zeilen: „Wie sehr ich durch deine Sendung erfreut bin, läßt sich nicht sagen, teuerster Bruder! Wenn ich wieder etwas aus Italien oder Neapel erhalte, werde ichs an dich schicken. Einstweilen lasse ich dir noch nicht gebundene Codexe von der letzten Bombergischen Ausgabe[5] zukommen, aus denen du den

---

[1] Vgl. Riggenbach, S. 179, Anm. 1.

[2] Siehe S. 158, Anm. 7.

[3] Wolfgang Musculus (Müßlin), geb. 1497 in Dieuze (Lothringen), wandernder Schüler (in Rappoltsweiler, Colmar, Schlettstadt) verließ 1527 das Benediktinerkloster bei Lixheim (Kreis Saarburg, vgl. Kraus, III, S. 266), wurde Pfarrer in Dorlisheim und später Diakon am Münster in Straßburg. Als Pfarrer in Augsburg (1531—1548) führte er in Donauwörth die Reformation ein. Durch das Interim vertrieben, ging er nach Bern, wo er einen theologischen Lehrstuhl erhielt und 1563 †. Sechs Söhne von ihm sind Prediger geworden (vgl. Herzog, X, S. 119 ff.; Röhrich, I, S. 376, Anm. 7 und L. Grote, „W. Musculus, ein bibliogr. Versuch," Hamburg 1855, Druckerei des Rauhen Hauses).

[4] Seit 1539 führte R. Etienne den Titel «typographus regius».

[5] Siehe S. 110, Anm. 7.

Rabbi Dav. Kimchi zu verba dierum d. h. zu den Büchern der Chronika übersetzen kannst, sobald du mit der Genesis gar fertig bist. Habe nur keine
Sorge deiner Schriften halber; nicht das kleinste Blatt der ganzen großen
Sendung wird verloren gehen. Ich werde sie mit größter Treue aufbewahren
und seiner Zeit auch alles mit Dankeszins an Eure Kirche zurückschicken.[1]
Sobald etwas im Druck fertig ist, erhälst du es; eilig sein dürfen wir nicht
damit u. s. w."

Am 6. Januar 1551 um 12 ½ Uhr Mittags wurde Samuels
Aennchen geboren, Josias Simmler[2] und Anna Leuw[3] haben sie aus
der Taufe gehoben.

Am 28. März machte ich mich wieder an die Genesis nach Dav. Kimchi
und wurde am 8. April damit fertig. — Im Juni wurde Andreas Heffel
aus Preußen mein Tischgenosse bis zum 24. August. — Der Abt in Albers-
bach,[4] Johann Philonius, dessen Schulmeister er war, gab ihm die Mittel.
Ich habe das später erfahren beim Lesen des Buches von Joh. Dugo Philonius[5] aus Walperskirch. Am 14. August ging er nach Basel.

Folgende aus Augsburg vom Kaiser vertriebene Pfarrer
kamen zu uns nach Zürich: Joh. Mecardus, Joh. Ehinger, Jak. Dachser,
Joh. Mathsperger, Joh. Heinr. Held und Joh. Barcardus.

1552. Am 27. Januar 52 um 4 Uhr Nachmittags wurde mein Enkel
Konrad Pellikan geboren.

Am 19. Juni bekam ich einen lateinischen Brief von erstaunlicher Fein-
heit und Gelehrsamkeit von der erlauchten Jungfrau Jane Gray, die
einem der ersten Adelsgeschlechter Suffolks angehörte, die englische Krone
erhalten sollte und dann, nach dem Tode König Eduards, am 10. Februar
1554 enthauptet wurde.[6]

Am 18. Juli habe ich das Haus „Uffdorf" gekauft um 450 Gulden, die ich
bis 1554 nach und nach abbezahlte. — Am 26. August eilte ich wegen meines
Steinleidens mit Frau und Sohn ins Bad; am 23. September kam ich zurück.

1553. Am ersten Februar 1553 um 9 Uhr Vormittags wurde meinem
Samuel seine Tochter Elisabeth geboren.

Im Mai las ich alle Werke Theod. Biblianders zum zweiten Mal.
Von Juni bis Mitte August las ich alle meine Kommentare zum alten

---

[1] „In der That befinden sich die meisten der genannten Manuskripte
auf den beiden Zürcher Bibliotheken" (Riggenbach, S. 181, Anm. 1).

[2] Schweizerischer Geschichtsschreiber, Verfasser von dem „Regiment der
Löbl. Eidgenossenschaft". Er hat auch Bullingers Leben beschrieben (Amön.,
S. 555, Anm.).

[3] Wohl eine Tochter oder Verwandte Leo Judäs, der in Zürich allgemein Meister „Leuw" hieß.

[4] Bei Vilshofen (Bayern), Cistersienser Kloster.

[5] Joannes Philonius de christiana institutione steht auf dem Löwener
Index von 1546 (vgl. Indices, S. 38 und 161), Joa. Philonius Dugo
(Indices, S. 191).

[6] 17 Jahre alt mit ihrem Gemahl unter Maria der Katholischen
1553—1558 (vgl. Häuser, S. 676 ff. und Riggenbach, S. 182, Anm. 2).
Auf der Züricher Stadtbibliothek befinden sich noch drei lateinische Briefe der
Johanna Gray an Bullinger. Vgl. auch „Hist. Frauen" von B. Müller.
Berlin 1882. S. 67 ff.

Testament und zu sämtlichen Apokryphen. Hernach meine deutschen Schriften zur Genesis u. s. w. und zu Jesaias; auch den deutschen Kommentar Luthers zur Genesis.

Am 12. November fing ich an, deutsch über Ezechiel zu schreiben und schloß am 9. Dezember mit dem 40. Kapitel. Vom 13. bis 23. Dezember schrieb ich deutsch über Hosea; dann hörte ich auf und übergab Herrn Ludw. Lavater die Arbeit. Er wird sie fortsetzen.[1]

In demselben Jahre wurde Konrad Lycosthenes[2] jämmerlich vom Schlage gerührt und mußte schwer leiden. Erst gegen Februar war er wieder einigermaßen hergestellt.

1554. Im Januar begann ich meine alte Uebersetzung des ganzen Thargums[3] zur Bibel noch einmal durchzulesen. Dabei strich ich eine Anzahl Verse an behufs größerer Bequemlichkeit bei Vergleichung des hebräischen Textes.

Am 25. März um 5 Uhr Nachmittag wurde mein Enkelchen Johann Jakobus geboren.

Am 28. April begann ich die Durchsicht meiner Uebersetzung des Kommentars Rabbi Abrahams zur Genesis (man nennt das Buch „Myrrhe"); [4] ich hatte die Arbeit von Oktober bis Dezember 1552 angefertigt. — Am 2. Mai machte ich mich an seinen Kommentar zum Exodus; am 27. Mai folgte seine Uebersetzung des Leviticus, am 7. Juni der Numeri, am 23. Juni des Deuteronomiums. Am 1. September wurde ich mit seinem ganzen Werke über Moses fertig. — Am 10. September begann ich die Abhandlungen Rabbi Eliezers, des Sohnes Hirkans, ein zweites Mal zu übersetzen. Das Werk enthält Aussprüche der jüdischen Lehre und wird von den Rabbinen häufig angeführt. Beendigt am 24. September.

Am 6. Oktober 54 begann ich die Geschichte der Könige Israels aus der Zeit des zweiten Hauses, d. h. der Makkabäer und der Römer bis zur Zerstörung Jerusalems.

Am 23. Juni reisten wir ins Bad, ich, meine Frau und mein Sohn; dort waren wir die ganze Zeit (bis zum 26. Juli) stets mit Konrad Lycosthenes und seiner Frau zusammen.

Am 31. Juli habe ich Oporinus[5] zulieb noch einmal den Rabbi Dav. Kimchi zu Hosea übersetzt, und ihm die Arbeit,[6] die am 8. August fertig

---

[1] Ist nicht geschehen (Riggenbach, S. 182, Anm. 4). — L. Lavaterius (Indices, S. 297 u. a.).

[2] K. Wolfhart (S. 5, Anm. 2), vgl. Thommen, S. 239.

[3] Siehe S. 123, Anm. 3.

[4] Vgl. Geiger, S. 83.

[5] Siehe S. 150, Anm. 2.

[6] Auf dem Index des Papstes Sixtus V. von 1590 und vielen andern (Indices, S. 469, 509, 544 u. a.) steht unter den Schriftstellern, deren Werke sämtlich verboten sind, auch der Name Konradus Pellikanus. Das gleiche Schicksal teilen übrigens fast alle im Chronikon vorkommenden Namen und Schriften. Selbst Erasmus macht keine Ausnahme (S. 474). — Konrad (Lykosthenes) steht auf dem Index von 1580 und 1596 u. a. ‹Leonardus Pellicanus Rubeaquensis› auf dem von 1596. — Die Söhne Samuels, Konrad und Leonhard waren im Zürcher Kirchendienst. Die Familie ist 1692 ausgestorben (Riggenbach im Vorwort, S. VIII).

war, nach Basel geschickt. — Am 18. September starb in Rufach mein Schwager Theobald Wolfhart, der dort viele Jahre Ratsherr und Stadtkämmerer[1] gewesen war.

Zusatz.

Im Jahre 1556 in den Osterferien starb Konrad Pellikan, Professor des Hebräischen an der theologischen Schule zu Zürich. An seine Stelle trat Peter Martyr Vermigli,[2] den der hohe Züricher Rat aus Straßburg berufen hat.

---

[1] „Gewerfer" (vgl. S. 151, Anm. 1). Seine Söhne Konrad und Leonhard haben ihm eine Grabschrift gewidmet, die noch wohlerhalten auf der Südmauer der Hauptkirche (St. Arbogast) zu lesen ist. Kraus teilt sie mit II, S. 575.

[2] Gewöhnlich Peter Martyr genannt, geb. 1500 in Florenz, Augustiner, studierte in Padua, Abt von Spoleto, Prior in Neapel, dann in San Frediana bei Lucca, flüchtete vor der Inquisition 1542 über Zürich, Basel zu Butzer nach Straßburg, wo er Stiftsherr an St. Thomas wurde und über das alte Testament las; 1547 Professor in Oxford; 1556 nach Zürich; dort † 1562 (vgl. Herzog, XVII, S. 82 ff. und II, S. 451; Ebrard, III, S. 439 ff.; Scherer, S. 250; Geiger, S. 114).

PB-0004184-SB
527-04

6006